Guttentag'sche Sammlung
№ 18. Preußischer Gesetze. № 18.
Text-Ausgaben mit Anmerkungen.

Stempelsteuergesetz.

Vom 31. Juli 1895.

Nebst
den ergangenen Ausführungsbestimmungen, Entscheidungen des Reichsgerichts und Erlassen der Verwaltungsbehörden.

Text-Ausgabe mit Anmerkungen,
ausführlichen Tabellen zur Berechnung der Stempelabgaben und Sachregister.

Von

B. Gaupp,
Geheimer Regierungsrath,
Stempelfiskal a. D.

P. Loeck,
Regierungs-Assessor, Mitglied der
Kgl. Prov.-Steuer-Direktion zu Berlin.

Vierte vermehrte Auflage.

Berlin SW48.
Wilhelmstraße 119/120.
J. Guttentag, Verlagsbuchhandlung.
1898.

Vorbemerkung zur ersten Auflage.

Die Bestimmungen des Stempelrechts greifen täglich so tief in das praktische Leben ein, daß eine Kenntniß des geltenden Rechts, ganz abgesehen von Behörden und Beamten, für den gesammten Handelsstand, für Gewerbetreibende und Privatpersonen nothwendig erscheint.

Die vorliegende Ausgabe giebt in handlicher Form Gesetz und Tarif mit umfangreichen, nach Tarifstellen geordneten Tabellen, die in den meisten Fällen zur Berechnung der Stempelabgabe genügen werden. Die dem Gesetz und dem Tarif beigefügten, zum größten Theil aus den amtlichen Gesetzesmaterialien entnommenen vielfachen Anmerkungen werden die Anwendung der gesetzlichen Bestimmungen erleichtern, wobei für diejenigen, welche im einzelnen Fall ein tieferes Eindringen für angezeigt erachten, durch vergleichende Hinweise ein weiteres Nachschlagen ermöglicht wird. Zur schnellen Orientirung ist ein ausführliches Sachregister angeschlossen. Die später zu erwartenden Ausführungs-Vorschriften des Finanzministers können von den Abnehmern dieser Ausgabe von der Verlagsbuchhandlung nachbezogen werden.

Berlin, im August 1895.

Vorbemerkung zur vierten Auflage.

Die den ersten Auflagen zu Theil gewordene günstige Aufnahme hat zur Bearbeitung dieser weiteren Ausgabe Veranlassung gegeben, in der bei Aufnahme der umfangreichen Ausführungs-Vorschriften und Erweiterung des Sachregisters insbesondere die Anmerkungen durch Wiedergabe der seit Bestehen des Gesetzes ergangenen gerichtlichen Entscheidungen und Erlasse der höchsten Verwaltungsbehörden erheblich vermehrt sind.

Damit die zu den einzelnen Paragraphen des Gesetzes und zu den einzelnen Tarifstellen gehörige Ausführungs-Bestimmung nicht übersehen werden kann, ist stets auf sie im Text des Gesetzes und Tarifes selbst hingewiesen. Das Erbschaftssteuergesetz ist, wie in der ersten Auflage, in einem Anhange nicht wieder abgedruckt, weil es in besonderer Bearbeitung unter Nr. 20 der Guttentag'schen Sammlung preußischer Gesetze in demselben Verlage erschienen ist.

Berlin, im März 1898.

Abkürzungen.

Abs. = Absatz.
A.G. = Ausführungs-Gesetz.
A.H. = Verhandlungen des Hauses der Abgeordneten. 18. Legisl. II. Session 1895.
A.L.R. = Allgemeines Landrecht.
Art. = Artikel.
Allg.V. = Allgemeine Verfügung des Finanzministers und Justizministers vom 29. Februar 1896. J.M.Bl. S. 63 ff.
Bd. = Band.
Bek. = Bekanntmachung, betreffend die Ausführung des Stempelsteuergesetzes vom 13. Februar 1896, Centralblatt S. 53 ff.
Berg.Ges. = Allgemeines Berggesetz.
Beschl. = Beschluß.
C.Bl. = Centralblatt der Preuß. Abgaben rc. Verwaltung.
C.P.O. = Civil-Prozeß-Ordnung.
d. G. = dieses Gesetzes.
D. G.K.G. = Deutsches Gerichtskostengesetz.
D. G.V.G. = Deutsches Gerichtsverfassungsgesetz.
D.V. = Dienstvorschriften, betreffend die Ausführung des Stempelsteuergesetzes vom 14. Februar 1896. Centralblatt S. 93 ff.
E.G. = Einführungsgesetz.
E.E.G. = Eigenthumserwerbsgesetz.
Eink.St.G. = Einkommensteuergesetz.
Erb.St.G. = Erbschaftssteuergesetz.
E.St.G. = Erbschaftssteuergesetz.
Erg.St.G. = Ergänzungssteuergesetz.
Erl. = Erlaß.
F.M.E. = Finanzministerialerlaß.
G. = Gesetz.
Ges. = Gesetz.
Gew.O. = Gewerbeordnung.
Gew.St.G. = Gewerbesteuergesetz.

Gpp. = Hoyer-Gaupp, Preußische Stempelgesetzgebung. V. Auflage.
G.S. = Preußische Gesetzsammlung.
H.G.B. = Handelsgesetzbuch
H.H. = Stenographische Berichte über die Verhandlungen des Herrenhauses 1895.
J.M.E. = Justizministerialerlaß.
J.W.Schr. = Juristische Wochenschrift.
K.S. = Protokolle über die einzelnen Kommissionssitzungen.
Kab.O. = Kabinetsordre.
Kais. V. = Kaiserliche Verordnung.
Kammerg. = Kammergericht.
K.B. = Bericht der XI. Kommission über den Entwurf eines Stempelsteuergesetzes. — Nr. 35, A. zu Nr. 35 und B. zu Nr. 35 der Drucksachen.
Komm.Abg.G. = Kommunalabgabengesetz.
L.R. = Allgemeines Landrecht.
m. b. H. = mit beschränkter Haftung.
Min. d. J. = Minister des Innern.
Min. f. H. u. G. = Minister für Handel und Gewerbe.
M.Bl. d. i. V. = Preuß. Ministerialblatt für die gesammte innere Verwaltung.
Mot. = Begründung zum Entwurf eines Stempelsteuergesetzes. B. zu Nr. 35 der Drucksachen 18. Legisl. II. Session 1895.
Not.Ges. = Preußisches Notariatsgesetz vom 15. Juli 1890.
Pr. G.K.G. = Preußisches Gerichtskostengesetz.
Reichs.Mil.Ges. = Reichsmilitärgesetz.
R.G.Bl. = Reichsgesetzblatt.
R.G. = Reichsgesetz.
R.G.E. = Reichsgerichtserkenntniß.
R.G. in C.S. = Entscheidungen des Reichsgerichts in Civilsachen.
R.G. in Str.S. = Entscheidungen des Reichsgerichts in Strafsachen.
R.St G. = Reichsstempelgesetz.
R.St.G.B. = Reichsstrafgesetzbuch.
R.Str.P.O. = Reichsstrafprozeßordnung.
S. = Seite.

Schiedsm.O. = Schiedsmannsordnung.
St. = Stempel.
Subh.O. = Subhastationsordnung.
V. = Verordnung.
Vgl. = Vergleiche.
vorl. = vorletzter.
v. T. = vom Tausend.
V.Z.G. = Vereinszollgesetz.
W.St.G. = Wechselstempelsteuergesetz.
z. B. = zum Beispiel.
Zust.Ges. = Zuständigkeitsgesetz.

Inhalts-Verzeichniß.

Stempelsteuergesetz.

I. Abschnitt. Von der Pflicht zur Entrichtung der Stempelsteuer.

Seite

III. Abschnitt. Besondere Bestimmungen.

Anlagen zum Stempelsteuergesetz:

Ausführungsbestimmungen zum Stempelsteuergesetz:

(№ 9776.)

Stempelsteuergesetz.

Vom 31. Juli 1895.

(Gesetz-Sammlung von 1895, Nr. 33 S. 413—474. Ausgegeben zu Berlin, den 24. August 1895.)

Wir **Wilhelm**, von Gottes Gnaden König von Preußen ꝛc. verordnen, unter Zustimmung beider Häuser des Landtages, für den Umfang der Monarchie mit Ausschluß der Hohenzollernschen Lande und der Insel Helgoland, was folgt:

I. Abschnitt.

Von der Pflicht zur Entrichtung der Stempelsteuer.

§ 1.

Gegenstand der Stempelsteuer.

Die in dem anliegenden Tarif aufgeführten Urkunden unterliegen den darin bezeichneten Stempelabgaben.

Stempelpflichtig sind Urkunden,[a] welche mit dem Namen oder der Firma des Ausstellers unterzeichnet sind, insoweit nicht dieses Gesetz oder der Tarif entgegenstehende Bestimmungen[b] enthält. Den unterschriftlich vollzogenen Urkunden stehen diejenigen gleich, unter welchen der Name oder die Firma des Ausstellers in seinem Auftrage unterschrieben oder mit seinem Wissen oder Willen durch Stempelaufdruck, Lithographie oder in irgend einer anderen Art mechanisch hergestellt ist c.

Ergiebt sich die Einigung über ein Geschäft aus einem Briefwechsel oder einem Austausch sonstiger schriftlicher Mittheilungen, so wird in der Regel ein Stempel hierfür nicht erhoben. In einem solchen Falle tritt aber die Verpflichtung zur Entrichtung des betreffenden Stempels dann ein, wenn nach der Verkehrssitte d über das Geschäft ein förmlicher schriftlicher Vertrag errichtet zu werden pflegt, diese Errichtung indessen nicht stattgefunden hat und von den Betheiligten e beabsichtigt ist, durch den Briefwechsel oder den Austausch der sonstigen schriftlichen Mittheilungen die Aufnahme eines solchen Vertrages zu ersetzen.

a. Die Stempelpflichtigkeit hängt in materieller Hinsicht vom Vorhandensein eines im Stempeltarif bezeichneten Gegenstandes und formell von einer vom Aussteller mit seinem Namen oder seiner Firma unterzeichneten Urkunde ab. Mot. S. 9.

b. Die Unterschrift ist nicht erforderlich in den Fällen der Tarifstellen 53 und 55.

c. Der Unterschrift des Ausstellers steht die Unterzeichnung mittels gerichtlich oder notariell beglaubigter Handzeichen gleich (§ 381 C.P.O.), Mot. S. 10. Die Unterschrift deckt begrifflich nur das darüber Stehende, nicht sonst noch beurkundete, aber nicht unterschriebene Erklärungen. F.M.E. 29. 4. 97 III 1942.

d. Der Ausdruck der Verkehrssitte ist zwar ein noch schwankender, aber doch in den meisten Fällen ein durch Anhörung von Sachverständigen mit genügender Deutlichkeit festzustellender. K.B. B. S. 94.

Selbstverständlich kann nur diejenige Verkehrssitte gemeint sein, welche die jeweilig herrschende ist. K.B. S. 94.

e. Es ist also nicht genügend, daß nur einer der Betheiligten die Absicht hat, den förmlichen Vertrag im Wege der Korrespondenz zu ersetzen. A.H. S. 2370.

Vgl. § 16 letzter Abs. d. G. — — Tarif: Abtretung von Rechten Abs. 3; Pachtverträge Abs. 9; Vollmachten Abs. 5. — — R.G. i. C.S. Bd. 4. S. 242; Bd. 30, S. 405. — R.G. i. Str.S. Bd. 17, S. 34. — — Gpp. V, S. 802—806.

§ 2.

Verhältniß des Auslandes zum Inlande.

Der Stempelsteuer unterliegen auch die von Inländern oder von Ausländern im Auslande errichteten Urkunden über Geschäfte, welche im Inlande befindliche Gegenstände betreffen oder welche im Inlande zu erfüllen sind.[a]

Inland im Sinne dieses Gesetzes und des Tarifs ist der Geltungsbereich dieses Gesetzes.

a. z. B. im Inland ausgefertigte aber für das deutsche Ausland bestimmte Versicherungsurkunden, auch wenn im außerpreußischen Staat noch eine besondere Steuer erhoben wird, oder im Ausland ausgestellte Versicherungsurkunden, falls sich die Zahlstelle im Inland befindet, oder im Ausland ausgestellte, zur Erhebung einer im Inland befindlichen Versicherungssumme nothwendige Atteste. F.M.E. 14. 7. 96 III 9493, 28. 7. 96 III 10208, 30. 8. 96 III 12013; dagegen wäre eine im Ausland ausgestellte Cessionsurkunde über eine inländische Hypothekenforderung nicht stempelpflichtig. Landger. Berlin I 13. 1. 97.

Vgl. Eingang d. G. und § 16 f. d. G. — — R.G. i. C.S. Bd. 11, S. 255. — — Gpp. V, S. 30—35, 290—292, 1235.

§ 3.

Allgemeine Grundsätze über die Stempelpflichtigkeit.

Die Stempelpflichtigkeit einer Urkunde richtet sich nach ihrem Inhalt.[a]

Für die Stempelpflichtigkeit ist die Hinzufügung von Bedingungen,[b] die Wiederaufhebung und die unterbliebene Ausführung des Geschäfts — vorbehaltlich entgegenstehender Bestimmungen des Gesetzes oder des Tarifs — sowie die Vernichtung der Urkunde ohne Bedeutung.

Bek. 15. A. II. 1.

Urkunden, in denen ein Geschäft nur in der Form der Verdeutlichung oder Begründung einer anderen Erklärung erwähnt wird,[c] sind in Ansehung jenes Geschäfts stempelpflichtig, wenn die Absicht auf die Beurkundung desselben gerichtet gewesen ist.

a. Ist ein Vertrag irrthümlicher Weise in einem seiner Bestandtheile entgegen dem thatsächlich erklärten Willen der Contrahenten unrichtig beurkundet, so ist der Stempelberechnung nicht das im Vertrage irrig als gewollt Bezeichnete, sondern das in Wahrheit als gewollt Erklärte zu Grunde zu legen. F.M.E. 11.5.97 III 5817.

b. Es sollen Resolutiv- wie Suspensiv-Bedingungen, überhaupt Bedingungen jeder Art getroffen werden. K.B.S. 97—98, A.H.S. 2372.

c. Wenn die Urkunde, um deren Stempelpflichtigkeit es sich handelt, mit einer andern Urkunde durch Bezugnahme dergestalt in Verbindung gesetzt ist, daß diese als ein Theil der zuerst gedachten anzusehen ist, so muß auf den Inhalt der in Bezug genommenen Rücksicht genommen werden. R.G.E. v. 9. 5. 92. J.W. Schr. S. 344.

Vgl. § 4, letzter Abs., § 16, letzter Abs. und § 25, Abs. 2 d. G. — Tarif: Kaufverträge Abs. 7, Schenkungen Abs. 1, Verträge Abs. 2. — — R.G. i. C.S. Bd. 8, S. 158 und Bd. 12, S. 256. — — Epp. V S. 257 ff.

§ 4.

Sachliche Stempelsteuerbefreiungen.

Von der Stempelsteuer sind befreit:

a) Urkunden über Gegenstände, deren Werth nach

Geld geschätzt werden kann, wenn dieser Werth 150 Mark nicht übersteigt, insoweit nicht der Tarif entgegenstehende Bestimmungen enthält;[a]

b) Urkunden, welche wegen Bestimmung des Betrages öffentlicher Abgaben und Einziehung derselben und überhaupt wegen Leistungen an den Fiskus des Deutschen Reiches oder des Preußischen Staates in Folge allgemeiner Vorschriften aufgenommen oder beigebracht werden müssen, sofern sie allein zu diesem Zwecke dienen;

c) die auf die Heeresergänzung und die Befreiung von dem Heeresdienste sowie von den Reserve- und Landwehrübungen bezüglichen amtlichen Urkunden;[b]

d) die von der Auseinandersetzungsbehörde und deren Abgeordneten oder im Auftrage und auf Ersuchen derselben von anderen Behörden, wie auch in den vorgesetzten Instanzen gepflogenen Verhandlungen und zwar sowohl über den Hauptgegenstand der Auseinandersetzung, als auch über die damit verbundenen Nebenpunkte, einschließlich aller hierzu gehöriger Urkunden, desgleichen Urkunden, die von anderen Behörden auf Antrag der Parteien ausgestellt werden, sofern sich letztere über die ihnen von der Auseinandersetzungsbehörde oder einem Abgeordneten derselben gemachte Auflage zur Beibringung solcher Urkunden ausweisen;

e) Urkunden wegen Besitzveränderungen, denen sich die Betheiligten aus Gründen des öffentlichen Wohls zu unterwerfen gesetzlich verpflichtet sind (Enteignungen), ohne Unterschied, ob die Besitzveränderung selbst durch Enteignungsbeschluß oder durch freiwillige Veräußerungsgeschäfte bewirkt wird; c

f) Abschriften, Auszüge und Bescheinigungen jeder Art aus den bei der Katasterverwaltung geführten beziehungsweise aufbewahrten Karten und sonstigen Schriftstücken;

g) Verfügungen und Verhandlungen der Schiedsmänner, soweit die Stempelpflichtigkeit derselben in der Tarifstelle „Vergleiche" nicht ausdrücklich angeordnet ist (vergleiche auch §. 13 Buchstaben a und §. 15);

h) alle Urkunden über Gegenstände, denen durch frühere Gesetze oder landesherrliche Privilegien Stempelfreiheit bewilligt worden ist.

Die Befreiung zu a findet auch auf diejenigen Vollmachten Anwendung, aus deren Inhalt der Werth des Gegenstandes nicht ersichtlich ist, sofern nachgewiesen wird, daß der Werth den Betrag von 150 Mark nicht übersteigt.

Allg. V. § 5.

a. Der Inhalt der Urkunde ist für die Schätzung des Werthes nicht entscheidend, z. B. bei Vollmachten in Prozessen bis 150 M. A.H. S. 2377.

b. Die Vorschrift bezieht sich auch auf die von Polizeibehörden, Landrathsämtern, Gemeindevorstehern 2c. ertheilten Beglaubigungen der Unterschriften von Zeugnissen sowie der Nachweisungen über die Familien- und Erwerbsverhältnisse, die den Gesuchen von Personen des Beurlaubtenstandes um Befreiung von den militärischen Controlversammlungen beizufügen sind. F.M.E. 13. 12. 96 III 14690. C.Bl. 1897, S. 10.

c. Die Befreiung unter e ist davon abhängig, daß das Enteignungsrecht entweder gesetzlich ein für allemal gewährt oder im einzelnen Falle thatsächlich bereits verliehen ist. Mot. S. 12. K.B. S. 100. Sie greift nur Platz, wenn die Betheiligten aus Gründen des öffentlichen Wohles sich der Besitzveränderung zu unterwerfen gesetzlich verpflichtet waren. F.M.E. 21. 7. 97 III 8883.

Vgl Tarifstelle: Auszüge; Pachtverträge litt. a.; Versicherungsverträge — — § 40 Schiedsm.-O. v. 29. 3. 79. — § 35 Reichsmil.-Ges. v. 2. 5. 74 (R.G.Bl. S. 45), §§ 1, 12 d. Ges. v. 7. 7. 91, betr. die Beförderung der Errichtung von Rentengütern — — Gpp. V, S. 64 ff.

§ 5.

Persönliche Stempelsteuerbefreiungen.

Von der Entrichtung der Stempelsteuer sind befreit:

a) der König, die Königin und die Königlichen Wittwen;[a]

b) der Fiskus des Deutschen Reiches und des Preußischen Staates und alle öffentlichen Anstalten und Kassen, welche für Rechnung des Reiches oder des Preußischen Staates verwaltet werden oder diesen gleichgestellt sind;

c) deutsche Kirchen und andere deutsche Religionsgesellschaften,[b] denen die Rechte juristischer Personen zustehen;

d) öffentliche[c] Armen-, Kranken-, Arbeits- und Besserungsanstalten, ferner öffentliche Waisenhäuser,[d] vom Staate genehmigte Hospitäler und andere Versorgungsanstalten,[e] ferner vom Staate genehmigte Vereine für die Kleinkinderbewahranstalten, sowie Stiftungen, welche als milde[f] ausdrücklich anerkannt sind;[g]

D. V. 1. — Allg. V. § 5, Abs. 2.

e) öffentliche Schulen und Universitäten;

f) Gemeinden (Gutsbezirke)[h] und Verbände von solchen in Armen-, Schul- und Kirchenangelegenheiten;

g) Aktiengesellschaften, Genossenschaften und Gesellschaften mit beschränkter Haftung, deren durch Statut bestimmter Zweck ausschließlich darauf gerichtet ist, unbemittelten Familien gesunde und zweckmäßig eingerichtete Wohnungen in eigens erbauten oder angekauften Häusern zu billigen Preisen zu verschaffen und deren Statut die an die Gesellschafter zu vertheilende Dividende auf höchstens vier Prozent ihrer Antheile beschränkt, auch den Gesellschaftern für den Fall der Auflösung der Gesellschaft nicht mehr als den Nennwerth ihrer Antheile zusichert, den etwaigen Rest des Gesellschaftsvermögens aber für gemeinnützige Zwecke bestimmt.

Dem Staatsoberhaupte und dem Fiskus anderer Staaten als des Deutschen Reiches und des Preußischen Staates sowie den öffentlichen Anstalten und Kassen, die für Rechnung eines solchen anderen Staates verwaltet werden oder diesen gleichgestellt sind, und den Chefs der bei dem Deutschen Reiche oder bei Preußen beglaubigten Missionen kann die Stempelsteuerbefreiung gewährt werden, wenn der betreffende Staat Preußen gegenüber die gleiche Rücksicht übt.

In den Fällen zu d bis g erstreckt sich die Stempelsteuerbefreiung nur auf inländische Anstalten, Stiftungen, Vereine u. s. w. Diese Befreiung kann jedoch auch ausländischen Anstalten, Stiftungen, Vereinen u. s. w. gewährt werden, wenn der auswärtige Staat Preußen gegenüber die gleiche Rücksicht übt.

Bek. 1. — Allg. V.

Die außerdem gewissen Personen, Behörden, Gesellschaften, Anstalten, Stiftungen, Vereinen u. s. w. durch frühere Gesetze oder landesherrliche Privilegien bewilligten Steuerbefreiungen bleiben auch fernerhin in Kraft.

Die nach den vorstehenden Bestimmungen von der Stempelsteuer befreiten Personen, Behörden, Gesellschaften, Anstalten, Stiftungen, Vereine u. s. w. sind nicht befugt, diese Befreiung den Privatpersonen, mit welchen sie Verträge eingehen, einzuräumen, wenn diese Personen an sich nach gesetzlicher Vorschrift zur Entrichtung des Stempels verbunden sind.[1]

Bei allen zweiseitigen Verträgen mit solchen Personen muß für den Vertrag die Hälfte des Stempels und für die Nebenausfertigungen außerdem der vorgeschriebene Stempel (§. 9) entrichtet werden.

Bei Verträgen über Lieferungen an den Fiskus des Deutschen Reiches oder des Preußischen Staates und alle öffentlichen Anstalten und Kassen, welche für Rechnung des Reiches oder des Preußischen Staates verwaltet werden oder diesen gleichgestellt sind, hat der Lieferungsübernehmer den vollen Betrag des Stempels zu entrichten.

Allg. V. § 5.

a. Für die Königlichen Prinzen besteht Stempelfreiheit gemäß besonderer Kab.-Ordre. 15 K.S. S. 13.

b. Also auch die Synagogengemeinden. Mot. S. 12.

c. Einer besonderen Anerkennung des öffentlichen Charakters bedarf es nicht, weil die unter der Verwaltung des Staates, der Provinzen, der Kreise, Gemeinden und dergleichen Korporationen stehenden Anstalten als öffentliche allgemein anerkannt sind. K.B. S. 100.

d. Von den Privatwaisenhäusern werden die meisten unter den Begriff der milden Stiftung fallen. A.H. S. 2511–12.

e. Erziehungsanstalten für verwahrloste Kinder (Rettungsanstalten) sind als öffentliche Anstalten anzusehen. 15 K.S. S. 13.

f. Ob einer Stiftung der Charakter einer „milden" zukommt, unterliegt der Beurtheilung der zuständigen Ressortminister, soweit nicht Kabinetsordre verlangt wird. K.B. S. 100.

g. Diejenigen Korporationen, welche die Benefizien als milde Stiftungen neu genießen wollen, müssen von dem Finanzminister resp. von dem Staatsministerium als solche anerkannt werden; wo aber nach den betreffenden Landesgesetzen Korporationen oder Stiftungen als „milde" gelten, behält es für diese auch sein Bewenden. H.H. S. 356. Auf Stiftungen, die das Vorrecht der Steuerfreiheit schon vor dem 1. April 1896 erworben hatten, bezieht sich das Wort „ausdrücklich" nicht. F.M.E. 31. 10. 97 III 13457.

h. Stempelfreiheit steht auch den Gemeinden zu, falls sie für Schulzwecke Grundstücke erwerben.

i. Für die Anwendbarkeit der Stempelbefreiung kommt es auf die Person desjenigen an, der die Urkunde ausstellt, so daß der

Policenstempel zu verwenden ist, wenn auch dem Versicherten Stempelfreiheit zusteht. F.M.E. 6. 5. 97 III. 5596.

Vgl. § 16e d. G. — — Ges. v. 2. 3. 67, betreffend Sportel- und Stempelfreiheit der gemeinnützigen Aktiengesellschaften (G.S. S. 385) E.St.G. v. $\frac{30.\ 5.\ 73}{19.\ 5.\ 91}$ Tarif: Befreiungen litt. e bis i. — — Gpp. V S. 80 ff., 971, 1112–1123, 124–126.

§ 6.

Werthermittelung.

Die Ermittelung des Werthes eines Gegenstandes zum Zwecke der Berechnung der Stempelsteuer ist auf den gemeinen Werth desselben zur Zeit der Beurkundung des Geschäfts zu richten.

Ist einem der Vertragschließenden ein Wahlrecht oder die Befugniß eingeräumt, innerhalb bestimmter Grenzen den Umfang der Leistung zu bestimmen, so wird die Stempelsteuer nach dem höchstmöglichen Werthe des Gegenstandes des Geschäfts berechnet. Ist die Leistung nicht bis zu den bestimmten Grenzen erfolgt, so wird nach Ausführung des Geschäfts die gezahlte Stempelsteuer bis auf den der wirklichen Leistung entsprechenden Betrag erstattet.

Bek. 2. — D. V. 2.

Bei Geldforderungen ist der aus der stempelpflichtigen Urkunde ersichtliche Geldbetrag, bei Kurs habenden Werthpapieren der Tageskurs als Werth anzusehen.

Die Umrechnung der in anderer als Reichswährung angegebenen Summen erfolgt nach den für die Erhebung des Wechselstempels vom Bundesrath festgesetzten Mittelwerthen und, insoweit solche nicht bestimmt worden sind, nach dem laufenden Kurse.

Bek. 3.

Der Werth des Besitzes einer Sache ist in der Regel dem Werthe der Sache gleich zu achten.

Der Werth eines Pfandrechts oder der Sicherstellung einer Forderung richtet sich nach dem Betrage der Forderung; hat der Gegenstand des Pfandrechts einen geringeren Werth, so ist dieser maßgebend.

Der Werth einer Grunddienstbarkeit wird durch den Werth, welchen dieselbe für das herrschende Grundstück hat, und wenn der Betrag, um welchen sich der Werth des dienenden Grundstücks durch die Dienstbarkeit mindert, größer ist, durch diesen Betrag bestimmt.

Der einjährige Werth von Nutzungen wird, wenn nicht aus der Urkunde ein höherer oder niederer Prozentsatz hervorgeht oder sonst festgestellt werden kann, zu vier vom Hundert des Werthes des Gegenstandes, welcher die Nutzung gewährt, angenommen.

Bei immerwährenden Nutzungen und Leistungen ist das Fünfundzwanzigfache ihres einjährigen Betrages, bei Nutzungen und Leistungen von unbestimmter Dauer, sofern nicht die Vorschriften in den beiden nächstfolgenden Absätzen Anwendung finden oder anderweite die längste Dauer begrenzende Umstände in der Urkunde angegeben sind, das Zwölfeinhalbfache des einjährigen Betrages als Werth anzusehen.

Der Werth von Nutzungen oder Leistungen auf Lebenszeit bestimmt sich nach dem zur Zeit ihres Anfanges erreichten Lebensalter der Person, bei deren Tode die Nutzung oder Leistung erlischt, und wird bei einem Lebensalter derselben

von 15 Jahren oder weniger auf das 18fache
über 15 Jahre bis zu 25 Jahren auf das 17fache
„ 25 „ „ „ 35 „ „ „ 16 „
„ 35 „ „ „ 45 „ „ „ 14 „
„ 45 „ „ „ 55 „ „ „ 12 „
„ 55 „ „ „ 65 „ „ „ 8½ „
„ 65 „ „ „ 75 „ „ „ 5 „
„ 75 „ „ „ 80 „ „ „ 3 „
„ 80 „ auf das . . . . 2 „

des Werthes der einjährigen Nutzung oder Leistung angenommen.

Ist die Dauer der Nutzungen oder Leistungen von der Lebenszeit mehrerer Personen dergestalt abhängig, daß beim Tode der zuerst versterbenden die Nutzung oder Leistung erlischt, so ist für die nach den Bestimmungen im vorigen Absatz vorzunehmende Werthermittelung das Lebensalter der ältesten Person maßgebend. Wenn die Nutzung oder Leistung bis zum Tode der letztversterbenden Person fortdauert, erfolgt die Berechnung nach dem Lebensalter der jüngsten Person.[a]

Der Gesammtwerth der auf bestimmte Zeit eingeschränkten Nutzungen oder Leistungen ist unter Zugrundelegung eines vierprozentigen Zinsfußes nach der beigefügten Hülfstabelle[†] zu ermitteln. Ist jedoch die Dauer der Nutzung oder Leistung noch außerdem durch die Lebenszeit einer oder mehrerer Personen bedingt, so darf der nach den Bestimmungen der beiden vorhergehenden Absätze zu berechnende Werth nicht überschritten werden.

Allg. V. § 6, Abs. 1 u. 2.

a. Inhaltlich des Vertrages ist an den Verkäufer (68 Jahre alt) eine Rente von 1800 M. und nach dessen Tode an die Ehefrau (43 Jahre alt) eine Rente von 1000 M. zu entrichten; in Höhe von 800 M. erlischt also die Rente mit dem Tode des Ehemannes, und sie ist alsdann in Höhe von 1000 M. bis zum Tode der Ehefrau weiter zu gewähren. Der Kapitalbetrag berechnet sich auf 800 M. × 5 = 4000 Mk. und 1000 M. × 14 = 14000 M., zusammen 18000 M. F.M.E. 22. 5. 97 IV 6077.

Vgl. § 8 d. G., Tarif: Pachtverträge litt. b., Verträge Ziffer 2. — — §§ 14, 15—19 d. E.St.G. — § 8, Abs. 1 d. R.St.G. v. 27. 4. 94. — §§ 22, 38 Pr.G.K.G. — §§ 6, 7 d. C.P.O. — — Epp. V, S. 1072, 1075—77.

§ 7.

Verpflichtung der Privatpersonen, Behörden und Beamten zur Auskunftertheilung; amtliches Ermittelungsverfahren.

Die Steuerpflichtigen sind zur Ertheilung der von den Steuerbehörden oder den zur Einziehung oder Verwendung des Stempels noch sonst verpflichteten Behörden oder Beamten erforderten Auskunft über den Werth des Gegenstandes, soweit dazu nicht die Kenntnisse eines Sachverständigen oder besondere Ermittelungen erforderlich sind, verbunden.

Bek. 4.

Wird in den vorgedachten Fällen der Aufforderung der Behörden oder Beamten nicht genügt,[a] so kann die

Steuerbehörde die Säumigen durch Festsetzung und Einziehung von Ordnungsstrafen [b] bis zu einem Gesammtbetrage von 60 Mark zur Befolgung der getroffenen Anordnungen anhalten, auch das zur Erledigung derselben Nöthige auf Kosten der Säumigen beschaffen. Der Festsetzung einer Ordnungsstrafe hat die Androhung derselben vorherzugehen.

Bek. 5. – D. V. 3 u. Anh. § 24.

Tragen die Behörden oder Beamten Bedenken, die Angaben der Steuerpflichtigen als richtig anzunehmen, und findet eine Einigung mit den Letzteren nicht statt, so sind die Behörden oder Beamten befugt, unter Zuziehung Sachverständiger, bei deren Auswahl etwaige Vorschläge der Steuerpflichtigen mit zu berücksichtigen sind, die für die Berechnung der Steuer erforderlichen Grundlagen zu ermitteln und danach die Steuer zu erheben. Die Kosten der Ermittelung fallen dem Steuerpflichtigen zur Last, wenn der ermittelte Werth den von dem Steuerpflichtigen angegebenen Werth um 10 Prozent oder mehr übersteigt. Die gezahlten Kosten werden erstattet, wenn im Verwaltungswege oder im Rechtswege die Ermäßigung des Werthes auf einen nicht zum Kostenersatz verpflichtenden Betrag erfolgt.

Bek. 6. — D. V. Anh. § 25.

Wird von den Steuerpflichtigen gegen die Entscheidung der Steuerbehörde der Rechtsweg beschritten, so bleibt die Zahlung des streitig gebliebenen Stempels bis zur Rechtskraft des Urtheils ausgesetzt.

Bek. 7.

Alle unmittelbaren und mittelbaren Behörden und Beamten sind verbunden, der Steuerbehörde oder den zur Einziehung oder Verwendung des Stempels noch sonst verpflichteten Behörden oder Beamten Auskunft über die für die Festsetzung der Stempelsteuer in Betracht kommenden thatsächlichen Verhältnisse zu ertheilen.

Allg. V. § 17, Abs. 2.

a. Die Vorlegung von Urkunden, insbesondere von solchen, die eine Verfehlung des Produzenten gegen ein Stempelgesetz eventuell darthun würden, darf er verweigern. A.H. S. 2378.

b. Ordnungsstrafen können im Weigerungsfalle öfter erhoben werden. 20 K.G. S. 14.

Vgl. §§ 10 Abs. 1, 26, 27 Abs. 3 d. G. — — E.St.G. §§ 20, 21, 38. — § 35, Abs. 4 und 6 d. Eink.St.G. v. 24. 6. 91. — § 25 Abs. 3 und 5 d. Erg.St.G. v. 14. 7. 93.

§ 8.

Unbestimmtheit des Werthes des Gegenstandes.

Wenn bei einem Geschäft der Werth des Gegenstandes dergestalt unbestimmt ist, daß er von vornherein nicht festgestellt oder geschätzt werden kann, so hat der zur Entrichtung der Abgabe Verpflichtete die Urkunde innerhalb der in den §§. 15 und 16 angegebenen Fristen der Steuerbehörde vorzulegen, welche das Erforderliche wegen der Ueberwachung, Sicherstellung und nachträglichen Zahlung der Stempelsteuer anordnen wird.

Bek. 8. — D. V. 9. 12. B. — Allg. V. § 11. B.

Diese Bestimmung findet auch auf diejenigen Urkunden Anwendung, zu welchen Privatpersonen ohne amtliche Ueberwachung Stempelmarken verwenden dürfen.

a. Die Unbestimmtheit kommt z. B. bei Lieferungsverträgen vor, wenn die Menge der abzuliefernden Gegenstände von dem nicht vorher bestimmten Bedarf abhängt oder wenn die Preise der Gegenstände von künftigen Ereignissen, wie künftigen Marktpreisen und dergl., abhängig sein sollen. Mot. S. 14.

Vgl. §§ 6 Abs. 2, 14 d. G. — — § 16 d. R.St.G. — — R.G. i. C.S. Bd. 20, S. 14.

§ 9.

Versteuerung mehrerer über denselben Gegenstand ausgestellter Urkunden.

Werden über denselben Gegenstand mehrere Urkunden gleichen Inhalts ausgefertigt, so wird die auf dem Gegenstande ruhende Steuer nur zu einer derselben, und zwar in der Regel zu derjenigen Urkunde, welche als Hauptausfertigung bezeichnet ist, verwendet; die übrigen Ausfertigungen sind mit demjenigen Stempel zu versehen, welcher nach der Tarifstelle „Duplikate" beizubringen ist. Eine Ausfertigung einer Verhandlung darf nur dann als Nebenausfertigung versteuert werden, wenn das Vorhandensein einer als Hauptausfertigung versteuerten Urkunde nachgewiesen wird.

Bek. 15. A. II 1. — D. V. 4.

Bei Notariatsverhandlungen ist der Stempel zu der Urschrift zu verwenden. Die erste Ausfertigung ist stempelfrei, wenn die Ausfertigung als erste bezeichnet und auf derselben bescheinigt ist, welcher Stempel zu der Urschrift verwendet worden ist.

Auf jeder zweiten und weiteren Ausfertigung oder amtlich beglaubigten Abschrift oder jedem amtlich beglaubigten Auszuge aus einer stempelpflichtigen Urkunde muß bescheinigt werden, welcher Stempel zu der Hauptausfertigung oder Urschrift verwendet worden ist. Alle unmittelbaren und mittelbaren Beamten sind verpflichtet, auch die von ihnen gefertigten einfachen Abschriften stempelpflichtiger Urkunden mit dieser Bescheinigung zu versehen. [a]

D. V. 30, 32. — Allg. V. § 10.

a. Auf die von Rechtsanwälten beglaubigten Abschriften bezieht sich der letzte Absatz nicht. K.B. S. 105, 20 K.G. S. 15.

Vgl. § 5, vorl. Abs., § 15 Abs. 3 d. G.

§ 10.

Versteuerung mehrerer in derselben Urkunde enthaltener Gegenstände.

Wenn bei Rechtsgeschäften über mehrere, verschiedenen Steuersätzen unterliegende Gegenstände das Entgelt ohne Angabe der Einzelwerthe ungetrennt in einer Summe oder Leistung verabredet ist, so kommt für die Berechnung des Stempels der höchste Steuersatz zur Anwendung, sofern nicht von den Ausstellern der Urkunde auf derselben die Werthe für die einzelnen Gegenstände innerhalb der im § 16 angegebenen Fristen noch nachträglich angegeben werden. [a] Trägt die Steuerbehörde Bedenken, die ursprünglichen oder nachträglichen Angaben der Steuerpflichtigen über die Einzelwerthe als richtig anzunehmen, so kommen die Vorschriften des dritten Absatzes des § 7 zur Anwendung.

Bek. 9.

Enthält eine Urkunde verschiedene steuerpflichtige Geschäfte,[b] so ist der Betrag des Stempels für jedes Geschäft besonders zu berechnen und die Urkunde mit der Summe dieser Stempelbeträge zu belegen.

Sofern die einzelnen in einer Urkunde enthaltenen Geschäfte sich als Bestandtheile eines einheitlichen, nach dem Tarife steuerpflichtigen Rechtsgeschäftes darstellen, ist nur der für das letztere vorgesehene Stempelbetrag zu entrichten.

a. Solche Trennung wird besonders in Werkverdingungsverträgen und bei Kaufgeschäften über Grundstücke nebst beweglichem Beilaß von Wichtigkeit sein. Mot. S. 4.

b. Für den Begriff der Verschiedenheit der in einer Urkunde enthaltenen Geschäfte sind nicht die Bestimmungen des Stempeltarifs, sondern die Normen des bürgerlichen Rechts maßgebend, dergestalt, daß eine Verhandlung, welche verschiedene im Stempeltarif besonders vorgesehene Geschäfte umfaßt, die sich nach civilrechtlichen Begriffen aber nur als ein einheitliches Rechtsgeschäft darstellen, auch nur mit demjenigen Stempel zu belegen ist, welchen dieses Rechtsgeschäft nach dem Tarif erfordert. (R.G. i. C.S. Bd. 23, S. 193.) Mot. S. 16, 16 K.S. S. 6.

Vgl. Tarif: Werkverdingungsverträge vorletzter Abs. — — R.G. i. C.S. Bd. 12. S. 264, R.G. i. Str.S. Bd. 10, S. 110, Bd. 25, S. 161. — — Gpp. V, S. 172 ff., 504 ff.

§ 11.

Mindestbetrag der Stempelsteuer und Abstufungen derselben.

Die Stempelabgabe beträgt, insoweit der Tarif nicht abweichende Bestimmungen[a] enthält, mindestens 0,50 Mark und steigt in Abstufungen von je 0,50 Mark, wobei überschießende Stempelbeträge auf 0,50 Mark abgerundet werden.

D. V. 5.

a. Abweichende Bestimmungen s. bei den Tarifstellen: Schuldverschreibungen und Versicherungsverträge.

Vgl. Opp. V, S. 478, 545.

§ 12.

Verpflichtung zur Zahlung der Stempelsteuer.

Zur Zahlung der Stempelsteuer sind verpflichtet:

a) bei den von Behörden und Beamten, einschließlich der Notare, aufgenommenen Verhandlungen oder ertheilten Ausfertigungen, Abschriften, Bescheinigungen, Auszügen und Genehmigungen aller Art diejenigen, auf deren Veranlassung [a] die Schriftstücke aufgenommen oder ertheilt sind; [b]

b) bei einseitigen Verpflichtungen und Erklärungen diejenigen, welche die Schriftstücke ausgestellt haben;

c) bei Verträgen einschließlich Punktationen alle Theilnehmer, [c] insoweit der Tarif nicht abweichende Bestimmungen enthält.

Von mehreren zur Zahlung der Stempelsteuer verpflichteten Personen haftet jede einzelne als Gesammtschuldner.

Allg. V. § 4.

a. Fehlt es an einer solchen Veranlassung und werden die amtlichen Schriftstücke ohne Wissen und Willen der Privatpersonen von Behörden und Beamten ausgefertigt, wie dies insbesondere nicht selten bei amtlichen Zeugnissen der Fall ist, so ist es nicht gerechtfertigt, die Privatpersonen für die Entrichtung von Stempelabgaben zu den ohne ihr Zuthun zu Stande gekommenen Urkunden verantwortlich zu machen. Mot. S. 16.

b. Auflassungen fallen unter Buchst. a. A.H. S. 2383.

c. Theilnehmer ist nur aktiv aufzufassen, Betheiligte wäre auch passiv aufzufassen. K.B. S. 106.

Vgl. Tarif: Pachtverträge litt. a Abs. 1. — — Spp. V, S. 256 ff., 372.

§ 13.

Haftbarkeit für die Stempelsteuer.

Für die Entrichtung der Stempelsteuer haften unter Vorbehalt des Rückgriffs gegen die eigentlich Verpflichteten:

a) Beamte,[a] einschließlich der Notare, jedoch ausschließlich der Schiedsmänner, welche die von ihnen aufgenommenen Urkunden vor erfolgter oder nicht ausreichend erfolgter Stempelverwendung aushändigen oder Ausfertigungen oder Abschriften ertheilen oder wegen der Einziehung des Stempels die ihnen nach §. 15 obliegenden Pflichten versäumen.

D. V. 10, Abs. 2.

Diese Bestimmung kommt auch dann zur Anwendung, wenn ein Notar den Entwurf einer Urkunde anfertigt und nach Vollziehung durch die

Betheiligten die Unterschriften oder Handzeichen beglaubigt;

b) Aktiengesellschaften, Kommanditgesellschaften auf Aktien, eingetragene Genossenschaften, Gewerkschaften und Gesellschaften mit beschränkter Haftung für die Stempel, welchen die von ihren Vorständen oder Geschäftsführern in ihrem Auftrage oder Namen errichteten Verhandlungen unterliegen;

c) bei Auktionen diejenigen, für deren Rechnung oder auf deren Veranlassung die Versteigerung stattgefunden hat, und die von diesen Personen zur Abhaltung der Auktionen Beauftragten;

d) jeder Inhaber oder Vorzeiger einer mit dem gesetzlichen Stempel nicht oder nicht ausreichend versehenen Urkunde, welcher ein rechtliches Interesse an dem Gegenstande derselben hat. [b]

Allg. V. § 4.

a. Auf die Richter findet dieser Paragraph keine Anwendung, dagegen auf die Gerichtssubalternbeamten. Mot. S. 17, A.H. S. 2384–85.

b. Rechtsanwälte gehören nicht zu denjenigen Personen, welche nach Buchstabe d für die Entrichtung der Stempelsteuer haftbar gemacht werden können. KB. S. 106. 20 K.G. S. 15. Rechtsanwälte haften für den Stempel zu der ihnen zu ihrem Ausweise im Proceß ertheilten Vollmacht, aber dann nicht, wenn sie Armenanwalt gewesen und das Armenrecht nachträglich entzogen ist. Kammerg. 25. 1. 97 und 26. 10. 96.

Vgl. §§ 4 litt. g, 15 Abs. 3, 16 Abs. 2 d. G. — Tarif: Fideikommißstiftungen Abs. 3, Vergleiche Abs. 2. — — § 9 d. Ges. v. 15. 7. 90, enthaltend Bestimmungen über das Notariat. — — R.G. i. Str.S. Bd. 10, S. 141. — — Opp. V, S. 372 ff., 256 ff.

II. Abschnitt.

Von der Erfüllung der Stempelpflicht und den Folgen der Nichterfüllung.

§ 14.

Art der Erfüllung der Stempelpflicht.

Die Stempelpflicht wird erfüllt durch:

a) Niederschreiben der stempelpflichtigen Erklärung auf gestempeltes Papier;

Bek. 15. A. I.

b) Verwendung von Stempelmarken auf denjenigen Schriftstücken, zu welchen Stempelmarken ohne amtliche Ueberwachung verwendet werden dürfen;

Bek. 15. B. No. 2.

c) Einreichung der stempelpflichtigen Urkunde oder, wenn diese nicht vorgelegt werden kann, einer den wesentlichen Inhalt der Urkunde enthaltenden Anzeige [a] und Einzahlung des erforderlichen Geldbetrages bei einer zur Entwerthung von Stempelzeichen befugten Amtsstelle;

Bek. 15. A. II. 1, Abs. 4.

d) Verwendung von Stempelmarken durch zur Entwerthung derselben befugte Amtsstellen; [b]

Bek. 15. A. II. 1.

e) Baarzahlung [c] der Stempelabgabe in denjenigen Fällen, in welchen dieselbe nach den Bestimmungen des Preußischen Gerichtskostengesetzes vom

25. Juni 1895 (Gesetz-Samml. S. 203)[1]) bei den Gerichtskosten zu vereinnahmen ist.

Der Finanzminister ist ermächtigt, für den Verkehr bestimmter Personen statt der Erhebung des Stempels im Einzelnen die Zahlung einer jährlichen Abfindungssumme zu gestatten. Die in diesem Verkehr errichteten Urkunden sind mit einem Hinweise darüber zu versehen, daß die Stempelpflicht durch die Vereinbarung einer Abfindungssumme erfüllt ist.

Bek. 16.

---

1) Die betreffenden Bestimmungen des Pr.G.K.G. lauten:

29. Eine Erhebung von Stempeln neben den Gebühren findet nur in denjenigen Fällen statt, in welchen es in diesem Gesetze ausdrücklich angeordnet ist.

Urkunden, welche in einem den Vorschriften dieses Gesetzes unterliegenden Verfahren errichtet werden, bleiben, soweit ihr Inhalt über den Gegenstand des Verfahrens hinausgeht, den allgemeinen Vorschriften über Erhebung von Stempeln unterworfen.

30. Eine Verwendung von Stempelmaterial findet bei den Gerichten nicht statt. Wenn Stempelabgaben neben den Gebühren zu erheben sind, werden dieselben nach den für Gerichtsgebühren geltenden Vorschriften eingezogen und auch sonst als Gerichtsgebühren behandelt. Die Vorschriften der §§ 1, 2, 7 Absatz 1, 8, 12, 13, 16 Absatz 2, 19 bis 22 bleiben jedoch hinsichtlich der Stempelabgaben ausser Anwendung. Gegen die Entscheidungen des Oberlandesgerichts über die Festsetzung des für eine Stempelberechnung massgebenden Werthes oder über Erinnerungen oder Beschwerden, betreffend den Ansatz von Stempelbeträgen, findet Beschwerde an den Justizminister statt. Der Justizminister kann den Ansatz dieser Beträge in allen Fällen von Amtswegen berichtigen. Die Vorschriften über die Zulässigkeit des Rechtsweges werden durch die vorstehenden Bestimmungen nicht berührt. Bezüglich des Verfahrens bei der Beanstandung der im Falle

einer Auflassung gemachten Werthsangabe behält es bei den stempelgesetzlichen Vorschriften sein Bewenden. Soweit der Finanzminister nach stempelgesetzlichen Vorschriften befugt ist, die Rückerstattung von Stempelgebühren oder die Abstandnahme von der Einziehung derselben anzuordnen, steht diese Befugniss hinsichtlich der als Gerichtskosten zu erhebenden Stempelbeträge dem Justizminister zu.

Auf die nach stempelgesetzlichen Vorschriften zu stundenden Stempelbeträge finden die Bestimmungen des ersten Absatzes keine Anwendung. Diese Beträge werden durch die Behörden der Verwaltung der indirekten Steuern eingezogen.

31. Wenn zum Gebrauche bei Gericht bestimmte Vollmachten, Schätzungen und Vermögensverzeichnisse ohne den vorgeschriebenen Stempel eingereicht oder behufs Ausschliessung des Auflassungsstempels oder des für die Eintragung, Abtretung oder Verpfändung einer Hypothek oder Grundschuld zu entrichtenden Werthstempels die Urkunden über das der Auflassung oder Eintragung zu Grunde liegende Rechtsgeschäft ohne den vorgeschriebenen Stempel vorgelegt werden, so finden auf die Einziehung des Stempels die Vorschriften des § 30 entsprechende Anwendung. Dasselbe gilt, wenn letztwillige Verfügungen zur gerichtlichen Annahme oder Aufbewahrung eingereicht werden, hinsichtlich des für Testamente und Verfügungen von Todeswegen vorgeschriebenen Stempels von 1 Mark 50 Pf., sowie wenn privatschriftliche Punktationen oder sonstige Urkunden zur gerichtlichen Vollziehung, Anerkennung des Inhalts, Einregistrirung oder gerichtlichen Genehmigung überreicht werden.

In denjenigen Fällen, in welchen bei nicht oder nicht ordnungsmässig erfolgter Verwendung des Stempels nach den stempelgesetzlichen Vorschriften Stempelstrafen eintreten würden, sind die Betheiligten von Stempelstrafe frei, wenn die Einreichung der Urkunde bei Gericht innerhalb der für die Verwendung des Urkundenstempels sonst vorgeschriebenen Frist erfolgt. Die Verpflichtung der Notare, für die Einziehung der Stempel zu sorgen, wird hierdurch nicht berührt.

Auszüge, Ausfertigungen und Zeugnisse der Feld- oder Ortsgerichte (Schultheissen und Schöffen) im vormaligen Herzogthume Nassau, in den vormals Grossherzoglich Hessischen Gebietstheilen, im vormals Landgräflich Hessischen Amtsbezirke Homburg, in den Landgemeinden der vormals freien Stadt Frankfurt und im Bezirke des vormaligen Justizsenates zu Ehrenbreitenstein, welche nach allgemeinen Vorschriften zum Zwecke der Vornahme eines gerichtlichen Geschäfts beigebracht werden müssen, sind unter Angabe dieses Zweckes ohne Verwendung von Stempelmaterialien zu ertheilen. Die für solche Schriftstücke erforderlichen Stempelbeträge werden unter Anwendung der Vorschriften des § 30 mit den Gerichtskosten für das betreffende Geschäft eingezogen und auf die anzusetzenden Kosten dergestalt angerechnet, dass nur der überschiessende Betrag der letzteren zu erheben ist.

a. Hierdurch soll den häufigen Versuchen der Steuerpflichtigen, sich einer ihnen lästigen Versteuerung zu entziehen, vorgebeugt werden, wenn die Urkunde vernichtet oder abhanden gekommen ist, oder von einem andern zurückbehalten wird oder aus irgend einem sonstigen Grunde sich nicht im Besitz des Steuerpflichtigen befindet. Mot. S. 17, 18.

b. Die Vorschrift unter d bezieht sich auf diejenigen Schriftstücke, welche durch amtliche Thätigkeit entstehen oder bei deren Zustandekomen eine amtliche Betheiligung stattfindet, z. B. amtliche Zeugnisse oder Verträge, welche zwischen Privatpersonen und Behörden abgeschlossen werden. Mot. S. 18.

c. Eine Baarzahlung und Vereinnahmung der Stempelgebühren bei den Gerichtskosten erfolgt bei der Entrichtung des Stempels für Auflassungen, für die Eintragung, Abtretung oder Verpfändung einer Hypothek oder Grundschuld, falls eine die Erhebung des Gerichtskostenstempels ausschließende Urkunde nicht vorgelegt wird, oder in den Fällen des §. 31 des Pr.G.K.G. Mot. S. 18.

Vgl. §§ 8, 17 Abs. 2, 32 Abs. 1 d. G. — — § 9 d. Not.G. v. 15 7. 90 (G.S. S. 229). — — Gpp. V, S. 247 ff.

§ 15.

Zeit der Stempelverwendung bei den von Behörden und Beamten aufgenommenen Verhandlungen.

Behörden und Beamte, einschließlich der Notare, jedoch ausschließlich der Schiedsmänner, haben zu allen von ihnen aufgenommenen Verhandlungen oder ertheilten Ausfertigungen, Abschriften, Bescheinigungen, Auszügen und Genehmigungen aller Art den Stempel vor deren Aushändigung, spätestens aber binnen zwei Wochen nach dem Tage der Ausstellung der Urkunden zu verwenden. Ist der Stempel innerhalb dieser Frist von den Verpflichteten nicht beigebracht, so ist die zwangsweise Einziehung des Stempels binnen einer Woche bei der zuständigen Steuerstelle von den vorbezeichneten Behörden und Beamten zu beantragen oder, wenn sie selbst zur zwangsweisen Einziehung von Geldern befugt sind, die zwangsweise Einziehung innerhalb der gleichen Frist anzuordnen. Dieser Bestimmung unterliegen auch diejenigen Urkunden, bei denen ein Notar den Entwurf anfertigt und nach Vollziehung durch die Betheiligten die Unterschriften oder Handzeichen beglaubigt.

Bek. 5. — D. V. 7, 8, 9.

Insoweit die in der Tarifstelle „Erlaubnißertheilungen" unter c und m aufgeführten Urkunden einen den Betrag von 1 Mark 50 Pf., beziehungsweise 3 Mark übersteigenden Stempel erfordern, ist der Mehrbetrag von den Steuerpflichtigen erst binnen zwei Wochen nach dem Tage der Rechtskraft der Zuschrift über das Ergebniß

der Veranlagung zur Gewerbesteuer oder der auf das eingelegte Rechtsmittel ergangenen Entscheidung beizubringen (§§. 32 und 35 ff. des Gewerbesteuergesetzes vom 24. Juni 1891 — Gesetz-Samml. S. 205 —).[1]
Bek. 36.

---

[1]) Die betreffenden Bestimmungen des Gew.St.Ges. lauten:

§. 32. Das Ergebniss der Veranlagung hat der Vorsitzende des Steuerausschusses jedem Steuerpflichtigen mittelst einer, zugleich eine Belehrung über die Rechtsmittel enthaltenden Zuschrift bekannt zu machen.

Auf die von dem Vorsitzenden des Steuerausschusses zu bewirkenden Zustellungen an Steuerpflichtige finden die Bestimmungen im §. 53 des Einkommensteuergesetzes Anwendung.

§. 35. Gegen das Ergebniss der Veranlagung steht dem Steuerpflichtigen das Rechtsmittel des Einspruchs bei dem Steuerausschusse zu. Dasselbe ist bei dem Vorsitzenden des Ausschusses binnen einer Ausschlussfrist von 4 Wochen einzulegen, welche von dem auf die Zustellung der Steuerzuschrift (§§. 32 und 34) folgenden Tage ab läuft.

§. 36. Gegen die Entscheidung des Steuerausschusses über den Einspruch steht sowohl dem Vorsitzenden, als dem Steuerpflichtigen binnen der im §. 35 bestimmten Ausschlussfrist das Rechtsmittel der Berufung an die Bezirksregierung (§§. 29 und 30) zu. Der Steuerpflichtige hat das Rechtsmittel beim Vorsitzenden des Steuerausschusses einzulegen.

Für den Vorsitzenden läuft diese Frist vom Tage der Entscheidung.

§ 37. Gegen die Entscheidung über die Berufung steht dem Steuerpflichtigen die Beschwerde an das Oberverwaltungsgericht zu, welche innerhalb der im §. 35 bestimmten Ausschlussfrist bei der Bezirksregierung (§§. 29 und 30) einzulegen ist, und nur darauf gestützt werden kann:

1. dass die angefochtene Entscheidung auf der Nichtanwendung oder auf der unrichtigen Anwendung des bestehen-

Für die Versteuerung der stempelpflichtigen Verhandlungen der Schiedsmänner haben die Parteien den Stempel binnen zwei Wochen nach dem Tage der Aufnahme zu der Urschrift der Verhandlung beizubringen und dem Schiedsmann zuzustellen. Die Schiedsmänner haben auf jeder von ihnen ertheilten Vergleichsausfertigung zu vermerken, welcher Stempel zu der Urschrift verwendet oder daß ein solcher nicht beigebracht worden ist.

Bek. 15. A. I. — D. V. 10.

---

den Rechts, insbesondere auch der von den Behörden innerhalb ihrer Zuständigkeit erlassenen Verordnungen beruhe:

2. dass das Verfahren an wesentlichen Mängeln leide.

In der Beschwerde ist anzugeben, worin die behauptete Nichtanwendung oder unrichtige Anwendung des bestehenden Rechts, oder worin die behaupteten Mängel des Verfahrens gefunden werden.

Die Bestimmungen in §§. 45 bis 49 des Einkommensteuergesetzes finden sinngemässe Anwendung.

Vgl. §§ 4 litt. g, 13 litt. a d. G. — Tarif: Vergleiche Abs. 2. — — § 41 Schiedsm.-O. v. 23. 3. 79.

§ 16.

Zeit der Stempelverwendung bei Verhandlungen der Privatpersonen.

Bei den nicht auf Stempelpapier niedergeschriebenen Verhandlungen der Privatpersonen muß die Versteuerung bewirkt sein:

D. V. 11.

a) bei Urkunden, zu welchen die Aussteller Stempelmarken ohne amtliche Ueberwachung verwenden dürfen, vor der Aushändigung, spätestens aber binnen zwei Wochen nach dem Tage der Ausstellung, vorbehaltlich der Bestimmung im §. 14 Absatz 2;

b) bei Schriftstücken über die Uebertragung eines Kuxes (vergl. Tarifstelle „Kuxe") vom Aussteller vor der Umschreibung im Gewerkenbuche, spätestens aber binnen zwei Wochen nach dem Tage der Ausstellung;

c) bei Pacht-, Mieth- und antichretischen Verträgen über unbewegliche Sachen innerhalb der in der Tarifstelle „Pachtverträge" angegebenen Frist;

d) bei Gesellschaftsverträgen, die der Eintragung in das Handels- oder Genossenschaftsregister bedürfen, vor der Eintragung in die Register, spätestens aber binnen zwei Wochen nach dem Tage der Errichtung;

e) bei den von der Heeresverwaltung mit Privatpersonen abgeschlossenen Verträgen und Verhandlungen über Lieferungen, Werkverdingungen und sonstige Leistungen, die erst im Falle einer Mobilmachung zur Ausführung kommen sollen, binnen zwei Wochen nach Eintritt der Mobilmachung;

f) bei im Auslande errichteten Urkunden, bei denen Inländer betheiligt sind, binnen zwei Wochen nach dem Tage der Rückkehr der Inländer in das Inland, bei sonstigen im Auslande errichteten Urkunden, von denen im Inlande Gebrauch gemacht werden soll, vor dem Gebrauch;

g) in allen übrigen Fällen vom Aussteller binnen zwei Wochen nach dem Tage der Ausstellung.

Von jedem Inhaber oder Vorzeiger [a] einer stempelpflichtigen Urkunde, welcher ein rechtliches Interesse an dem Gegenstande derselben hat, ist die Versteuerung der Urkunde binnen zwei Wochen nach dem Tage des Empfanges zu bewirken.

Bei Urkunden über Rechtsgeschäfte, welche erst durch die Genehmigung oder den Beitritt einer Behörde oder eines Dritten Rechtswirksamkeit erlangen, beginnt den Ausstellern gegenüber die Frist für die Verwendung des Stempels mit dem Ablaufe desjenigen Tages, an welchem sie von der Genehmigung oder dem Beitritt Kenntniß erhalten haben.

Allg. V. § 2 e.

a. Das Vergehen des Inhabers ist ein delictum sui generis und kann gleichzeitig neben dem Vergehen des Ausstellers gerügt werden. So ist der Rechtsanwalt als Inhaber oder Vorzeiger einer Vollmacht strafbar, wenn er nicht rechtzeitig für deren Versteuerung sorgt. Kammerg. 26. 8. 96.

Vgl. §§ 2, 10 Abs. 1, 13 litt. d, 17 Abs. 2, 18 Abs. 2 d. G. — Tarif: Abtretung von Rechten; Auflassungen. — Fideikommißstiftungen Abs. 3. — — Anmerkung b zu § 30 d. G. — — § 105 d. Berg.-Ges. v. 24. 6. 65 (G.S.S. 705). — § 31 Pr.G.K.G. — — R.G. i. Str.S. Bd. 21, S. 274. — — Gpp. V, S. 248 ff.

§ 17.

Festsetzung von Geldstrafen gegen Privatpersonen. [a]

Wer den Vorschriften bezüglich der Verpflichtung zur Entrichtung der Stempelsteuer zuwiderhandelt, hat eine Geldstrafe verwirkt, welche dem vierfachen Betrage des hinterzogenen Stempels gleichkommt, mindestens aber drei Mark beträgt.

Betreffen die gedachten Zuwiderhandlungen die in der Tarifstelle „Pachtverträge“ aufgeführten Verzeichnisse oder Urkunden, zu welchen Privatpersonen Stempelmarken ohne amtliche Ueberwachung verwenden dürfen, so ist eine Geldstrafe verwirkt, welche dem zehnfachen Betrage des hinterzogenen Stempels gleichkommt, mindestens aber dreißig Mark beträgt.

Die gleiche Geldstrafe tritt ein, wenn:

a) bei Auflassungserklärungen und Umschreibungsanträgen ein geringerer Werth angegeben wird, als der nach den Vorschriften der Tarifstelle „Kauf- und Tauschverträge“ bei der Versteuerung der Kaufverträge berechnete Betrag der von dem Erwerber übernommenen Lasten und Leistungen, mit Einschluß des Preises und unter Zurechnung der vorbehaltenen Nutzungen;

Bek. 29, Abs. 2.

b) bei Auflassungserklärungen und Umschreibungsanträgen eine Urkunde über das Rechtsgeschäft vorgelegt wird, welche dasselbe nicht so enthält, wie es unter den Betheiligten hinsichtlich des Werthes der Gegenleistung verabredet ist, und einem geringeren Stempel unterliegt, als die Beurkundung des wirklich verabredeten Rechtsgeschäftes erfordern würde.

Bek. 30 a letzter Abs.

Kann der Betrag des hinterzogenen Stempels nicht festgestellt werden, so tritt eine Geldstrafe bis zu dreitausend Mark ein.

Die verwirkten Geldstrafen treffen jeden Unterzeichner oder Aussteller einer Urkunde besonders und in vollem Betrage. [b]

Bei Genossenschaften und Aktiengesellschaften sind die Geldstrafen gegen die Vorstandsmitglieder, bei Kommanditgesellschaften gegen die persönlich haftenden Gesellschafter, bei offenen Handelsgesellschaften gegen die Gesellschafter, bei Gesellschaften mit beschränkter Haftung gegen die Geschäftsführer, bei Gewerkschaften gegen die Repräsentanten oder Grubenvorstände nur im einmaligen Betrage, jedoch unter Haftbarkeit jedes einzelnen als Gesammtschuldners festzusetzen. Ebenso ist zu verfahren, wenn mehrere Urkundenaussteller bei einem Geschäft als gemeinschaftliche Kontrahenten betheiligt sind.

Bei Zuwiderhandlungen gegen die Vorschriften bezüglich der Verpflichtung zur Entrichtung der Stempelsteuer unter a der Tarifstelle „Pachtverträge" trifft die Geldstrafe nur den Verpächter, Vermiether oder Verpfänder.

a. Bei den von mittelbaren oder unmittelbaren Staatsbeamten einschließlich der Notare aufgenommenen Verhandlungen sind die betheiligten Privatpersonen von Strafe frei, es sei denn, daß der § 16, Abs. 3, vorliegt. F.M.E. 26. 3. 97 III 830.

b. Die Strafe soll auch denjenigen treffen, der die Urkunde produzirt, ebenso den Inhaber derselben. A.H. S. 2389.

Vgl. §§ 14 litt. b, 16 litt. a d. G. — — § 35 d. R.St.G. — § 31 Pr.G.K.G. — — Gpp. V, S. 363 ff.

§ 18.

Festsetzung von Ordnungsstrafen gegen Privatpersonen.

Wenn in den Fällen des vorhergehenden Paragraphen aus den Umständen sich ergiebt, daß eine Steuerhinterziehung nicht hat verübt werden können oder nicht beabsichtigt worden ist, so tritt statt der vorgedachten Geldstrafen eine Ordnungsstrafe bis zu dreihundert Mark ein.

Diese Strafe haben auch Repräsentanten oder Grubenvorstände von Gewerkschaften verwirkt, wenn sie die Umschreibung von Kuxen im Gewerkenbuche vor erfolgter Versteuerung der Uebertragungsurkunden vornehmen.

Dieselbe Strafe ziehen Zuwiderhandlungen gegen die Vorschriften dieses Gesetzes oder gegen die zu dessen Ausführung erlassenen Vorschriften, die im Gesetze mit keiner besonderen Strafe belegt sind, nach sich.

D. V. 15. — Allg. V. § 14, Abs. 2, 3.

Vgl. §. 34, Abs. 1 d. R.St.G. — § 30 d. Pr.G.K.G. abgedr. bei §. 14 d. G.

§ 19.

Festsetzung von Ordnungsstrafen gegen Beamte und Notare.

Unmittelbare oder mittelbare Staatsbeamte, einschließlich der Notare, welche bei ihren amtlichen Verhandlungen oder bei den im Auftrage oder Namens einer unmittelbaren oder mittelbaren Staatsbehörde mit Privatpersonen abgeschlossenen Verträgen die ihnen durch dieses Gesetz oder die zu dessen Ausführung erlassenen Vorschriften hinsichtlich der Versteuerung auferlegten Pflichten versäumen, sind, sofern nicht nach der Art des Vergehens wegen verletzter Amtspflicht eine höhere Strafe eintritt, mit einer Ordnungsstrafe bis zum Betrage des nicht verwendeten Stempels, jedoch nicht über einhundertfünfzig Mark zu belegen.

D. V. 13. — Allg. V. § 22.

Die Privatpersonen, mit welchen die Verträge abgeschlossen sind, desgleichen die Inhaber oder Vorzeiger bleiben von Strafe frei.

Die Festsetzung der Strafen gegen Beamte und Notare erfolgt durch die ihnen vorgesetzte Aufsichtsbehörde;[a] die Ermäßigung oder Niederschlagung der Strafe kann durch dasjenige Ministerium angeordnet werden, zu dessen Verwaltung der Beamte gehört.

D. V. Anh. § 28.

a. Gegen Notare und Gerichtsvollzieher setzen wohl die Landgerichtspräsidenten die Ordnungsstrafe fest; wegen Nachbringung der Stempelabgabe aber hat die Steuerbehörde das Erforderliche zu veranlassen. F.M.E. 5. 3. 97, III 2429. C.Bl. S. 92.

Vgl. § 30, Abs. 3 d. G. — — § 28 Ges. v. 9. 4. 79, betreff. Abänderungen von Bestimmungen der Disciplinargesetze, § 7 Ges. v. 8. 3. 80, enthaltend Bestimmungen über das Notariat. — — Gpp. V, S. 393 ff.

§ 20.

Straffreiheit.

Wenn der Stempel entsprechend der Auskunft der zur Verwaltung des Stempelwesens bestellten Behörde

verwendet worden ist, so treten die Strafen der §§. 17 bis 19 nicht ein.

Vgl. § 30, Abs. 2 d. G.

§ 21.

Strafverfahren. [a]

Bei Zuwiderhandlungen gegen dieses Gesetz kommen **hinsichtlich des Verwaltungsstrafverfahrens und der Voraussetzungen für die Zulässigkeit des gerichtlichen Strafverfahrens dieselben Vorschriften zur Anwendung, nach welchen sich das Verfahren wegen Vergehen gegen die Zollgesetze bestimmt, jedoch mit der Maßgabe, daß die Strafbescheide, wenn durch dieselben Strafen bis zum Betrage von dreihundert Mark festgesetzt werden, von den Hauptsteuer- oder Hauptzollämtern, sonst aber von den Provinzialsteuerbehörden erlassen werden.**

Bek. 23, Abs. 2. — D. V. 13, 14. — Allg. V. § 22.

a. Die Strafverfolgung gegen eine Firma ist unzulässig, weil nur eine bestimmte individuelle Person Subject einer strafbaren Handlung sein kann. Bei Einstellung des Strafverfahrens gegen die Firma und nachträglicher Heranziehung des Firmeninhabers liegt eine Verletzung des Grundsatzes ne bis in idem nicht vor. R.G.E. 17. 4. 96.

Vgl. Tarif: Strafbescheide. — — §§ 459 bis 469 R.Str.P.O. — § 6 Nr. 3 E.G. zur R.Str.P.O. — § 106 A.G. zum D.G.V.G. — R.G. v. 9. 6. 95 über den Beistand bei Einziehung von Abgaben und Vollstreckung von Vermögensstrafen. (R.G.Bl. S. 256.) — Das Verwaltungsstrafgesetz vom 26. Juli 1897 (G.S. S. 237) nebst den Ausführungsvorschriften. (C.Bl. S. 334.)

§ 22.

Strafvollstreckung.

Die Umwandlung einer Geldstrafe, zu deren Zahlung der Verpflichtete unvermögend ist, in eine Freiheitsstrafe findet nicht statt. Auch darf zur Beitreibung von Geldstrafen ohne Zustimmung des Verurtheilten, wenn dieser ein Preuße ist, kein Grundstück im Wege der Zwangsvollstreckung versteigert werden.

D. V. 15. — Allg. V. § 23.

Vgl. Kab.-O. v. 24. 5. 47 (G.S. S. 238) — § 15 des W.St.G. v. 10. 6. 69 — § 47 d. E.St.G. v. $\frac{30.\ 5.\ 73}{19.\ 5.\ 91}$ (G.S. S. 72 ff.) — § 37 v. R.St.G.

§ 23.

Verjährung der Strafverfolgung und der Strafvollstreckung.

Die Strafverfolgung von Zuwiderhandlungen gegen die Vorschriften dieses Gesetzes und die zu dessen Ausführung erlassenen Bestimmungen sowie die Vollstreckung der dieserhalb rechtskräftig festgesetzten und rechtskräftig erkannten Strafen verjährt in fünf Jahren.

III. Abschnitt.

Besondere Bestimmungen.

§ 24.

Ersatz für die vor dem Verbrauch verdorbenen Stempelzeichen.

Für Stempelzeichen, welche vor dem Verbrauche durch Zufall oder Versehen verdorben worden sind, kann Ersatz beansprucht werden.

Bek. 17. — D. V. 16.

Vgl. Gpp. V, S. 495 ff.

§ 25.[a]

Erstattung bereits verwendeter Stempel.

Die entrichtete Stempelsteuer wird erstattet:

a) wenn ein gesetzlich nicht erforderlicher Stempel verwendet und der Erstattungsantrag innerhalb zweier Jahre nach der Entrichtung des Stempels angebracht worden ist;

Bek. 18. — D. V. 17.

b) wenn der von Behörden oder Beamten, einschließlich der Notare, in der Erwartung der Zahlung verwendete Stempel von den zur Entrichtung desselben Verpflichteten nicht beigetrieben werden kann;

Bek. 18. — D. V. 6.

c) wenn ein beurkundetes Geschäft nichtig ist oder durch rechtskräftiges gerichtliches Urtheil für ungültig oder nichtig erklärt und die Erstattung innerhalb zweier Jahre nach der Beurkundung des nichtigen Geschäfts oder binnen Jahresfrist nach Eintritt der Rechtskraft des gerichtlichen Erkenntnisses nachgesucht wird.

Bek. 18. — D. V. 18. — Allg. V. § 9b.

Außerdem kann der Finanzminister die Erstattung bereits verwendeter Stempel aus Billigkeitsgründen anordnen, wenn die Ausführung eines Geschäfts unterblieben und die Erstattung innerhalb zweier Jahre nach der Beurkundung des Geschäfts beantragt worden ist.[b]

Bek. 19. — Allg. V. § 9 und 98.

Der Steuerverwaltung bleibt jedoch im Falle zu c und im Falle des vorhergehenden Absatzes das Recht vorbehalten, den Stempel von demjenigen Vertragschließenden wieder einzuziehen, welcher bei der Beurkundung des Geschäfts von den die Nichtigkeit oder Ungültigkeit desselben bedingenden Umständen Kenntniß gehabt oder die unterbliebene Ausführung des Geschäfts verschuldet hat.

a. Dieser Paragraph findet bei nicht voller Ausnutzung eines gewährten Kredits keine Anwendung. KB. S. 76.

b. Der Abs. 2 ermächtigt auch den Finanzminister, von der Beibringung eines nach gesetzlicher Vorschrift zu entrichtenden Stempels abzusehen, er findet keine Anwendung auf vor dem 1. April 1896 errichtete Urkunden, oder wenn die Ausführung des Geschäfts theilweise erfolgt, oder die einmalige Erfüllung später wieder rückgängig gemacht ist. F.M.E. 28. 12. 96 III 17292, 19. 1. 97 III 639, 7. 3. 97 III 1341, 29. 10. 97 III 13736.

Vgl. § 3, Abs. 2 d. G. — — § 30 Pr.G.K.G. — — Gpp. V, S. 497 ff.

§ 26.

Rechtsweg.[a]

In Beziehung auf die Verpflichtung zur Entrichtung einer Stempelabgabe ist der Rechtsweg zulässig.[b] Die Klage ist bei Verlust des Klagerechts binnen sechs Monaten[c] nach erfolgter Beitreibung oder geleisteter Zahlung[d] gegen diejenige Provinzialsteuerbehörde zu richten, in deren Verwaltungsbezirk die Steuer erfordert worden ist. Wenn es sich um Stempelbeträge handelt, welche nach den für Gerichtskosten geltenden Vorschriften einzuziehen sind, ist die Klage gegen die zur Vertretung des Fiskus in Angelegenheiten der Justizverwaltung bestimmte Behörde zu richten.

Bek. 20. — D. V. 19. — Allg. V. § 7.

a. Unter Rechtsweg ist der Gegensatz zu Verwaltungsweg zu verstehen. Der Mangel der Voraussetzungen des Rechtsweges führt zur Abweisung der Klage als unbegründet, aber nicht zur Abweisung wegen Unzulässigkeit des Rechtsweges. R.G.E. 14. 12. 96. (J.W.Schr. 1897 S. 69.)

b. Der Rechtsweg ist für alle Arten von Stempeln zugelassen, auch ist die Zulässigkeit der Klage nicht von einer mit Vorbehalt geleisteten Zahlung abhängig. K.B. S. 108. — 17 K.S. S. 7.

c. Die Einrede wegen Ablaufs der Klagefrist ist als Einrede der Verjährung anzusehen. Deshalb ist die Frist keine Präklusivfrist und die Einrede ist nicht von Amtswegen zu berücksichtigen, sondern sie muß erhoben werden. R.G.E. 30. 5. 97.

d. Zahlung an den Notar hat die Wirkung einer Zahlung an den Fiskus, nicht aber die Zahlung an den Bureauvorsteher des Notars. R.G.E. 26 4. 97.

Vgl. §. 39 A.G. zum D.G.V.G. — — R.G. i. C.S. Bd. 25, S. 247, Bd. 29, S. 237, Bd. 30, S. 173, Bd. 31, S. 30. — — Opp. V S. 41 ff.

§ 27.

Verjährung der Stempelsteuer.

Die Stempelsteuer verjährt, wenn sie auf einen Bruchtheil des Werthes des Gegenstandes zu bemessen ist, in zehn, sonst in fünf Jahren nach Ablauf des Kalenderjahres, in welchem die Zahlung der Abgabe hätte erfolgen müssen.

Die Verjährung wird unterbrochen durch eine an den Zahlungspflichtigen erlassene Aufforderung zur Zahlung, durch Handlungen der Zwangsvollstreckung oder durch Bewilligung einer Stundung. Mit dem Ablauf desjenigen Kalenderjahres, in welchem die letzte Aufforderung zugestellt, die letzte Vollstreckungshandlung vorgenommen oder die bewilligte Frist abgelaufen ist, beginnt eine neue Verjährung.

Die Beanstandung der Angaben der Steuerpflichtigen über den Werth des Gegenstandes eines Geschäfts ist binnen einer dreijährigen Frist nach der Beurkundung zulässig.

Allg. V. § 6, Abs. 3 und § 17.

Vgl. § 7 Abs. 3 d. G. — — § 50 d. E.St.G.v. $\frac{30.\ 5.\ 73}{19.\ 5.\ 91.}$ (G.S. S. 72). — § 13 des Pr.G.K.G. — — Hpp. V, S. 35 ff.

§ 28.

Berechnung der Fristen.

Für die Berechnung der in diesem Gesetz und dem Tarif erwähnten Fristen sind die Bestimmungen der Deutschen Civilprozeßordnung[1]) maßgebend.

---

[1]) Die betreffenden Bestimmungen der C.P.O. lauten:

§. 199. Bei der Berechnung einer Frist, welche nach Tagen bestimmt ist, wird der Tag nicht mitgerechnet, auf welchen der Zeitpunkt oder das Ereigniss fällt, nach welchem der Anfang der Frist sich richten soll.

§. 200. Eine Frist, welche nach Wochen oder Monaten bestimmt ist, endigt mit Ablauf desjenigen Tages der letzten Woche oder des letzten Monats, welcher durch seine Benennung oder Zahl dem Tage entspricht, an welchem die Frist begonnen hat, fehlt dieser Tag in dem letzten Monate, so endigt die Frist mit Ablauf des letzten Tages dieses Monats.

Fällt das Ende einer Frist auf einen Sonntag oder allgemeinen Feiertag, so endigt die Frist mit Ablauf des nächstfolgenden Werktages.

§ 29.

Kosten.

Die Verhandlungen in Stempelsteuerangelegenheiten — mit Ausnahme derjenigen im Strafverfahren, hinsichtlich deren die für das Zollstrafverfahren bestehenden Vorschriften zur Anwendung kommen — sind kostenfrei.

Die Steuerpflichtigen sind zur Tragung des durch die Verhandlungen mit ihnen erwachsenden Portos verbunden.

Bek. 21.

Vgl. § 30 Abs. 2 d. G. — — § 49 d. E.St.G.

§ 30.

Verwaltung der Stempelsteuer.

Die Verwaltung des gesammten Stempelwesens wird unter Leitung des Finanzministers von den Provinzialsteuerbehörden durch die Stempelsteuerämter, Zoll- und Steuerbehörden geführt.

Bek. 22, 23. — D. V. Beil. 1.

Die Hauptsteuer- und Hauptzollämter sowie Stempelsteuerämter sind verpflichtet, gegen Erstattung der ihnen an Schreibgebühren und Porto [a] erwachsenden Kosten den zur Verwendung des Stempels verpflichteten Personen Auskunft über die Höhe des Stempels [b] zu ertheilen. [c]

Bek. 24. — D. V. Anhang § 30.

Außer den Steuerbehörden haben alle diejenigen Staats- oder Kommunalbehörden und Beamten, welchen eine richterliche oder Polizeigewalt anvertraut ist, die besondere Verpflichtung, auf Befolgung der Stempelgesetze zu halten und alle bei ihrer Amtsverwaltung zu ihrer Kenntniß kommenden Zuwiderhandlungen gegen dieses Gesetz behufs Einleitung des Strafverfahrens von Amtswegen zur Anzeige zu bringen. [d]

D. V. 21, 22. — Allg. V. § 20.

a. Zur Erstattung von Kopiallen und Porto sind auch mittelbare Behörden und Beamte, insbesondere nicht von königlichen Behörden geführte Polizeiverwaltungen und Amtsvorsteher verpflichtet. Befreiung genießen nur unmittelbare Staatsbehörden und Beamte. F.M.E. 29. 3. 97 III 3656. C.Bl. S. 116.

b. Es ist auch darüber Auskunft zu ertheilen, ob eine Urkunde überhaupt stempelpflichtig ist oder nicht. A.H. S. 2515–16.

c. Etwaige Verzögerungen in der Beantwortung rechtzeitig gestellter Anfragen können Bestrafungen wegen verspäteter Entrichtung der Stempel Seitens der Pflichtigen nicht herbeiführen. H.H. S. 356.

d. Der Abs. 3 trifft auch auf die Verwaltungsgerichte zu. F.M.E. 14. 7. 96 III 9438. C.Bl. S. 535.

Vgl. § 20 b. G. — — § 106 A.G. zum D.G.B.G. — § 40 R.St.G. — — Opp. V, S. 39 ff., 428 ff.

§ 31.

Aufsichtsführung.

Die nähere Aufsicht über die gehörige Beobachtung dieses Gesetzes führen die Vorstände der Stempelsteuerämter, welche mit besonderer Anweisung vom Finanzminister versehen werden.

Bek. 25. — D. V. 23 u. Beil. 2.

Alle Behörden und Beamten,[a] einschließlich der Notare, ferner Aktiengesellschaften, Kommanditgesellschaften auf Aktien, eingetragene Genossenschaften, Gewerkschaften, Gesellschaften mit beschränkter Haftung, Versicherungsgesellschaften auf Gegenseitigkeit und diejenigen Personen, welche gewerbsmäßig Auktionen abhalten, sind verpflichtet, den vorbezeichneten Vorständen behufs Prüfung der gehörigen Abgabenentrichtung die Einsicht ihrer Akten, Bücher und Schriftstücke zu gestatten.[b]

Bek. 26, 15. B. 2. — D. V. 24—28. — Allg. V. § 21.

Ferner sind alle Verpächter, Vermiether und Verpfänder verbunden, die von ihnen zu führenden Verzeichnisse den Vorständen auf Verlangen einzureichen.

D. V. 50.

Privatpersonen sind auf Erfordern der Vorstände der Stempelsteuerämter verpflichtet, sich über die gehörige Beobachtung der Stempelgesetze auszuweisen, wenn Thatsachen vorliegen, welche den dringenden Verdacht rechtfertigen, daß von ihnen ein Stempelgesetz verletzt ist. Bei dringendem Verdacht einer Stempelsteuerhinterziehung hat auf einen durch Angabe und Glaubhaftmachung der vorliegenden Thatsachen zu begründenden Antrag des Vorstandes des Stempelsteueramtes [c] das Amtsgericht, in dessen Bezirke die Privatperson ihren Wohnsitz oder in Ermangelung dessen ihren gewöhnlichen Aufenthaltsort hat, über die Anordnung einer Beschlagnahme oder Durchsuchung Entscheidung zu treffen. Der Ausführung der Beschlagnahme oder Durchsuchung hat eine Aufforderung zum Ausweis über die gehörige Beobachtung der Stempelsteuergesetze unmittelbar vorauszugehen. Auf das Verfahren finden im Uebrigen die Vorschriften der Strafprozeßordnung mit der Maßgabe entsprechende Anwendung, daß der Beschlagnahme oder Durchsuchung der Vorstand des Stempelsteueramtes beziehungsweise ein mit seiner Vertretung beauftragter Beamter beiwohnen kann. [d]

D. V. 29.

a. Die Reichsbank und ihre Nebenstellen, die Centralbehörden und das Heroldsamt sollen einer Revision nicht unterworfen werden, F.M.E. 25. 3. 96 III 4229, wohl aber die Verwaltungsgerichte. F.M.E. 14. 7. 96 III 9488.

b. Sie sind berechtigt, von allen Akten u. s. w. Einsicht zu nehmen und verpflichtet, auch vor dem 1. April 1896 begangene Verstöße gegen stempelrechtliche Vorschriften zu rügen. F.M.E. 19. 11. 96 III 15780.

c. Der Antrag der Steuerverwaltung über die Anordnung einer Beschlagnahme oder Durchsuchung unterliegt der freien Beweiswürdigung des Richters. K.B. S. 112.

d. Die Durchsuchung beziehentlich Beschlagnahme nimmt das Gericht, nicht der Stempelfiskal, vor. A.H. S. 2398.

Vgl. § 13 d. G. — — §§ 8, 94 ff. d. R.Str.P.O. — § 39 d. R.St.G. — — Gpp. V, S. 458 ff.

§ 32.

Anfertigung, Verkauf und Verwendung von Stempelzeichen und Anlegung von Verzeichnissen.

Der Finanzminister erläßt die Anordnungen wegen der Anfertigung, des Verkaufs und der Verwendung des Stempelpapiers und der Stempelmarken, wegen der Zulässigkeit der Verwendung von Stempelmarken ohne amtliche Ueberwachung, wegen der in § 14 bezeichneten Abfindungen und wegen Anlegung der in der Tarifstelle „Pachtverträge“ vorgeschriebenen Verzeichnisse.

Stempelmarken, welche von Privatpersonen nicht in der vorgeschriebenen Weise verwendet worden sind, werden als nicht verwendet angesehen.

Bek. 27.

§ 33.

Unbefugter Handel mit Stempelzeichen.

Der unbefugte Handel mit Stempelzeichen wird unter Einziehung der Vorräthe mit einer Geldstrafe bis zu einhundertfünfzig Mark bestraft.

Vgl. Opp. V, S. 478, 480, 492 ff.

§ 34.

Uebergangsbestimmungen.

Dieses Gesetz tritt mit dem 1. April 1896 in Kraft.

Auf die vor diesem Tage abgegebenen Auflassungserklärungen und gestellten Anträge auf Eintragung einer Hypothek oder Grundschuld oder der Verpfändung einer

Hypothek oder Grundschuld sowie auf diejenigen Urkunden, welche vor diesem Tage Stempelpflichtigkeit erlangt haben, finden die bisherigen gesetzlichen Vorschriften Anwendung.

Die Vorschriften unter a der Tarifstelle „Pachtverträge" kommen für denjenigen Zeitraum nicht zur Anwendung, hinsichtlich dessen eine Versteuerung der vor dem 1. April 1896 geschlossenen Pacht-, Mieth- und antichretischen Verträge bereits stattgefunden hat.

§ 35.

Aufrechterhaltung und Aufhebung älterer Bestimmungen.

Vom 1. April 1896 ab sind alle auf die Stempelsteuer bezüglichen Gesetzesvorschriften, soweit sie nicht in diesem Gesetz und dem anliegenden Tarif aufrechterhalten sind, aufgehoben.

Insbesondere treten außer Kraft:

die im Kreise Herzogthum Lauenburg geltende Hannoversche Verordnung vom 31. Dezember 1813, betreffend die Erhebung der Stempelabgaben, Lauenburgische Verordnungen, Sammlung für 1813 S. 41,

das Gesetz wegen der Stempelsteuer vom 7. März 1822, Gesetz-Samml. S. 57,

die Kabinetsorder vom 4. September 1823 wegen der Stempelpflichtigkeit der Dispositionsscheine der Banquiers und Kaufleute, Gesetz-Samml. S. 163, die Kabinetsorder vom 13. November 1828 wegen des zu Verträgen über Angabe an Zahlungsstatt erforderlichen Kaufwerthstempels, Gesetz-Samml. 1829 S. 21,

die Kabinetsorder vom 14. April 1832 wegen Abänderung der Bestimmungen im § 5 litt. a und b des Stempelgesetzes vom 7. März 1822, Gesetz-Samml. S. 137,

die Kabinetsorder vom 13. April 1833, betreffend den Rekurs gegen Strafresolute in Stempelsachen, Gesetz-Samml. S. 33,

die Kabinetsorder vom 19. Juni 1834, betreffend die Erläuterung der Vorschriften des Tarifs zum Stempelgesetz vom 7. März 1822 wegen Stempelpflichtigkeit der Punktationen, Gesetz-Samml. S. 81,

die Ziffer 2 der Kabinetsorder vom 7. Februar 1835, in Betreff des Kleinhandels mit Getränken auf dem Lande und des Gast- und Schankwirthschaftsbetriebes überhaupt, für alle Theile der Monarchie, Gesetz-Samml. S. 18,

die Kabinetsorder vom 28. Oktober 1836, betreffend die Abänderung des §. 22 des Stempelgesetzes vom 7. März 1822, Gesetz-Samml. S. 308,

die Kabinetsorder vom 16. Januar 1840, die Ergänzung der Stempeltarifposition „Vergleiche“ und die nähere Bestimmung der für die Vergleichsakte der Friedensrichter in der Rheinprovinz und für die Vergleichsverhandlungen der Schiedsmänner bewilligten Stempelfreiheit betreffend, Gesetz-Samml. S. 18,

die Kabinetsorder vom 23. Dezember 1842, die Ausdehnung der mildernden Bestimmungen der Order vom 28. Oktober 1836 zu dem § 22 des Stempelgesetzes vom 7. März 1822 auf Verträge, welche zwischen einer unmittelbaren oder mittelbaren Staatsbehörde und einer Privatperson abgeschlossen sind, betreffend, Gesetz-Samml. für 1843 S. 21,

die Kabinetsorder vom 21. Juni 1844, betreffend die Aufhebung des Werthstempels für die Uebernahme von Nachlaßgegenständen bei Auseinandersetzungen zwischen mehreren Erben, Gesetz-Samml. S. 253,

die Kabinetsorder vom 18. Juli 1845, in Betreff der Stempelsteuer für die Errichtung von Fideikommiß- und Familienstiftungen, Gesetz-Samml. S. 506,

die Kabinetsorder vom 3. Oktober 1845, den zu Lehrkontrakten erforderlichen Stempel betreffend, Gesetz-Samml. S. 680,

der § 10 des Gesetzes, betreffend einige Abänderungen der Hypothekenordnung vom 20. Dezember 1783, vom 24. Mai 1853, Gesetz-Samml. S. 521, das Gesetz vom 25. Mai 1857, betreffend die Revision der Aktiengesellschaften im Stempelinteresse, Gesetz-Samml. S. 517,

die §§ 11 und 12 des Gesetzes, betreffend die Erweiterung des Rechtsweges, vom 24. Mai 1861, Gesetz-Samml. S. 241,

das Gesetz vom 22. Juli 1861, betreffend die Entrichtung des Stempels von Uebertragsverträgen zwischen Ascendenten und Descendenten, Gesetz-Samml. S. 754,

das Gesetz vom 2. März 1867, betreffend die den gemeinnützigen Aktienbaugesellschaften bewilligte Sportel- und Stempelfreiheit, Gesetz-Samml. S. 385, insoweit es sich auf die Stempelsteuer bezieht,

die Verordnung vom 19. Juli 1867, betreffend die Verwaltung des Stempelwesens und die Erhebung des Urkundenstempels in dem vormaligen Königreich Hannover, dem vormaligen Kurfürstenthum Hessen und Herzogthum Nassau, sowie in den vormals Bayerischen Gebietstheilen, Gesetz-Samml. S. 1191,

die Verordnung vom 7. August 1867, betreffend die Erhebung der Stempelsteuer in den Herzogthümern Schleswig und Holstein, Gesetz-Samml. S. 1277,

die Verordnung vom 16. August 1867, betreffend die Verwaltung des Stempelwesens und den Urkundenstempel in der ehemals freien Stadt Frankfurt a. M., Gesetz-Samml. S. 1346,

das Gesetz vom 5. März 1868 wegen Aenderung der Stempelsteuer in den Regierungsbezirken Cassel und Wiesbaden mit Ausnahme der Stadt Frankfurt a. M., Gesetz-Samml. S. 185,

das Gesetz vom 24. Februar 1869 wegen Aenderung der Stempelsteuer in der Provinz Hannover, Gesetz-Samml. S. 366,

das Gesetz, betreffend die Stempelabgaben von gewissen, bei dem Grundbuchamte anzubringenden Anträgen, vom 5. Mai 1872, Gesetz-Samml. S. 509,

das Gesetz, betreffend die Aufhebung beziehungsweise Ermäßigung gewisser Stempelabgaben, vom 26. März 1873, Gesetz-Samml. S. 131,

das Gesetz vom 27. Juni 1875, betreffend die Verwaltung des Stempelwesens in Frankfurt a. M., Gesetz-Samml. S. 407,

der § 35 der Hinterlegungsordnung vom 14. März 1879, Gesetz-Samml. S. 249, insoweit er sich auf die Stempelsteuer bezieht,

die §§ 40 und 41 der Schiedsmannsordnung vom 29. März 1879, Gesetz-Samml. S. 321, insoweit sich dieselben auf die Stempelsteuer beziehen, der § 2 des Gesetzes, enthaltend Bestimmungen über Gerichtskosten und über Gebühren der Gerichtsvollzieher, vom 21. März 1882, Gesetz-Samml. S. 129,

der § 3 des Gesetzes, betreffend die Gerichtskosten bei Zwangsversteigerungen und Zwangsverwaltungen von Gegenständen des unbeweglichen Vermögens, vom 18. Juli 1883, Gesetz-Samml. S. 189, insoweit sich derselbe auf die Stempelsteuer bezieht,

das Gesetz, betreffend die Stempelsteuer für Kauf- und Lieferungsverträge im kaufmännischen Verkehr und für Werkverdingungsverträge, vom 6 Juni 1884, Gesetz-Samml. S. 279,

der § 41 des Gesetzes über das Grundbuchwesen und die Zwangsvollstreckung in das unbewegliche Vermögen im Geltungsbereich des Rheinischen Rechts vom 12. April 1888, Gesetz-Samml. S. 52,

das Gesetz, betreffend Abänderung mehrerer Bestimmungen der Gesetzgebung über die Stempelsteuer, vom 19. Mai 1889, Gesetz-Samml. S. 115,

der erste Absatz des § 9 des Gesetzes, enthaltend Bestimmungen über das Notariat und über die gerichtliche oder notarielle Beglaubigung von Unterschriften oder Handzeichen, vom 15. Juli 1890, Gesetz-Samml. S. 229, die §§ 2 bis einschließlich 4 und 46, sowie die Anmerkung zu diesem Paragraphen des Gesetzes, betreffend die Erbschaftssteuer vom $\frac{\text{30. Mai 1873}}{\text{19. Mai 1891}}$, Gesetz-Samml. für 1891 S. 78, insoweit diese Vorschriften nicht für die Hohenzollernschen Lande Geltung haben,

der § 5b des Art. III des Gesetzes, betreffend die im Geltungsbereich des Rheinischen Rechts außerhalb des vormaligen Herzogthums Berg bestehenden Pfandschaften, sowie die Abänderung und Ergänzung des Gesetzes vom 12. April 1888 über das Grundbuchwesen und die Zwangsvollstreckung in das unbewegliche Vermögen im Geltungsbereich des Rheinischen Rechts, vom 14. Juli 1893, Gesetz-Samml. S. 185,

das Gesetz, betreffend die Gleichstellung der Notare mit den anderen Beamten bezüglich der Strafen bei Nichtverwendung der tarifmäßigen Stempel vom 28. Mai 1894, Gesetz-Samml. S. 105.

Die in dem Preußischen Gerichtskostengesetz vom 25. Juni 1895 über das Stempelwesen getroffenen Bestimmungen bleiben unberührt.

Soweit in anderen Gesetzen auf Bestimmungen der durch diesen Paragraphen aufgehobenen Gesetze verwiesen ist, treten die entsprechenden Vorschriften dieses Gesetzes an die Stelle.

§ 36.

Schlußbestimmung.

Der Finanzminister ist mit der Ausführung dieses Gesetzes beauftragt.

Urkundlich ꝛc.

Stempeltarif.

Lfd. Nr.	Gegenstand der Besteuerung	Steuersatz v. H.	M.	Pf.	Berechnung der Stempelabgabe
1.	**Abschriften,** beglaubigte,[1]) unter denselben Voraussetzungen wie Zeugnisse, [2]) amtliche in Privatsachen, s. diese. [3]) [4]) [5]). Befreit sind Beglaubigungen der Rechtsanwälte im Prozeßverfahren. *D. V 30. Allg. V. § 10. Abs. 3*				
	Abtretung von Rechten.[1 a. b. c.] Beurkundungen über die Abtretung von Rechten sowie Indossamente, sofern nicht nach §. 5 zweiter Absatz des Reichsstempelgesetzes vom				des Werthes der Gegenleistung oder, wenn eine solche in der **Urkunde**

Zu Tarif-No. 1.

1. Durch die Beglaubigung einer Abschrift wird die Uebereinstimmung ihres Inhalts mit dem des Originals amtlich bezeugt. Beglaubigungen sind daher amtliche Zeugnisse. Mot. S. 26.

2. Die in Tarifstelle 77 vorgesehenen Befreiungen kommen auch hier zur Anwendung. K.B. S. 4.

3. Der Antrag, gesetzlich festzulegen, daß die Beglaubigung der Abschrift niemals einen höheren Stempel tragen dürfe als die Urkunde selber, wurde in der Kommission abgelehnt. K.B. S. 5.

4. Eine vom Gemeindevorstand abgegebene Bescheinigung der Uebereinstimmung der Urschrift mit der Abschrift ist nicht stempelpflichtig. F.M.E. 26. 3. 97 III 3411.

5. Eine von einem zuständigen Beamten gefertigte beglaubigte Abschrift, wenn auch zum Zweck einer Löschung, ist stempelpflichtig, denn Tarifstelle 77 litt. e bezieht sich nur auf Unterschriftsbeglaubigungen. F.M.E. 4. 5. 97 III 5431.

Vgl. §§ 9 Abs. 3, 12a b G. — — § 237 L.R. I. 12. — § 156 C.P.O. — §§ 65 Abs. 2, 67, 68, 76 Pr.G.K.G. — § 2 D.G.K.G. — — Gpp. V, S. 546 ff., 572 ff.

Lfd. Nr.	Gegenstand der Besteuerung	Steuersatz v. H.	M.	Pf.	Berechnung der Stempelabgabe
Noch 2.	27. April 1894 (R.G.Bl. S. 381) *) Stempelfreiheit eintritt, oder die Bestimmungen der Tarifstelle „Kauf- und Tauschverträge" fünfter bis einschließlich zehnter Absatz zur Anwendung kommen	$^1/_{20}$	—	—	nicht enthalten ist, des Geldbetrages oder des Werthes des abgetretenen Rechts;
	mindestens aber	—	1	—	
	ist der Werth des abgetretenen Rechtes nicht schätzbar	—	5	—	
	Befreit sind Beurkundungen der Uebertragungen der Konnossemente der Seeschiffer, Ladescheine der Frachtführer und Auslieferungsscheine (Lagerscheine, warrants) über Waaren oder andere bewegliche Sachen durch Indossament.				
	Schriftliche Benachrichtigungen an den Verpflichteten über die erfolgte Abtretung eines Rechtes sind, wenn nicht eine mit dem tarifmäßigen Stempel versehene Abtretungsurkunde vorliegt, wie Beurkundun-				

*) Die betreffenden Bestimmungen d. R.St.G. lauten:

§ 5. Die der Reichsstempelsteuer unterworfenen Werthpapiere unterliegen in den einzelnen Bundesstaaten keiner weiteren Stempelabgabe (Taxe, Sportel u. s. w.).

Auch ist von der Umschreibung solcher Werthpapiere in den Büchern und Registern der Gesellschaft etc., sowie von den auf die Werthpapiere selbst gesetzten Uebertragungsvermerken (Indossamenten, Cessionen u. s. w.) eine Abgabe nicht zu entrichten.

Lfd. Nr.	Gegenstand der Besteuerung	Steuersatz v. H.	M.	Pf.	Berechnung der Stempelabgabe
Noch 2.	gen der Abtretung zu versteuern, sofern nach der Verkehrssitte über die Abtretung eine förmliche Urkunde errichtet zu werden pflegt und beabsichtigt ist, durch die schriftliche Benachrichtigung die Aufnahme einer solchen Urkunde zu ersetzen. Dem Stempel für Abtretungen unterliegen auch Anträge auf Umschreibung vor dem 1. Oktober 1881 ausgestellter Namenaktien im Aktienbuche.[2]) [3]) falls nicht eine mit dem tarifmäßigen Stempel versehene Abtretungsurkunde errichtet ist. Der Antrag auf Eintragung der Abtretung einer Hypothek oder Grundschuld im Grundbuche oder in einem für solche Eintragungen bestimmten öffentlichen Buche[4]) .	1/50	—	—	des Betrages der Hypothek oder Grundschuld.
	mindestens aber	—	1	—	
	Bek. 28 Die Abgabe wird nur erhoben, falls die beantragte Eintragung in den Grund- oder öffentlichen Büchern vermerkt worden ist *Allg. V. §§ 1, 6.* Die Abgabe wird nicht erhoben, wenn bei der Anbringung des Antrages oder innerhalb einer mit dem Tage der Zustellung der Aufforderung zur Zahlung der Gerichts-				

Lfd. Nr.	Gegenstand der Besteuerung	Steuersatz v. H.	Steuersatz M. Pf.	Berechnung der Stempelabgabe
Noch 2.	kosten beginnenden Frist von zwei Wochen die Urkunde über die dem Antrage zu Grunde liegende Abtretung in Urschrift, Ausfertigung oder beglaubigter Abschrift vorgelegt wird. Als eine solche Urkunde ist nur diejenige anzusehen, welche die Abtretung so enthält, wie sie unter den Betheiligten hinsichtlich des Werthes der Gegenleistung verabredet ist. Betrifft der Antrag eine Hypothek oder Grundschuld, für welche mehrere Grundstücke haften, so wird die Abgabe nur einmal erhoben. Wird nach Entrichtung der Abgabe die Urkunde über das der Eintragung zu Grunde liegende Geschäft errichtet, so ist auf den zu dieser Urkunde erforderlichen Stempel der für den Eintragungsantrag gezahlte Stempel anzurechnen.[5] Ausgeschlossen von der Anrechnung bleibt derjenige Stempelbetrag, welcher zu dem Eintragungsantrage erforderlich gewesen sein würde, wenn derselbe nicht dem Werthstempel unterlegen hätte. Die Anrechnung ist innerhalb der im § 16 angegebenen Fristen auf der Urkunde amtlich zu vermerken. *Bek. 28, Abs. 2.*			

Lfd. Nr.	Gegenstand der Besteuerung	Steuersatz v. H	M. Pf.	Berechnung der Stempelabgabe
Noch 2.	Befreit sind: Urkunden, wodurch eine Forderung einem Kommunalverbande, einer Kommune oder einer Korporation ländlicher oder städtischer Grundbesitzer oder einer Grund-, Kredit- und Hypothekenbank abgetreten wird, falls auf Grund der Abtretung reichsstempelpflichtige Renten- oder Schuldverschreibungen demnächst ausgereicht werden. *Bek. 28. Abs. 3.* *Allg. V. § 10, Abs. .*			

Zu Tarif-No. 2.

1a. Für Cession öffentlicher Papiere besteht keine Stempelfreiheit mehr, in dem Bekenntniß der Bank würde unter Umständen noch ein reichsstempelpflichtiges Anschaffungsgeschäft liegen. F.M.E. 20. 8. 96 III 11333.

1b. Abtretungen von Ascendenten an Descendenten schenkungsweise erfordern den Cessionsstempel. F.M.E 7. 11. 96 III 14733.

1c. Bei Abtretung verschiedener Posten seitens eines Cedenten an verschiedene Cessionare wird der Stempel so oft gerechnet, als Cessionen vorliegen. F.M.E 7. 11. 96 III 14733.

2. Die Stempelpflichtigkeit von schriftlichen Anträgen auf Umschreibung von Namenaktien im Aktienbuch beschränkt sich auch auf die vor dem 1. Oktober 1881 ausgegebenen Aktien. Mot. S. 28.

3. Für Aktien und für Schuldverschreibungen der in der Tarifnummer 2 und 3 des Reichsstempelgesetzes vom 27 April 1894 erwähnten Art kommt der Landesstempel nur noch insoweit in Betracht, als sie vor dem 1. Oktober 1881 ausgestellt sind. Mot. S. 28.

4. Der Antrag auf Umschreibung ist dem Cessionsstempel unterworfen, weil nach § 53 des Eigenthumserwerbegesetzes die Umschreibung einer Hypothek oder Grundschuld auch ohne Vorlegung der Abtretungsurkunde erfolgen darf. Mot. S. 28.

Lfd. Nr.	Gegenstand der Besteuerung	Steuersatz v. H.	M.	Pf.	Berechnung der Stempelabgabe
3.	**Aftermieth- oder Afterpachtverträge**, s. Pachtverträge.				
4.	**Annahme an Kindesstatt**, Verträge darüber	—	50	—	
	Bei nachgewiesener Bedürftigkeit kann der Stempel auf 5 Mark ermäßigt werden.[1])				
5.	**Antichretische Verträge**, s. Pachtverträge.				
6.	**Apotheken**, s. Erlaubnißertheilungen, Buchstaben a.				
7.	**Approbationsscheine**, s. Erlaubnißertheilungen, Buchstaben b.				
8.	**Auflassungen**[1]) von inländischen Grundstücken, Bergwerken,[2]) unbe-				

Noch Tarif-No. 2.

5. Die Anrechnung hat auch ohne Antrag der Parteien zu erfolgen, wenn die gesetzlichen Voraussetzungen vorliegen. K.B. S. 12.

Vgl. § 1, Abs. 3 d. Ges. — Tarif: Auflassungen, letzter Abs. und Abs. 2, Pachtverträge, Abs. 7, Schuldverschreibungen III, letzter Abs., Kaufverträge, Abs. 5 und 10. — — Art. 302 ff. H.G.B. — §§ 413 ff., 376 ff. I 11 A.L.R. — § 25 W.St.St.G. — § 53 E.E.G. — § 31 Pr.G.K.G. — — Gpp. V, S. 626.

Zu Tarif-No. 4.

1. Der zur Berechnung des Stempels berufene Gerichtsschreiber befindet nach Darlegung eines zu den Akten zu nehmenden Bedürftigkeitszeugnisses zunächst über die Ermäßigung, wobei die allgemeinen Bestimmungen über die Prüfung des Ansatzes Anwendung finden. F.M.E. 17. 12. 97 J.M.Bl. S. 306. c. Bl. 100/98

Vgl. Tarif: Standeserhöhungen, Abs. 3. — — §§ 666 ff. L.R. II 2 — §§ 29, 95 Pr.G.K.G. — — Gpp. V, S. 553.

Zu Tarif-No. 5.

Vgl. Gpp. V, S. 553, S. 9.

Lfd. Nr.	Gegenstand der Besteuerung	Steuersatz v. H.	M.	Pf.	Berechnung der Stempelabgabe
Noch 8.	weglichen Bergwerksantheilen oder selbständigen Gerechtigkeiten im Geltungsgebiet der **Grundbuchordnung vom 5. Mai 1872** sowie Umschreibungen von inländischen Immobilien in öffentlichen Büchern (Transskriptions-, Stockbücher, Schuld- und Pfandprotokolle u.s.w.) auf den Namen eines neuen Eigenthümers in denjenigen Landestheilen, in welchen die Grundbuchordnung vom 5. Mai 1872[3]) nicht eingeführt ist, in Fällen der freiwilligen Veräußerung[4]) . . . . *Bek 29. — D. V. 31. — Allg. V §§ 1 b, 2, letzter Abs.,*	1	—	—	des Werthes des veräußerten Gegenstandes.
	Die Abgabe wird nur erhoben, falls der Eigenthumsübergang in den Grund- oder öffentlichen Büchern vermerkt worden ist. Einem anderen Stempel unterliegen die Auflassungserklärungen oder Umschreibungsanträge nicht. Die Auflassungserklärung und der Umschreibungsantrag sind dem Werthstempel nicht unterworfen, wenn mit der Verlautbarung oder mit der Einreichung derselben oder innerhalb einer mit dem Tage der Zustellung der Aufforderung zur				

Lfd. Nr.	Gegenstand der Besteuerung	Steuersatz v. H.	M.	Pf.	Berechnung der Stempelabgabe
Noch 8.	Zahlung der Gerichtskosten beginnenden Frist von zwei Wochen die das Veräußerungsgeschäft[5]) enthaltende, in an sich stempelpflichtiger Form ausgestellte Urkunde in Urschrift, Ausfertigung oder beglaubigter Abschrift vorgelegt wird. Wenn jedoch diese Urkunde auf Grund des §. 18 des Reichsstempelgesetzes vom 27. April 1894 (R. G. Bl. S. 381)[6]) der in der Tarifstelle „Kauf- und Tauschverträge" verordneten Stempelabgabe nicht unterliegt, so ist der Werthstempel für Auflassungen oder Umschreibungen zu entrichten, insoweit nicht die Voraussetzungen der Ziffer 1 und 2 der Ermäßigungen und Befreiungen der genannten Tarifstelle vorhanden sind.				
	Bek 30. — Allg. V. § 2b.				
	Als eine das Veräußerungsgeschäft enthaltende Urkunde ist nur eine solche anzusehen, welche das Rechtsgeschäft so enthält, wie es unter den Betheiligten hinsichtlich des Werthes der Gegenleistung verabredet ist.				
	Bek. 30 a, letzter Abs.				
	Wird nach der Zahlung der für Auflassungen und Umschreibungen vorgeschriebenen Abgabe die Urkunde				

Lfd. Nr.	Gegenstand der Besteuerung	Steuersatz v. H.	M. Pf.	Berechnung der Stempelabgabe
Noch 8.	über das der Auflassung oder der Umschreibung zu Grunde liegende Veräußerungsgeschäft errichtet, so ist auf den zu dieser Urkunde erforderlichen Werthstempel der von der Auflassungserklärung oder dem Umschreibungsantrage gezahlte Stempelbetrag anzurechnen. Die Anrechnung ist innerhalb der im § 16 angegebenen Fristen auf der Urkunde amtlich zu vermerken. *Bek. 32. — Allg. V. § 18.*			

Zu Tarif-No. 8.

1. Auflassungen auf Grund einer nicht beurkundeten Schenkung unterliegen nur dem Auflassungsstempel. K.B. S. 13—14.

2. Die Stempelpflichtigkeit der Auflassungen von Bergwerken ist nicht auf „verliehene" Bergwerke beschränkt. Mot. S. 29.

3. Das Gesetz vom 5. Mai 1872 gilt, abgesehen von der Insel Helgoland, in der ganzen Monarchie mit Ausnahme der Gebietstheile des vormaligen Herzogthums Nassau, der vormals Großherzoglich Hessischen Gebietstheile mit Ausschluß des Oberamtsbezirks Meisenheim, des Gebiets der vormaligen freien Stadt Frankfurt und des vormaligen Herzogthums Lauenburg. Mot. S. 29.

4 Eine freiwillige Veräußerung i. S. dieser Tarifstelle liegt nur dann vor, wenn sie auf Grund einer durch Rechtsgeschäft begründeten Verpflichtung zur Eigenthumsübertragung erfolgt. „Auflassungen in Fällen der freiwilligen Veräußerung und „Auflassungen auf Grund eines Veräußerungsgeschäfts" sind gleichbedeutende Begriffe. Der Auflassungsstempel ist also z. B. nicht fällig bei rechtskräftiger Verurtheilung zur Auflassung in Folge Anfechtung durch den Konkursverwalter oder wegen Gewährsmängel. F.M.E. 17. 8. 97 III 10552 und 23. 6. 97 III 7681.

5. Unter Veräußerungsgeschäft sind hier auch Einbringungen von Gegenständen in Gesellschaftsverträgen gemeint, so daß also, wenn Gegenstände eingebracht sind und ein Vertrag darüber aufgenommen

Lfd. Nr.	Gegenstand der Besteuerung	Steuersatz v. H.	M.	Pf.	Berechnung der Stempelabgabe
9.	**Auktionen,**[1a b c] d. h. Beurkundungen von Versteigerungen nicht zu den unbeweglichen Sachen gehöriger Gegenstände[2]) durch öffentliche Beamte, sofern diese nicht als Vertreter der Korporation, in deren Dienst sie angestellt sind, handeln, oder durch gewerbsmäßige[3]) Auktionatoren (§ 36 der Gewerbeordnung für das Deutsche Reich vom 1. Juli 1883 — R.G.Bl. S. 177)*) . . . . *Bek. 15. B. b.*	1/3	—	—	des Gesammterlöses[4])[5]) nach Abzug der Kosten.

Noch Tarif-No. 8.
und ordnungsmäßig verstempelt ist — bei Immobilien mit einprozentigem Stempel —, dann für die Auflassung nicht etwa noch 1 Prozent Auflassungsstempel erhoben wird, mit anderen Worten, daß Einbringung von Gegenständen in Gesellschaften ein Veräußerungsgeschäft im Sinne dieser Position ist. A.H. S. 2266.

6. Nach dem § 18 des Reichsstempelgesetzes vom 27. April 1894 (R.G.Bl. S. 381) sind reichsstempelpflichtige Anschaffungsgeschäfte von jedem Landesstempel befreit, so daß die Veräußerung eines Gegenstandes, bei welcher die Gegenleistung durch Hingabe reichsstempelpflichtiger Werthpapiere ausbedungen ist, der Landesstempelabgabe entzogen bleibt. Diese Vorschrift kann also die Folge haben, daß bei Veräußerungsgeschäften von Immobilien, sofern der Preis durch Aktien oder sonstige reichsstempelpflichtige Werthpapiere bezahlt wird, der Stempelpflicht dadurch genügt wird, daß an Stelle des Landesstempels von 1 vom Hundert nach Tarifstelle 4a Ziffer 2 des Reichstempeltarifes der Anschaffungsstempel von 2/10 vom Tausend tritt. Dieser in der

*) Die betreffende Bestimmung der Gew.-O. lautet:

§ 36. Das Gewerbe der .... Auktionatoren .... darf zwar frei betrieben werden, es bleiben jedoch die verfassungsmässig dazu befugten Staats- oder Kommunalbehörden oder Korporationen auch ferner berechtigt, Personen, welche diese Gewerbe betreiben wollen, auf die Beobachtung der bestehenden Vorschriften zu beeidigen und öffentlich anzustellen.

Lfd. Nr.	Gegenstand der Besteuerung	Steuersatz v. H.	M.	Pf.	Berechnung der Stempelabgabe
10.	**Ausfertigungen** [1 a. b.] von Schriftstücken der Behörden und Beamten, einschließlich der Notare, jedoch mit				

Noch Tarif-No. 8.

Praxis schon hier und da bemerkbar gewordenen Umgehung des Landesstempels soll vorgebeugt werden. Für Kauf- und Tauschverträge zwischen Theilnehmern an einer Erbschaft, sowie für Veräußerungsverträge zwischen Ascendenten und Descendenten wird eine Mehrbelastung nicht herbeigeführt, da auf die Ziffer 1 und 2 der Ermäßigungen und Befreiungen der Tarifstelle 32 ausdrücklich Bezug genommen wird. K.B. S. 14.

Vgl. §§ 12 litt. a, 17, Abs. 3 d. G. — Tarif: Abtretung von Rechten, Abs. 5 und vorletzter Abs. — — § 31 Pr.G.K.G. — — R.G. i. C.S. Bd. 21 S. 200, Bd. 32 S. 253.

Zu Tarif-No. 9.

1 a. Der innere Grund des Auktionsstempels ist der, daß zwischen Käufer und Verkäufer eine Mittelperson tritt, welche die Parteien zur Einigung über das Rechtsgeschäft veranlaßt, die erfolgte Einigung niederschreibt und durch seine Unterschrift gewissermaßen beglaubigt. K.B. S. 17, A.H. S. 2267.

1 b. Die Bestimmung der Tarifstelle 53 findet auf Auktionsprotokolle keine Anwendung. F.M.E. 3. 3. 97 III 2854.

1 c. Auktionen für den Fiskus sind stempelfrei. F.M.E. 5. 3. 97 III 2159.

2. Beurkundungen von Versteigerungen von „Mengen" (Tarifstelle 32 Befr. 3) fallen unter die Tarifstelle 9, sofern nicht den Reichsstempelgesetz entgegensteh F.M.E. 20. 8. 96 III 10209.

3. Von den Auktionatoren kommen hier die unter die Gewerbeordnung fallenden in Frage, die unvereidigten nicht amtlichen und andererseits die amtlichen; die Makler gehören zu keiner von beiden Kategorien. Die von Notaren vorgenommenen Auktionen fallen unter diese Tarifstelle. Mot. S. 18. 18. K.S. S. 8.

4. Bekommt z. B. ein Auktionator von drei Personen den Auftrag, Sachen zu je 100 Mark zu verauktioniren, so braucht er nur drei verschiedene Protokolle aufzunehmen, dann ist jedes einzelne Protokoll stempelfrei. H.H. S. 357.

5. Bleibt der Eigenthümer bei der freiwilligen Versteigerung Meistbietender, so ist der Betrag seines Gebots von dem Gesammterlöse in Abzug zu bringen.

Vgl. § 13c. d. G. — Opp. V, S. 231, 600.

Lfd. Nr.	Gegenstand der Besteuerung	Steuersatz v. H.	M.	Pf.	Berechnung der Stempelabgabe
Noch 10.	Ausnahme der Ausfertigungen der Schiedsmänner*), sofern für die Schriftstücke nicht ein durch diesen Tarif bestimmter Stempel zu entrichten ist	—	1	50	
	Befreit [2] a. b.) sind Ausfertigungen: a) von Bescheiden auf Gesuche, Anfragen und Anträge in Privatangelegenheiten, sie mögen in Form eines Antwortschreibens, einer Verfügung, Verfügungsabschrift oder einer auf die zurückgehende Bittschrift selbst gesetzten Verfügung erlassen werden; b) von Genehmigungen der zuständigen Behörden in Bausachen. *Bek. 33.*				

Zu Tarif-No. 10.

1 a. Die Stempelpflicht ist auf Ausfertigungen von bereits vorhandenen Schriftstücken eingeschränkt, Steuerfreiheit mithin in allen den-

---

*) Die betreffende Bestimmung der, soweit sie sich auf die Stempelsteuer bezieht, jetzt aufgehobenen Schiedsm.-O. v. 29. 3. 79 lautet:

§ 40. Die Verfügungen, Verhandlungen und Ausfertigungen des Schiedsmanns sind kosten- und stempelfrei.

Die Stempelfreiheit der Verhandlungen erstreckt sich nicht:

1. auf Rechtsgeschäfte, welche an sich stempelpflichtig sind und als ein Bestandtheil des Vergleichs in den letzteren aufgenommen werden;
2. auf Vergleiche, durch welche ein unter den Parteien bisher nicht in stempelpflichtiger Form zu Stande gekommenes Rechtsgeschäft anerkannt oder im Wesentlichen aufrechterhalten wird.

Lfd. Nr.	Gegenstand der Besteuerung	Steuersatz v. H.	M.	Pf.	Berechnung der Stempelabgabe
11.	**Auszüge** [1 a. b.] aus den Akten, öffentlichen Verhandlungen, amtlich geführten Büchern, Registern und Rechnungen, wenn sie für Privatpersonen auf ihr Ansuchen ausgefertigt werden Befreit [2 a. b.] sind die auf den Personenstand (Geburten, Heirathen, Sterbefälle u. s. w.) bezüglichen Auszüge aus amtlich geführten Büchern und Standesregistern.	—	1	50	

Noch Tarif-No. 10.

jenigen Fällen gewährt, in denen es an einer Urkunde fehlt, von welcher die amtliche Ausfertigung entnommen ist. Mot. S. 31, A.H. S. 2269.

1 b. Der Ausfertigungsstempel ist fällig, wenn der Ausfertigung gleichlautende Concepte, sei es mit dem vollen Namen, sei es mit dem Anfangsbuchstaben des Namens des ausstellenden Beamten versehen, zu Grunde liegen. F.M.E. 1. 5. 96 III 5981.

2 a. Die Bestimmung, daß alle Urkunden bis zum Werthe von 150 M. frei sind, bezieht sich auch auf Ausfertigungen. A.H. S. 2269.

2 b. Ausschließlich im öffentlichen Interesse ertheilte Ausfertigungen sind stempelfrei. F.M.E. 25. 12. 96 III 14734.

Vgl. §§ 9 Abs. 2, 12a d. G. — — § 6 d. Kommunal-Abg.-Ges. v. 14. 7. 93 — § 25 Geb.O. für Notare v. 25. 6. 95. — 15 Pr. G.K.G. — — Gpp. V, S. 600.

Zu Tarif-No. 11.

1 a. An dem bestehenden Zustande, nach welchem alle nicht besonders befreiten amtlichen Auszüge stempelpflichtig sind, ist nichts geändert: insbesondere sind auch alle Verhandlungen, die sich auf die Fortschreibung der Grundsteuer und Gebäudesteuer beziehen, und die Abschriften und Auszüge aus denselben frei. K.B. S. 19, A.H. S. 2270.

1 b. Eine beglaubigte Abschrift eines in den Akten einer Behörde befindlichen Gesuches ist ein stempelpflichtiger Auszug. F.M.E. 5. 1. 97 III 41.

2 a. Auszüge aus dem Genossenschaftsregister über die Vorstands- und sonstigen Mitglieder der Genossenschaft sollen nur dann dem

Lfd. Nr.	Gegenstand der Besteuerung	Steuersatz v. H.	M.	Pf.	Berechnung der Stempelabgabe
12.	**Bestallungen** für besoldete Beamte für unbesoldete Beamte .... frei. *Bek. 14. C. 2. a. -- D. V. 33 — Allg. V. § 1, Abs. 3.*	—	1	50	
13.	**Bürgschaften,** s. Sicherstellung von Rechten.				
14.	**Cessions-Instrumente,** s. Abtretung von Rechten.				
15.	**Consense** zur Uebernahme einer Vormundschaft seitens eines Beamten oder einer Militärperson .... frei.				
16.	**Duplikate** von stempelpflichtigen Urkunden .... jedoch nicht über den zu der stempelpflichtigen Urkunde selbst erforderlichen Stempel hinaus. *J. N. 4.*	—	1	50	
17	**Eheversprechen**	—	1	50	

Noch Tarif-No. 11.
Stempel unterworfen sein, wenn sie beglaubigt sind. Mot. 18/19. 3. R.S. S. 7.
2 b. Auszüge aus dem Handelsregister sind stempelfrei. Kammerg. 11. 5. 96.
Vgl. §§ 4f, 12a d. G. – Tarif: Zeugnisse litt. b. — — Gpp. V, S. 614.

Zu Tarif-No. 12.
Vgl. Tarif: Vokationen. — — Gpp. V, S. 615.

Zu Tarif-No. 13.
Vgl. Gpp. V, S. 620.

Zu Tarif-No. 16.
Vgl. §§ 5, vorl. Abs., 9, Abs. 1 d. G. — Anm. b zu Tarif Pachtverträge. — — Gpp. V, S. 637.

Zu Tarif-No. 17.
Vgl. Gpp. V, S. 637.

Lfd. Nr.	Gegenstand der Besteuerung	Steuersatz v. H.	M	Pf.	Berechnung der Stempelabgabe
18.	**Eheverträge**	—	5	–	
	wird durch dieselben über Vermögensgegenstände von nicht mehr als 6000 Mark verfügt	—	1	50	
19.	**Entlassungen aus der väterlichen Gewalt,**[1]) Beurkundungen derselben (Emanzipationserklärungen) . . .	—	10	—	
20.	**Erbrecesse** (Erbtheilungsverträge), durch welche die Vertheilung einer erbschaftssteuerpflichtigen Erbschaft beurkundet wird	1/25	—	—	des Werthes des Reinnachlasses, soweit über denselben im Erbreceß verfügt ist.
	jedoch mindestens	—	1	50	
	Erbrecesse über erbschaftssteuerfreie Erbschaften	—	1	50	
21.	**Erbverträge**	—	1	50	

Zu Tarif-No. 18.

Vgl. Epp. V, S. 637.

Zu Tarif-No. 19.

1. **Großjährigkeitserklärungen** umfaßt diese Position **nicht**; sie **beschränkt sich** auf die Entlassung Minderjähriger aus der väterlichen **Gewalt.** 3. **K.S.** S. 10.

Vgl. **Epp.** V, S. 639.

Zu **Tarif-No. 20.**

Bei **der Berechnung** des Stempels sollen diejenigen Theile des **Reinnachlasses**, über die in der Receßurkunde keine Bestimmung getroffen ist, außer Betracht bleiben; **auch** soll nur die reine zur Vertheilung kommende Aktivmasse nach Abzug der vorhandenen Schulden **zu Grunde gelegt** werden. K.B. S. **22—23.** 4. **K.S.** S. 5.

Vgl. § 16, **Schlußsatz** d. G. — **Tarif: Kaufverträge, Ermäßigungen und Befreiungen** Ziffer 1 und 2. — — §§ 31, 90 ff. **Pr. G.K.G.** — — **R.G.** i. **C.S. Bd.** 23. S. 193 — — **Epp.** V, **S.** 639.

Lfd. Nr.	Gegenstand der Besteuerung	Steuersatz v. H.	M.	Pf.	Berechnung der Stempelabgabe
22.	**Erlaubnißertheilungen** [1] [2] (Approbationen, Konzessionen, Genehmigungen u. s. w.) der Behörden in gewerbepolizeilichen Angelegenheiten: *Bek. 34.*				
	a) Konzessionen *): zum Betriebe einer Apotheke, wenn die Konzession vererblich und veräußerlich ist	1/2	—	—	des Werthes der Konzession.
	mindestens aber	—	50	—	
	sonst	—	50	—	

Zu Tarif-No. 22.

1. Eine gewerbepolizeiliche Genehmigung ist die nothwendige Voraussetzung der ganzen Tarifnummer. K.B. S. 24.

2. Die Apotheken der Thierärzte fallen nicht unter die Erlaubnißertheilungen in gewerbepolizeilichen Angelegenheiten. 4. K.S. S. 8.

---

*) Die betreffenden Bestimmungen der Gew.-O. lauten:

§. 1. Der Betrieb eines Gewerbes ist Jedermann gestattet, soweit nicht durch dieses Gesetz Ausnahmen oder Beschränkungen vorgeschrieben oder zugelassen sind.

§. 6. Das gegenwärtige Gesetz findet keine Anwendung auf die . . . Errichtung und Verlegung von Apotheken, . . . den Gewerbebetrieb der Auswanderungsunternehmer und Auswanderungsagenten, der Versicherungsunternehmer und der Eisenbahnunternehmungen, die Befugniss zum Halten öffentlicher Fähren und die Rechtsverhältnisse der Schiffsmannschaften auf den Seeschiffen. — Auf das Bergwesen, die Ausübung der Heilkunde, den Verkauf von Arzneimitteln, . . . findet das gegenwärtige Gesetz nur insoweit Anwendung, als dasselbe ausdrückliche Bestimmungen darüber enthält.

Durch Kaiserliche Verordnung wird bestimmt, welche Apothekerwaaren dem freien Verkehr zu überlassen sind.

Lfd. Nr.	Gegenstand der Besteuerung	Steuersatz v. H.	M.	Pf.	Berechnung der Stempelabgabe
Noch 22.	zur Errichtung einer Zweig- (Filial-) Apotheke[1]	—	5	—	
	zur Verlegung[2]) einer Apotheke auf Antrag des Besitzers	—	10	—	
	Befreit sind die vererblichen und veräußerlichen Konzessionen[3]) für diejenigen, welche dieselben erbschaftssteuerfrei ererbt haben.				
	Außerdem findet die Bestimmung unter Ziffer 2 Ermäßigungen und Befreiungen der Tarifstelle „Kauf- und Tauschverträge" sinngemäße Anwendung.				
	Bek. 35				
	b) Approbationen für:				
	Apotheker	—	1	50	
	diejenigen Personen, welche sich als Aerzte (Wundärzte, Augenärzte, Geburtshelfer,[1]) Zahnärzte und				

Zu Tarif-No. 22a.

1. Selbständige Nebenapotheken sollen wie Filialapotheken behandelt werden; die einzelnen Aerzten ertheilte Erlaubniß zur Führung von Hausapotheken ist stempelfrei. K B. S. 25. 4. K S. S. 8.

2. In Fällen der Verlegung einer Apotheke auf Anordnung der Aufsichtsbehörde ist von einem Stempel abgesehen. Mot. S. 34.

3. Vererbliche und veräußerliche Konzessionen werden in Zukunft nicht mehr ertheilt. K B. S. 25. Die Uebertragung der Konzession bei vererblichen und veräußerlichen Apotheken ist als Cession anzusehen. Die Veräußerung eines Privilegiums erfordert den Immobiliarkaufstempel. 4. K.S. S. 9.

Vgl. Kais. V., betreff. den Verkehr mit Arzeneimitteln, vom 27. 1. 90 (R.G.Bl. S. 91). — Erl. d. Min. d. geistl. ꝛc. Angel. vom 24. 2. 92 (M. Bl. d. i. V. S. 190). — Kab.-O. vom 30. 6. 94 (M.Bl. d. i. V. S. 419). — — R.G. i. C.S. Bd. 13, S. 265.

Lfd. Nr.	Gegenstand der Besteuerung	Steuersatz v. H.	M.	Pf.	Berechnung der Stempelabgabe
Noch 22.	Thierärzte) oder mit gleichbedeutenden Titeln bezeichnen oder seitens des Staates oder einer Gemeinde als solche anerkannt oder mit amtlichen Funktionen betraut werden sollen . . . . (§ 29 der Gewerbeordnung für das Deutsche Reich vom 1. Juli 1883 — R G. Bl. S. 177);*) *Bek. 14 C 2b. — D. V. 34.*	—	1	50	
	c) Erlaubnißertheilungen für Unternehmer von Privat-Kranken-, Privat-Entbindungs- und Privat-Irrenanstalten (§. 30 der Reichs-Gewerbeordnung);*) zum Betriebe des Gewerbes als Schauspielunternehmer (§. 32 der Reichs-Gewerbeordnung):*)				

Zu Tarif-No. 22b.

1. Hebeammen fallen nicht unter die Position. 4. K.S. S. 11. Vgl. Gew.-O. §§ 40, 53, 143.

*) Die betreffenden Bestimmungen der Gew.-O. lauten:

§. 29. Einer Approbation, welche auf Grund eines Nachweises der Befähigung ertheilt wird, bedürfen Apotheker und diejenigen Personen, welche sich als Aerzte (Wundärzte, Augenärzte, Geburtshelfer, Zahnärzte. und Thierärzte) oder mit gleichbedeutenden Titeln bezeichnen oder seitens des Staates oder einer Gemeinde als solche anerkannt oder mit amtlichen Funktionen betraut werden sollen.

§. 30. Unternehmer von Privat-Kranken-, Privat-Entbindungs- und Privat-Irrenanstalten bedürfen einer Konzession der höheren Verwaltungsbehörde.

§. 32. Schauspielunternehmer bedürfen zum Betriebe ihres Gewerbes der Erlaubniss.

Lfd. Nr.	Gegenstand der Besteuerung	Steuersatz v. H.	M.	Pf.	Berechnung der Stempelabgabe
Noch 22.	zum ständigen Betriebe der Gastwirthschaft, (a. b.) Schankwirthschaft oder des Kleinhandels mit Branntwein oder Spiritus (§ 33 der Reichs-Gewerbeordnung); *) zur gewerbsmäßigen öffentlichen Veranstaltung von Singspielen, Gesangs- und deklamatorischen Vorträgen, Schaustellungen von Personen oder theatralischen Vorstellungen ohne höheres Interesse der Kunst oder Wissenschaft in Wirthschafts- oder sonstigen Räumen oder zur Ueberlassung dieser Räume zu gewerbsmäßigen öffentlichen Veranstaltungen der bezeichneten Art (§. 33 a der Reichs-Gewerbeordnung), *) *Bek. 36. — D V. 35.*				

*) Die betreffenden Bestimmungen der Gew.-O. lauten:

§ 33. Wer Gastwirthschaft, Schankwirthschaft oder Kleinhandel mit Branntwein oder Spiritus betreiben will, bedarf dazu der Erlaubniss.

*) § 33a. Wer gewerbsmässig Singspiele, Gesangs- und deklamatorische Vorträge, Schaustellungen von Personen oder theatralische Vorstellungen, ohne dass ein höheres Interesse der Kunst oder Wissenschaft dabei obwaltet, in seinen Wirthschafts- oder sonstigen Räumen öffentlich veranstalten oder zu deren öffentlicher Veranstaltung seine Räume benutzen lassen will, bedarf zum Betriebe dieses Gewerbes der Erlaubniss ohne Rücksicht auf die etwa bereits erwirkte Erlaubniss zum Betriebe des Gewerbes als Schauspielunternehmer.

Lfd. Nr.	Gegenstand der Besteuerung	Steuersatz v. H.	M.	Pf.	Berechnung der Stempelabgabe
Noch 22.	wenn der Gewerbebetrieb				
	wegen geringen Ertrages und Kapitals von der Gewerbesteuer frei ist	—	1	50	
	in die vierte Gewerbesteuerklasse gehört	—	5	—	
	in die dritte Gewerbesteuerklasse gehört	—	15	—	
	in die zweite Gewerbesteuerklasse gehört	—	50	—	
	in die erste Gewerbesteuerklasse gehört	—	100	—	
	Für Bewilligungen von Fristverlängerungen und Fristungen (§ 49 der Reichs-Gewerbeordnung)*)				

*) § 49. Bei Ertheilung der Genehmigung zu einer Anlage der in den §§. 16 und 24 bezeichneten Arten, imgleichen zur Anlegung von Privat-Kranken-, Privat-Entbindungs- und Privat-Irrenanstalten, zu Schauspielunternehmungen, sowie zum Betriebe der im §. 33 gedachten Gewerbe, kann von der genehmigenden Behörde den Umständen nach eine Frist festgesetzt werden, binnen welcher die Anlage oder das Unternehmen bei Vermeidung des Erlöschens der Genehmigung begonnen und ausgeführt, und der Gewerbebetrieb angefangen werden muss. Ist eine solche Frist nicht bestimmt, so erlischt die ertheilte Genehmigung, wenn der Inhaber nach Empfang derselben ein ganzes Jahr verstreichen lässt, ohne davon Gebrauch zu machen.

Eine Verlängerung der Frist kann von der Behörde bewilligt werden, sobald erhebliche Gründe nicht entgegenstehen.

Lfd. Nr.	Gegenstand der Besteuerung	Steuersatz v. H.	M.	Pf.	Berechnung der Stempelabgabe
Noch 22.	ein Viertel der vorstehenden Sätze. Befreit sind Erlaubnißertheilungen für Unternehmer von Privat-Kranken-, Privat-Entbindungs- und Privat-Irrenanstalten, welche zu gemeinnützigen Zwecken dienen;				
	d) Genehmigungen zur Errichtung der in §. 16 der Reichs-Gewerbeord-				

Zu Tarif-No. 22c.

1a. Wird einem bereits zur ersten Klasse veranlagten Schankwirth die Erlaubniß zur Erweiterung um ein Zimmer gewährt, so sind 100 Mark Stempel zu entrichten, auch wenn der neu hinzukommende Betrieb ein ganz geringfügiger ist. F.M.E. 4. 9. 96 III 10893.

1b. Beim Zusammentreffen eines nicht genehmigungspflichtigen Betriebes mit einem genehmigungspflichtigen Gewerbe in der Person eines Gewerbetreibenden bestimmt sich der Steuersatz nach der Gewerbesteuerklasse, in welche der Gewerbetreibende nach seinem Gesammtbetriebe gehört. F.M.E. 19. 8. 97 III 10535.

Vgl. §. 15, Abs. 2 d. G. — — §§. 40, 53, 143 d. Gew.-O. — Zuständ. Ges. v. 1. 8. 83, §§. 114, 115a, 115b.

Hat der Inhaber einer solchen Genehmigung seinen Gewerbebetrieb während eines Zeitraums von drei Jahren eingestellt, ohne eine Fristung nachgesucht und erhalten zu haben, so erlischt dieselbe.

Für die im §. 16 aufgeführten Anlagen darf die nachgesuchte Fristung so lange nicht versagt werden, als wegen einer durch Erbfall oder Konkurserklärung entstandenen Ungewissheit über das Eigenthum an einer Anlage oder, in Folge höherer Gewalt, der Betrieb entweder gar nicht oder nur mit erheblichem Nachtheile für den Inhaber oder Eigenthümer der Anlage stattfinden kann.

Das Verfahren für die Fristung ist dasselbe, wie für die Genehmigung neuer Anlagen.

Lfd. Nr.	Gegenstand der Besteuerung	Steuersatz v. H.	M.	Pf.	Berechnung der Stempelabgabe
Noch 22.	nung*) und den dazu ergangenen und ferner ergehenden Beschlüssen des Bundesraths bezeichneten Anlagen, wenn die Kosten der Anlage [1]) 1 000 Mark nicht übersteigen .	—	1	—	

*) Die betreffenden Bestimmungen der Gew.-O. lauten:

§. 16. Zur Errichtung von Anlagen, welche durch die örtliche Lage oder die Beschaffenheit der Betriebsstätte für die Besitzer oder Bewohner der benachbarten Grundstücke oder für das Publikum überhaupt erhebliche Nachtheile, Gefahren oder Belästigungen herbeiführen können, ist die Genehmigung der nach den Landesgesetzen zuständigen Behörde erforderlich.

Es gehören dahin:

Schiesspulverfabriken, Anlagen zur Feuerwerkerei und zur Bereitung von Zündstoffen aller Art, Gasbereitungs- und Gasbewahrungsanstalten, Anstalten zur Destillation von Erdöl, Anlagen zur Bereitung von Braunkohlentheer, Steinkohlentheer und Koaks, sofern sie ausserhalb der Gewinnungsorte des Materials errichtet werden, Glas- und Russhütten, Kalk-, Ziegel- und Gypsöfen, Anlagen zur Gewinnung roher Metalle, Röstöfen, Metallgiessereien, sofern sie nicht blosse Tiegelgiessereien sind, Hammerwerke, chemische Fabriken aller Art, Schnellbleichen, Firnisssiedereien, Stärkefabriken, mit Ausnahme der Fabriken zur Bereitung von Kartoffelstärke, Stärkesyrupsfabriken, Wachstuch-, Darmsaiten-, Dachpappen- und Dachfilzfabriken, Leim-, Thran- und Seifensiedereien, Knochenbrennereien, Knochendarren, Knochenkochereien und Knochenbleichen, Zubereitungsanstalten für Thierhaare, Talgschmelzen, Schlächtereien, Gerbereien, Abdeckereien, Poudretten- und Düngpulverfabriken, Stauanlagen für Wassertriebwerke (§. 23), Hopfen-Schwefeldörren,

Lfd. Nr.	Gegenstand der Besteuerung	Steuersatz v. H.	M.	Pf.	Berechnung der Stempelabgabe
Noch 22.	5 000 Mark nicht übersteigen .	—	5	—	
	10 000 " " " .	—	10	—	
	20 000 " " " .	—	20	—	
	50 000 " " " .	—	50	—	
	75 000 " " " .	—	75	—	
	100 000 " " " .	—	100	—	
	bei einem höheren Kostenbetrag für je 50 000 Mark mehr 50 Mark.				
	Bek. 37. — D. V. 36.				

Asphaltkochereien und Pechsiedereien, soweit sie ausserhalb der Gewinnungsorte des Materials errichtet werden, Strohpapierstoffabriken, Darmzubereitungsanstalten, Fabriken, in welchen Dampfkessel oder andere Blechgefässe durch Vernieten hergestellt werden, Kalifabriken und Anstalten zum Imprägniren von Holz mit erhitzten Theerölen, Kunstwollefabriken, Anlagen zur Herstellung von Celluloid und Dégrasfabriken, die Fabriken, in welchen Röhren aus Blech durch Vernieten hergestellt werden, sowie die Anlagen zur Erbauung eiserner Schiffe, zur Herstellung eiserner Brücken oder sonstiger eiserner Baukonstruktionen, die Anlagen zur Destillation oder zur Verarbeitung von Theer und von Theerwasser, die Anlagen, in welchen aus Holz oder ähnlichem Fasermaterial auf chemischem Wege Papierstoff hergestellt wird (Cellulosefabriken), die Anlagen, in welchen Albuminpapier hergestellt wird, die Anstalten zum Trocknen und Einsalzen ungegerbter Thierfelle, sowie die Verbleiungs-, Verzinnungs- und Verzinkungsanstalten.

Das vorstehende Verzeichniss kann, je nach Eintritt oder Wegfall der im Eingang gedachten Voraussetzung, durch Beschluss des Bundesraths, vorbehaltlich der Genehmigung des nächstfolgenden Reichstags, abgeändert werden.

Lfd. Nr.	Gegenstand der Besteuerung	Steuersatz v. H.	Steuersatz M.	Steuersatz Pf.	Berechnung der Stempelabgabe
Noch 22.	Genehmigungen zu Veränderungen in der Betriebsstätte oder zu wesentlichen Veränderungen in dem Betriebe der Anlagen (§ 25 der Reichs-Gewerbeordnung) *)				
	die Hälfte der vorstehenden Sätze;				
	Bewilligungen von Fristverlängerungen und Fristungen (§ 49 der Reichs-Gewerbeordnung)				
	ein Viertel der vorstehenden Sätze;				

*) § 25 Die Genehmigung zu einer der in den §§ 16 u. 24 bezeichneten Anlagen bleibt so lange in Kraft, als keine Aenderung in der Lage oder Beschaffenheit der Betriebsstätte vorgenommen wird, und bedarf unter dieser Voraussetzung auch dann, wenn die Anlage an einen neuen Erwerber übergeht, einer Erneuerung nicht. Sobald aber eine Veränderung der Betriebsstätte vorgenommen wird, ist dazu die Genehmigung der zuständigen Behörde nach Massgabe der §§ 17 bis 23 einschliesslich, beziehungsweise des § 24 nothwendig. Eine gleiche Genehmigung ist erforderlich bei wesentlichen Veränderungen in dem Betriebe einer der im §. 16 genannten Anlagen. Die zuständige Behörde kann jedoch auf Antrag des Unternehmers von der Bekanntmachung (§. 17) Abstand nehmen, wenn sie die Ueberzeugung gewinnt, dass die beabsichtigte Veränderung für die Besitzer oder Bewohner benachbarter Grundstücke oder das Publikum überhaupt neue oder grössere Nachtheile, Gefahren oder Belästigungen, als mit der vorhandenen Anlage verbunden sind, nicht herbeiführen werde.

Diese Bestimmungen finden auch auf gewerbliche Anlagen (§§. 16 und 24) Anwendung, welche bereits vor Erlass dieses Gesetzes bestanden haben.

Lfd. Nr.	Gegenstand der Besteuerung	Steuersatz v. H.	M.	Pf.	Berechnung der Stempelabgabe
Noch 22.	e) Genehmigungen zur Anlegung von Dampfkesseln ¹) (§ 24 der Reichs-Gewerbeordnung*) oder Aenderung				

Zu Tarif-No. 22d.

1. Als Gegenstand der Werthbemessung soll nur der Theil der Anlage angesehen werden, für welche das Gesetz die Konzession vorschreibt, so daß z. B., wenn ein Wohnhaus und eine Kesselschmiede als Gesammtanlage errichtet werden, nur die letztere in Betracht kommt. Desgleichen soll bei Aenderungen nur der Werth dieser, nicht der durch die Aenderung erfolgte Mehrwerth der ganzen Anlage in Rechnung gestellt werden. K.B. S. 30.

Vgl. Zuständ.-Ges. v 1. 8. 83 §§. 109, 110. — Rund-Erl. d. Min. f. H. und G. u. d. Min. d. J. v. 19. 7. 84 (M.Bl. d. i. V. S. 164). — §. 49 d. Gew.-O. oben bei Buchst. c. —

Zu Tarif-No. 22e.

*) Die betreffende Bestimmung der Gew.O. lautet:

§. 24. Zur Anlegung von Dampfkesseln, dieselben mögen zum Maschinenbetriebe bestimmt sein oder nicht, ist die Genehmigung der nach den Landesgesetzen zuständigen Behörde erforderlich. Dem Gesuche sind die zur Erläuterung erforderlichen Zeichnungen und Beschreibungen beizufügen.

Die Behörde hat die Zulässigkeit der Anlage nach den bestehenden bau-, feuer- und gesundheitspolizeilichen Vorschriften, sowie nach denjenigen allgemeinen polizeilichen Bestimmungen zu prüfen, welche von dem Bundesrath über die Anlegung von Dampfkesseln erlassen werden. Sie hat nach dem Befunde die Genehmigung entweder zu versagen, oder unbedingt zu ertheilen, oder endlich bei Ertheilung derselben die erforderlichen Vorkehrungen und Einrichtungen vorzuschreiben.

Bevor der Kessel in Betrieb genommen wird, ist zu untersuchen, ob die Ausführung den Bestimmungen der ertheilten Genehmigung

Lfd. Nr.	Gegenstand der Besteuerung	Steuersatz v. H.	M.	Pf.	Berechnung der Stempelabgabe
Noch 22.	²) der Dampfkesselanlagen sowie Bewilligungen von Fristverlängerungen und Fristungen, soweit nicht die Bestimmungen zu d zur Anwendung kommen (§§. 25 und 49 der Reichs-Gewerbeordnung) . . . . . . *Bek. 14 C. 2 c. — D. V. 37.*	—	1	50	

Zu Tarif-No. 22e.

1. Turbinen sind nicht konzessionspflichtig und fallen deshalb nicht unter diese Position. 5. K.S. S. 9.

2. In dem Falle, in welchem es sich um Aenderung einer bereits genehmigten Anlage durch Errichtung einer Dampfkesselanlage handelt, soll die Konzessionsurkunde maßgebend sein; wird aber die Anlegung eines Dampfkessels für einen schon bestehenden Betrieb genehmigt, so kommt Buchst. e zur Anwendung; ist aber mit der Dampfkesselanlage eine Aenderung der schon früher konzessionirten Hauptanlage verbunden und wird diese Aenderung genehmigt, so soll Buchst. d, Abs. 2. Platz greifen, weil die Konzession für die Kesselanlage in der Hauptkonzession enthalten ist und nicht besonders ausgestellt wird. Es findet eine besondere Konzessionirung der Dampfkessel auch dann nicht statt, wenn eine an sich konzessionspflichtige Anlage der Behörde zur Genehmigung neu vorgelegt wird, sondern es wird auch in diesem Falle nur eine einzige Konzessionsurkunde über die gesammte Anlage ausgestellt. K.B. S. 31.

Vgl. Rund-Erl. v. 19. 7. 84, §§. 49 bis 51. — Gew.-O. §§. 25, 49 (vgl. oben Buchst. c und d).

---

entspricht. Wer vor dem Empfange der hierüber auszufertigenden Bescheinigung den Betrieb beginnt, hat die im §. 147 angedrohte Strafe verwirkt.

Die vorstehenden Bestimmungen gelten auch für bewegliche Dampfkessel.

Für den Rekurs und das Verfahren über denselben gelten die Vorschriften der §§. 20 und 21.

Lfd. Nr.	Gegenstand der Besteuerung	Steuersatz v. H.	M.	Pf.	Berechnung der Stempelabgabe
Noch 22.	f) Erlaubnißertheilungen zum Betriebe des Pfandleihgeschäfts (§. 34 der Reichs-Gewerbeordnung) *) .	—	15	—	
	Bek. 14. C. 2 d. — D. V. 38.				
	g) Genehmigungen[1]) für Unternehmer von Versicherungsanstalten, wenn ihr Geschäftsgebiet nicht über den Umfang einer Provinz hinausgeht	—	20	—	
	sonst	—	100	—	
	Befreit sind Genehmigungen für Versicherungsanstalten, deren Geschäftsgebiet über den Umfang eines Kreises nicht hinausgeht, sowie für solche Anstalten, welche auf Gegenseitigkeit gegründet und deren Zwecke nicht auf die Erzielung von Gewinn gerichtet sind; [2])				
	Bek. 38.				

Zu Tarif-No. 22 f.

Vgl. §. 40 d. Gew.-O. — §. 114 d. Zuständ.-Ges. v. 1. 8. 83 — Erl. d. Min. d. J. v. 21. 9. 79 (M.Bl.d.i.V. S. 253).

Zu Tarif-No. 22 g.

1. Genehmigungen von Statutenveränderungen dieser Anstalten sind nicht stempelpflichtig. K.B. S. 33.

2. Genehmigungen von Statuten und Statutennachträgen der auf Gegenseitigkeit gegründeten Versicherungsanstalten, die nicht Gewinn bezwecken, sind stempelfrei; auch kein Ausfertigungsstempel ist zu verwenden; desgleichen ist kein Stempel fällig zu den in der Form der Bestätigung der Statuten ertheilten Genehmigungen

*) Die betreffende Bestimmung der Gew.-O. lautet:

§. 34. Wer das Geschäft eines Pfandleihers betreiben will, bedarf dazu der Erlaubniss.

Lfd. Nr.	Gegenstand der Besteuerung	Steuersatz v. H.	M.	Pf.	Berechnung der Stempelabgabe
Noch 22.	h) Erlaubnißscheine [1][2]) zur Bestellung von Agenten im Inlande seitens ausländischer Unternehmer von Versicherungsanstalten	—	100	—	
	i) Genehmigungen zum Gewerbebetriebe der Auswanderungsunternehmer und Auswanderungsagenten	—	100	—	
	Genehmigungen auf die Dauer eines Jahres sowie Verlängerungen dieser Genehmigungen . . .	—	25	—	
	Bek. 14. C. 2 c. — D. V. 39.				
	k) Erlaubnißertheilungen für ausländische Auswanderungsunternehmer zur Bestellung von Agenten im Inlande	—	100	—	
	l) Genehmigungen zum Betriebe von Privatanschlußbahnen, wenn die Kosten der Anlage				

Noch zu Tarif-No. 22g.

zur Errichtung auf Gegenseitigkeit gegründeter und nicht die Erzielung von Gewinn bezweckender Sterbe-, Aussteuer- und dergl. Kassen. F.M.E. 30. 6 96 III 7435.

Vgl. Gew.-O. §. 6 oben bei Buchst. a — §§. 1 und 2 d. G., betr. den Geschäftsverkehr der Versicherungsanstalten v. 7. 5. 53 (G.S. S. 253).

Zu Tarif-No. 22h.

1. Es ist die ministerielle Genehmigung gemeint. K.B. S. 33.

2. Lediglich diejenigen Urkunden sollen getroffen werden, welche die generelle Erlaubniß für die Gesellschaften zur Anstellung von Agenten im Inlande enthalten. 5 K.S. S. 15.

Vgl. §. 2 d. Ges. v. 7. 5. 53.

Zu Tarif-No. 22i.

Vgl. Gew.-O. §. 6 oben bei Buchst. a — Ges. v. 7. 5. 53.

Zu Tarif-No. 22k.

Vgl. §. 7 d. Ges. v. 7. 5. 53.

Gegenstand der Besteuerung	Steuersatz v. H.	M.	Pf.	Berechnung der Stempelabgabe
1 000 Mark nicht übersteigen .	—	1	—	
5 000 „ „ „ .	—	5	—	
10 000 „ „ „ .	—	10	—	
Bek. 39. D. V. 40.				
20 000 Mark nicht übersteigen .	—	20	—	
50 000 „ „ „ .	—	50	—	
75 000 „ „ „ .	—	75	—	
100 000 „ „ „ .	—	100	—	
bei einem höheren Kostenbetrage für je 50 000 Mark mehr 50 Mark;				
Genehmigungen zu Veränderungen in dem Betriebe die Hälfte der vorstehenden Sätze;				
m) Genehmigungen zum Betriebe eines Eisenbahnunternehmens . . .	—	100	—	
Bek. 40.				
Genehmigungen zum Betriebe eines Dampfschifffahrts- oder Kleinbahnunternehmens, wenn der Gewerbebetrieb wegen geringen Ertrages und Kapitals von der Gewerbesteuer frei ist	—	3	—	
in die vierte Gewerbesteuerklasse gehört	—	10	—	
in die dritte Gewerbesteuerklasse gehört	—	25	—	
in die zweite Gewerbesteuerklasse gehört	—	60	—	
in die erste Gewerbesteuerklasse gehört	—	100	—	

Tarif-No. 22 l.
Vgl. §. 10 L.R. II 17.

Lfd. Nr.	Gegenstand der Besteuerung	Steuersatz v. H.	M.	Pf.	Berechnung der Stempelabgabe
Noch 22.	Genehmigungen zu Veränderungen in dem Betriebe die Hälfte der vorstehenden Sätze; Bewilligungen von Fristverlängerungen und Fristungen ein Viertel der vorstehenden Sätze. Die Bewilligung von Fristverlängerungen und Fristungen, welche durch Naturereignisse oder andere unabwendbare Zufälle verursacht sind, ist stempelfrei;				
	n) Genehmigungen der Ortspolizeibehörden zum Betriebe von Gewerben, welche dem öffentlichen Personen- und Güterverkehr innerhalb der Orte durch sonstige Transportmittel aller Art (Wagen, Gondeln, Sänften, Pferde u. s. w.) dienen (§. 37 der Reichsgewerbeordnung)*) . . . . *Bek. 41.*	—	3 bis 20	—	je nach der Bedeutung des Gewerbes.
	Werden Genehmigungen der bezeichneten Art Personen ertheilt, deren Gewerbebetrieb wegen ge-				

*) Die betreffende Bestimmung der Gew.-O. lautet:

§. 37. Der Regelung durch die Ortspolizeibehörde unterliegt die Unterhaltung des öffentlichen Verkehrs innerhalb der Orte durch Wagen aller Art, Gondeln, Sänften, Pferde und andere Transportmittel, sowie das Gewerbe derjenigen Personen, welche auf öffentlichen Strassen oder Plätzen ihre Dienste anbieten.

Lfd. Nr.	Gegenstand der Besteuerung	Steuersatz v. H.	M.	Pf.	Berechnung der Stempelabgabe
	ringen Ertrages und Kapitals von der Gewerbesteuer frei ist, so beträgt die Stempelabgabe	—	—	50	
23.	**Familienstiftungen,** wie Fideikommißstiftungen, s. diese.				
24.	**Fideikommißstiftungen,** d. h. alle von Todeswegen oder unter Lebenden getroffenen Anordnungen, kraft deren gewisse Vermögensgegenstände der Familie für immer oder für mehr als zwei Generationen erhalten bleiben sollen	3	—	—	des Gesammtwerthes der denselben gewidmeten Gegenstände ohne Abzug der Schulden.
	D. V. 42. **Bei Stiftungen unter Lebenden ist der Stempel in der durch §. 16 Buchstaben g dieses Gesetzes vorgeschriebenen Frist von zwei Wochen beizubringen, bei Stiftungen von Todeswegen binnen sechs Monaten nach dem Todesfall.** **Wegen der Verhaftung für die Entrichtung des Stempels für Stiftungen von Todeswegen kommen die Bestimmungen der §§. 29 und 30 des Gesetzes, betreffend die Erb-**				

Zu Tarif-No. 22m und 22n.

Vgl. §. 15 Abs. 2 d. G. Tarif: Zeugnisse litt. d. — — §. 1 d. Gesetzes über die Eisenbahnunternehmungen v. 3. 11. 38 (G.S. S. 505) — §. 3 d. Ges. über Kleinbahnen und Privatanschlußbahnen v. 28. 7. 92 (G.S. S. 225).

Zu Tarif-No. 23.

Vgl. Epp. V, S. 650 ff.

Lfd. Nr.	Gegenstand der Besteuerung	Steuersatz v. H.	M. Pf.	Berechnung der Stempelabgabe
Noch 24.	schaftssteuer, vom 30. Mai 1873 / 19. Mai 1891 *) zur Anwendung. Bei Fideikommißstiftungen, für welche von dem Stifter ein weiteres Anwachsen des Grundvermögens, sei es durch in Aussicht genommene Zuwendungen freigebiger Art, sei es durch eine angeordnete Zuschlagung von Zinsen zum Kapital vorgesehen worden ist, wird der Werthstempel rücksichtlich des sich nach			

*) Die betreffenden Bestimmungen des Erb.St.Ges. lauten:

§. 29. Die Erbschaftssteuer trifft den Erwerber des steuerpflichtigen Anfalles. Für dieselbe haftet die ganze steuerpflichtige Masse (§. 5), aus welcher auch auf Erfordern für die Versteuerung bedingter Anfälle Sicherheit bestellt werden muss (§§. 22 und 23).

Erben und Miterben sind bis auf Höhe des aus der Erbschaft Empfangenen für die von allen den Nachlass betreffenden Anfällen zu entrichtende Erbschaftssteuer solidarisch verpflichtet.

Hinsichtlich der in diesem Gesetze den Erben und Miterben aufgelegten Verpflichtungen werden Erwerber eines Universalvermächtnisses oder eines Vermächtnisses unter einem Universaltitel den Erben und Miterben gleichgeachtet.

§. 30. Gesetzliche Vertreter und Bevollmächtigte der Erbinteressenten, Testamentsexekutoren und Nachlassverwalter, sowie die Verwalter von Familienstiftungen, dürfen die Erbschaft, einzelne Erbtheile, Vermächtnisse oder Schenkungen, beziehungsweise die Hebungen aus der Familienstiftung, nur nach Berichtigung oder Sicherstellung der darauf treffenden Erbschaftssteuer ausantworten und bleiben im entgegengesetzten Falle für die Steuer verhaftet.

Lfd. Nr.	Gegenstand der Besteuerung	Steuersatz v. H.	M.	Pf.	Berechnung der Stempelabgabe
Noch 24.	und nach ansammelnden Theiles des Stiftungsvermögens nur allmählich von dem Zuwachse nach näherer Bestimmung der Provinzialsteuerbehörde oder, wenn der Stiftungsstempel bei den Gerichtskosten zu vereinnahmen ist, der zuständigen Gerichtsbehörde erhoben. Fideikommißstiftungen, welche ausländische Grundstücke betreffen, sind dem Werthstempel nicht unterworfen. In Betreff der Erhebung des Fideikommißstempels aus Anlaß der Auflösung der Lehnverbände bewendet es bei den bestehenden Bestimmungen. *D. V. 12. C. Allg. V. § 11. C. § 12, Abs. 1.*				
25.	**Gesellschaftsverträge**, wenn sie betreffen: a) die Errichtung von Aktiengesellschaften oder Kommanditgesellschaften auf Aktien sowie die Erhöhung des Aktien- oder Grundkapitals solcher Gesellschaften . .	1/50	—	—	des Aktien- oder Grundkapitals oder der Erhöhung dieses Kapitals:

Zu Tarif-No. 24.

Vgl. §§. 47 ff. L.R. II. 4. — §. 26 E.St.G. §. 93 Pr.G.K.G. — — Ges. v. 10. 6. 56 (G.S. S 554) — Ges. v. 23. 3. 57 (G.S. S. 169) — Ges. v. 4. 3. 67 (G.S S. 362) — Ges. v. 23. 7. 75. (G.S. S. 537) —, Ges. v. 19. 6. 76 (G.S. S. 238) — Ges. v. 28. 3. 77 (G.S. S. 111), die sämmtlich die Erhebung der Stempel bei Umwandlung der Lehne in Fideikommisse betreffen. Bei den durch diese Gesetze angeordneten Ermäßigungen soll es sein Bewenden behalten. — — Gpp. V, S. 650.

Lfd. Nr.	Gegenstand der Besteuerung	Steuersatz v. H.	M.	Pf.	Berechnung der Stempelabgabe
Noch 25.	die Errichtung von Gesellschaften mit beschränkter Haftung, falls das Stammkapital				
	1) 100 000 Mark oder weniger beträgt	1/50	—	—	des Stammkapitals;
	2) mehr als 100 000 Mark, aber nicht mehr als 300 000 Mark beträgt	1/10	—	—	wie vor;
	3) mehr als 300 000 Mark, aber nicht mehr als 500 000 Mark beträgt	1/2	—	—	wie vor;
	4) mehr als 500 000 Mark beträgt	1	—	—	wie vor;
	die Erhöhung des Stammkapitals von Gesellschaften mit beschränkter Haftung, falls dasselbe nach der Erhöhung				des Betrages, um den das Stammkapital erhöht ist;
	1) nicht mehr als 100 000 Mark beträgt	1/50	—	—	
	2) mehr als 100 000 Mark, aber nicht mehr als 300 000 Mark beträgt	1/10	—	—	wie vor;
	3) mehr als 300 000 Mark, aber nicht mehr als 500 000 Mark beträgt	1/2	—	—	wie vor;
	4) mehr als 500 000 Mark beträgt	1	—	—	wie vor;
	Wenn jedoch die Zwecke der vorbezeichneten Gesellschaften nicht auf den Gewinn der Theilnehmer gerichtet sind	—	1	50	
	Beschlüsse über die Erhöhung des Aktien-, Grund- oder Stammkapi-				

Lfd. Nr.	Gegenstand der Besteuerung	Steuersatz v. H.	M.	Pf.	Berechnung der Stempelabgabe
Noch 25.	tals (Nachschüsse) sind wie Verträge hierüber zu versteuern. Wird das Kapital nicht sofort voll eingezahlt, so ist der Werthstempel von der jedesmaligen Theilzahlung zu entrichten; *D V. 12 D. — Allg. V. § 11 D, § 12*				
	b) die Errichtung einer Kommanditgesellschaft oder offenen Handelsgesellschaft sowie Verabredungen über den Eintritt eines neuen Kommanditisten oder Gesellschafters in diese Gesellschaften oder über die Erhöhung der gemachten Einlage	—	1	50	des Entgelts einschließlich der auf der Einlage ruhenden, auf die Gesellschaft übergehenden Passiva und des Werthes aller sonstigen ausbedungenen Leistungen und vorbehaltenen Nutzungen
	c) das Einbringen von nicht in Geld bestehendem Vermögen in eine Gesellschaft der unter a bezeichneten				

Zu Tarif-No. 25a.
Vgl. Reichsges., betr. die Gesellschaften mit beschränkter Haftung vom 20. 4. 92. R.G.Bl. S. 477 ff.

Lfd. Nr.	Gegenstand der Besteuerung	Steuersatz v. H.	M.	Pf.	Berechnung der Stempelabgabe
Noch 25.	Art [1]) bei Errichtung derselben oder in eine bereits bestehende Gesellschaft dieser Art, insoweit zu dem eingebrachten Vermögen unbewegliche im Inlande belegene Sachen oder diesen gleichgeachtete Rechte gehören [2])	1	—	—	oder, wenn das Entgelt aus dem Vertrage nicht hervorgeht, des Werthes des eingebrachten Vermögens;
	insoweit zu dem eingebrachten Vermögen unbewegliche außerhalb Landes belegene Sachen oder diesen gleichgeachtete Rechte gehören	—	1	50	
	insoweit das eingebrachte Vermögen aus beweglichen Vermögensgegenständen besteht . . .	1/3	—	—	des Entgelts einschließlich des Werthes der ausbedungenen Leistungen und vorbehaltenen Nutzungen oder, wenn das Entgelt nicht aus dem Vertrage hervorgeht, des Werthes des eingebrachten Vermögens;
	insoweit das eingebrachte Vermögen aus Forderungsrechten besteht	1/50	—	—	des Werthes der Forderungen;
	Auf den Werthstempel kommt der nach den Vorschriften unter a dieser				

Lfd. Nr.	Gegenstand der Besteuerung	Steuersatz v. H.	M.	Pf.	Berechnung der Stempelabgabe
Noch 25.	Tarifstelle zu berechnende Werthstempel in Anrechnung, wenn das Einbringen des Vermögens in die Gesellschaft zugleich mit deren Errichtung oder mit der Erhöhung des Gesellschaftsvermögens beurkundet wird. Befreit ist das Einbringen von Nachlaßgegenständen in eine ausschließlich von den Theilnehmern an einer Erbschaft gebildete Gesellschaft mit beschränkter Haftung. Zu den Theilnehmern einer Erbschaft wird auch der überlebende Ehegatte gerechnet, welcher mit den Erben des verstorbenen Ehegatten gütergemeinschaftliches Vermögen zu theilen hat;				
	d) die Ueberlassung der Rechte an dem Gesellschaftsvermögen[1]) seitens eines Gesellschafters oder dessen Erben an einen anderen Gesellschafter, die Gesellschaft oder einen Dritten oder die Abfindung eines Gesellschafters bei Auflösung der Gesellschaft	1/50	—	—	des Werthes der Gegenleistung oder, wenn eine solche in der Urkunde nicht enthalten ist, des Werthes der überlassenen Rechte;

Zu Tarif-No. 25c.

1. Dadurch, daß bei Position c gewisse Arten von Gesellschaften nicht angeführt sind, soll zum Ausdruck gebracht werden, daß sie einen Stempel bei Einbringung in die Gesellschaft nicht zu tragen haben. A.H. S. 2317.

2. Falls bei der Auflassung eine Urkunde im Sinne der Vorschrift unter c vorgelegt oder innerhalb der zu bestimmenden Frist eingereicht wird, fällt der Auflassungsstempel fort. 8. K.S. S. 2.

Lfd. Nr.	Gegenstand der Besteuerung	Steuersatz v. H.	M.	Pf.	Berechnung der Stempelabgabe
Noch 25.	die Ueberlassung von Sachen oder Rechten seitens der Gesellschaft zum Sondereigenthum an einen Gesellschafter oder dessen Erben,				des Entgelts einschließlich des Werthes der ausbedungenen Leistungen und vorbehaltenen Nutzungen oder, wenn das Entgelt nicht aus dem Vertrage hervorgeht, des Werthes der überlassenen Rechte;
	insoweit zu dem überlassenen Gesellschaftsvermögen unbewegliche im Inlande belegene Sachen oder diesen gleichgeachtete Rechte gehören	1	—	—	
	insoweit zu dem überlassenen Gesellschaftsvermögen unbewegliche außerhalb Landes belegene Sachen oder diesen gleichgeachtete Rechte gehören	—	1	50	
	insoweit das überlassene Gesellschaftsvermögen aus beweglichen Vermögensgegenständen besteht .	1/3	—	—	wie vor;
	insoweit das überlassene Gesellschaftsvermögen aus Forderungsrechten besteht	1/30	—	—	des Werthes der Forderungen.
	Bei Berechnung des Stempels bleibt derjenige Theil der zum Sondereigenthum überlassenen Vermögensgegenstände außer Betracht, welcher der Betheiligung des erwerbenden Gesellschafters an der Gesellschaft entspricht.				

Lfd. Nr.	Gegenstand der Besteuerung	Steuersatz v. H.	M.	Pf.	Berechnung der Stempelabgabe
Noch 25.	Befreit sind: 1. Verträge über Ueberlassung von Rechten an dem Gesellschaftsvermögen an Personen, welche nach den Vorschriften des Gesetzes, betreffend die Erbschaftssteuer vom $\frac{\text{30. Mai 1873}}{\text{19. Mai 1891}}$, von der Zahlung der Erbschaftssteuer befreit sind. 2. Die Rückgewähr der von einem Gesellschafter eingebrachten unbeweglichen Sachen oder diesen gleichgeachteten Rechte oder beweglichen Vermögensgegenstände an diesen Gesellschafter oder dessen Erben oder dessen Ehefrau, welche mit demselben in Gütergemeinschaft gestanden hat; e) die erstmalige Feststellung des Statuts [1]) von Gesellschaften aller Art,[2]) Gewerkschaften, Genossenschaften, Korporationen, Stiftungen, Vereinen und Anstalten in der Form von Verträgen oder				

Zu Tarif-No. 25 d.

1. Das Anwendungsgebiet dieser Tarifstelle reicht nur so weit, als ein selbstständiges Gesellschaftsvermögen rechtlich anerkannt wird, was bei einer Gesellschaft des gemeinen bürgerlichen Rechts nicht der Fall ist. Auf Uebertragung von Antheilscheinen findet der Abs. 1 dieser Tarifstelle daher nicht Anwendung. F.M.E. 5. 1. 97 III 17186.

Lfd. Nr.	Gegenstand der Besteuerung	Steuersatz v. H.	M.	Pf.	Berechnung der Stempelabgabe
Noch 25.	Beschlüssen, sofern nicht nach den vorstehenden Bestimmungen ein höherer Stempel zu entrichten ist	—	1	50	
	Befreit [3]) sind Kranken-, Unfall-, Alters- und Invaliditäts-Versicherungs- und Unterstützungskassen, denen die Versicherungsnehmer auf Grund gesetzlicher Bestimmungen beizutreten verpflichtet sind, und eingetragene Genossenschaften, welche die Gewinnvertheilung ausgeschlossen haben.				
26.	**Gewerbelegitimationskarten** [1]) [2]) [3]) (§ 44a der Reichs-Gewerbeordnung)*) *Bek. 14 C. 1 a. — D. V. 7. 43.*	—	1	—	

Zu Tarif-No. 25 e.

1. Aenderungen von Statuten sollen durch diese Tarifvorschrift nicht getroffen werden. K.B. S. 48.

2. Die erstmalige Feststellung des Statuts von Kriegervereinen, in der Form eines Vertrages oder Beschlusses, ist stempelpflichtig. F.M.E. 9. 10. 96 III 13552.

3. Stempelfrei sollen die Statuten der Knappschaftsvereine sein. Mot. S. 41—42, s. auch §. 1 d. G., betr. die Vereinigung der Berg-, Hütten-, Salinen- und Aufbereitungsarbeiter in Knappschaften v. 10. 4. 54 (G.S. S. 139) u. §§. 165 ff. d. Berg-Ges. v. 24. 6. 65 (G.S. S. 705).

Vgl. §§. 5 litt. g, 16 litt. d d. G. — Tarif: Statuten — — Reichsges. v. 15. 6. 83 [Krankenversicherungsges.] (R.G.Bl. S. 73) — Reichsges. v. 6. 7. 84 [Unfallvers.-Ges.] (R.G.Bl. S. 69) — Reichsges. v. 28. 5. 85 (R.G.Bl. S. 159) — Reichsges. v. 5. 5. 86 (R.G.Bl. S. 132) — Reichsges. v. 11. 7. 87 (R.G.Bl. S. 287) — Reichsges. v. 13. 7. 87 (R.G.Bl. S. 329) — Reichsges. v. 22. 6. 89 [Invaliditäts- und Altersvers.-Ges.] (R.G.Bl. S. 97).

*) Die betreffende Bestimmung der Gew.-O. lautet:

§. **44a.** Wer in Gemässheit des §. 44 Absatz 1 und 2 Waarenbestellungen aufsucht oder Waaren aufkauft, bedarf hierzu einer

Lfd. Nr.	Gegenstand der Besteuerung	Steuersatz v. H.	M.	Pf.	Berechnung der Stempelabgabe
27.	**Gnadenerweise**, s. Standeserhöhungen.				
28.	**Heirathsgenehmigungen** für Beamte und Militärpersonen . . frei.				
29.	**Hingabe an Zahlungsstatt**, Verträge darüber, s. Kaufverträge.				
30.	**Indossamente**, s. Abtretung von Rechten.				
31.	**Inventarien**,[1]) welche zum Gebrauch bei stempelpflichtigen Urkunden dienen *Allg. V. § 2a.*	—	1	50	

Zu Tarif-No. 26.

1. Auf die in den bestehenden Zollvereins- und Handelsverträgen vorgesehenen Legitimations-Karten findet die Tarifstelle keine Anwendung. Mot. S. 42.
2. Hausirgewerbescheine sollen durch den Stempel nicht getroffen werden. K.B. S. 49.
3. Der Ausfertigungsstempel wird daneben nicht außerdem erhoben. 9. K.S. S. 2.

Zu Tarif-No. 29.

Vgl. Gpp. V, S. 143.

Zu Tarif-No. 31.

1. Bei den bestehenden Vorschriften soll es sein Bewenden behalten. Mot. S. 42.

Vgl. §§. 32. 104. L.R. I. 2. — §. 31 Pr. G.K.G. — — R.G. i. Str.S. Bd. I, S. 419. — Gpp. V, S. 664.

Legitimationskarte, welche auf den Antrag des Inhabers des stehenden Gewerbebetriebes von der für dessen Niederlassungsort zuständigen Verwaltungsbehörde für die Dauer des Kalenderjahres und den Umfang des Reichs ausgestellt wird. Die Legitimationskarte enthält den Namen des Inhabers derselben, den Namen der Person oder der Firma, in deren Diensten er handelt, und die nähere Bezeichnung des Gewerbebetriebes.

Einer Legitimationskarte bedürfen diejenigen Gewerbetreibenden nicht, welche durch die in den Zollvereins- oder Handelsverträgen vorgesehene Gewerbelegitimationskarte bereits legitimirt sind.

Lfd. Nr.	Gegenstand der Besteuerung	Steuersatz v. H.	M.	Pf.	Berechnung der Stempelabgabe
32.	**Kauf-**[1a. b.)] **und Tauschverträge** und andere lästige Veräußerungsgeschäfte [2]) enthaltende Verträge einschließlich der gerichtlichen Zwangsversteigerungen, insoweit nicht besondere Tarifstellen zur Anwendung kommen, wenn sie betreffen:				bei Kauf- und Lieferungsverträgen vom Kauf- oder Lieferungspreise unter Hinzurechnung des Werthes der ausbedungenen Leistungen und vorbehaltenen Nutzungen;[5]) bei anderen Verträgen vom Gesammtwerth der Gegenleistung unter Hinzurechnung des Werthes der vorbehaltenen Nutzungen, oder, wenn der Werth der Gegenleistung aus dem Vertrage nicht hervorgeht, von dem Werth des veräußerten Gegenstandes;
	a) im Inlande befindliche unbewegliche Sachen [3]) oder diesen gleichgeachtete Rechte	1	—	—	
	b) außerhalb Landes befindliche unbewegliche Sachen	—	1	50	

Lfd. Nr.	Gegenstand der Besteuerung	Steuersatz v. H.	M.	Pf.	Berechnung der Stempelabgabe
Noch 32.	c) andere Gegenstände aller Art[4]) (auch Lieferungsverträge), falls die Verträge nicht auf Grund der Tarifnummer 4 des Reichsstempelgesetzes vom 27. April 1894*) der Reichsstempelabgabe unterliegen oder von dieser befreit sind . . .	1/3	—	—	wie vor.
	Der Stempel berechnet sich bei Tauschverträgen[6]) nach dem Werthe der von Einem der Vertragschließenden in Tausch gegebenen Gegenstände und zwar derjenigen, welche den höheren Werth haben, bei dem				

*) Die betreffenden Bestimmungen lauten:

A. Des Tarifs zum Reichstempelgesetz.

Tarif No. 4. II. Kauf- und sonstige Anschaffungsgeschäfte.

a) Kauf- und sonstige Anschaffungsgeschäfte über

1. ausländische Banknoten, ausländisches Papiergeld, ausländische Geldsorten;
2. Werthpapiere der unter Nr. 1, 2 und 3 dieses Tarifs bezeichneten Art $^2/_{10}$ v. T.

vom Werthe des Gegenstandes des Geschäfts, und zwar in Abstufungen von 20 beziehungsweise 40 Pf. für je 1000 Mk. oder einen Bruchtheil dieses Betrages.

Den Kauf- und sonstigen Anschaffungsgeschäften steht gleich die bei Errichtung einer Aktiengesellschaft oder Kommanditgesellschaft auf Aktien erfolgende Zutheilung der Aktien auf Grund vorhergehender Zeichnung, die bei Errichtung einer Aktiengesellschaft stattfindende Uebernahme der Aktien durch die Gründer und die Ausreichung von Werthpapieren an den ersten Erwerber.

b) Kauf- und sonstige Anschaffungsgeschäfte, welche unter Zugrundelegung von Usancen einer Börse geschlossen werden (Loko-, Zeit-, Fix-, Termin-, Prämien- u. s. w. Geschäfte), über Mengen von Waaren, die börsenmässig gehandelt werden, $^4/_{10}$ v. T.

Als börsenmässig gehandelt gelten diejenigen Waaren, für welche an der Börse, deren Usancen für das Geschäft massgebend sind, Terminpreise notirt werden.

Befreiungen.

Die vorbestimmte Abgabe wird nicht erhoben:

1. falls der Werth des Gegenstandes des Geschäfts nicht mehr als 600 Mark beträgt.

Werden zwischen denselben Kontrahenten an einem Tage zu gleichen Vertragsbestimmungen mehrere Geschäfte über Gegenstände derselben Art ohne Vermittler oder durch denselben Vermittler abgeschlossen, deren Gesammtwerth mehr als 600 Mark beträgt, so greift für die einzelnen Geschäfte, auch wenn der Werth des Gegenstandes derselben den Betrag von 600 Mark nicht übersteigt, diese Befreiung nicht Platz;

2. falls die Waaren, welche Gegenstand eines nach Nr. 4 b stempelpflichtigen Geschäfts sind, von einem der Vertragschliessenden im Inlande erzeugt oder hergestellt sind;
3. für die Ausreichung der von den Pfandbriefinstituten und Hypothekenbanken ausgegebenen auf den Inhaber lautenden Schuldverschreibungen als Darlehnsvaluta an den kreditnehmenden Grundbesitzer;
4. für sogenannte Kontantgeschäfte über die unter Nr. 4 a 1 bezeichneten Gegenstände sowie über ungemünztes Gold oder Silber.

   Als Kontantgeschäfte gelten solche Geschäfte, welche vertragsmässig durch Lieferung des Gegenstandes seitens des Verpflichteten an dem Tage des Geschäftsabschlusses zu erfüllen sind.
5. von den zur Versicherung von Werthpapieren gegen Verloosung geschlossenen Geschäften, unbeschadet der Stempelpflicht der nach erfolgter Verloosung stattfindenden Kauf- oder sonstigen Anschaffungsgeschäfte.

Lfd. Nr.	Gegenstand der Besteuerung	Steuersatz v. H.	M.	Pf.	Berechnung der Stempelabgabe
Noch 32.	Tausche inländischer gegen ausländische Grundstücke nur nach dem Werthe der ersteren; bei Zwangsversteigerungen nach dem Betrage des Meistgebots, zu welchem der Zuschlag ertheilt wird, unter Hinzurechnung der von dem Ersteher übernommenen Leistungen; bei Verträgen über Hingabe an Zahlungsstatt [7]) nach dem Werthe, zu welchem die Gegenstände an Zahlungsstatt angenommen werden. Wird in einem Kaufvertrage hinsichtlich des Kaufpreises eine Hingabe an Zahlungsstatt vereinbart, so ist der Vertrag wie ein Tauschvertrag zu versteuern. Wird bei einer Versteigerung, welche zum Zwecke der Auseinandersetzung unter Miteigenthümern erfolgt, der Zuschlag einem Miteigenthümer ertheilt, [8 a. b.]) so bleibt bei Berechnung des Stempels derjenige Theil des Meistgebots außer Betracht, welcher auf den dem Ersteher bereits zustehenden Antheil an den versteigerten Gegenständen fällt. Im Falle der Gemeinschaft unter Miterben gilt im Sinne dieser Vorschrift jeder Miterbe als Miteigenthümer nach Verhältniß seines ideellen Antheiles am Nachlaß.				

Lfd. Nr.	Gegenstand der Besteuerung	Steuersatz v. H.	M.	Pf.	Berechnung der Stempel-abgabe
Noch 32.	Wird ein Zuschlagsurtheil aufgehoben, so werden die angesetzten Beträge nicht erhoben oder, wenn sie bezahlt sind, erstattet. Beurkundungen von Uebertragungen der Rechte der Erwerber aus Veräußerungsgeschäften über unbewegliche Sachen und diesen gleichgestellte Rechte oder über bewegliche Sachen, sowie Beurkundungen nachträglicher Erklärungen der aus einem Veräußerungsgeschäft der vorbezeichneten Art berechtigten Erwerber, die Rechte für einen Dritten erworben bezw. die Pflichten für einen Dritten übernommen zu haben, werden in Betreff der Stempelpflichtigkeit wie Beurkundungen der Veräußerungen der Sachen und Rechte behandelt. Wenn jedoch der erste Erwerber das Veräußerungsgeschäft erweislich auf Grund eines Vollmachtsauftrages oder einer Geschäftsführung ohne Auftrag für einen Dritten abgeschlossen hat,[9]) so bedürfen Beurkundungen von Uebertragungen der Rechte dieses ersten Erwerbers an den Dritten nur eines Stempels von	—	1	50	
	In den Fällen des vorhergehenden Absatzes ist die Erstattung des be-				

Lfd. Nr.	Gegenstand der Besteuerung	Steuersatz v. H.	M.	Pf.	Berechnung der Stempelabgabe
Noch 32.	reits verwendeten Werthstempels anzuordnen. Auch muß die Abstandnahme von der Einziehung des Werthstempels angeordnet werden, falls dies innerhalb zweier Wochen nach erfolgter Beurkundung der Uebertragung beantragt wird. *Bek. 42. — D. V. 44. — Allg. V. § 9. a. b.* Außerdem kann der Finanzminister bei sonstigen Beurkundungen der erwähnten Art in denjenigen Fällen die gleichen Anordnungen treffen, in denen besondere Billigkeitsgründe vorhanden sind. *Bek. 42. — Allg. V. § 9 Abs. 1. § 9. c.* In den Fällen des § 25 der Subhastationsordnung für die Rheinprovinzen vom 1. August 1822 (Gesetz-Samml. S. 195),*) sowie des § 39 des Gesetzes, betreffend das Theilungsverfahren und den				

*) B. der Subh.O. v. 1. 8. 22.

§. 25. Wer für sich selbst als Meistbietender den Zuschlag erhält, kann in den ersten drei Tagen nach dem Zuschlage, den Namen eines Dritten, für welchen er gekauft hat, bei dem Friedensrichter oder Deputirten zu Protokoll erklären, er bleibt aber dessen ungeachtet persönlich und solidarisch mit diesem Dritten für die Erfüllung aller Bedingungen verantwortlich.

Lfd. Nr.	Gegenstand der Besteuerung	Steuersatz v. H.	M	Pf.	Berechnung der Stempelabgabe
Noch 32.	gerichtlichen Verkauf von Immobilien im Geltungsbereich des Rheinischen Rechts, vom 22. Mai 1887 (Gesetz-Samml. S. 136),*) bedarf die nachträgliche Erklärung des Ansteigerers nur eines Stempels von Demselben Stempel unterliegen Beurkundungen von Abtretungen der Rechte aus dem Meistgebot an einen Anderen im Sinne des §. 83 Absatz 2 des Gesetzes, betreffend die Zwangsvollstreckung in das unbewegliche Vermögen, vom 13. Juli 1883 (Gesetz-Samml. S. 131).**)	—	1	50	

*) C. des Ges. v. 22. 5. 87:

§. 39. Wer für sich den Zuschlag erhalten hat, ist befugt, innerhalb dreier Tage nach dem Tage des Zuschlags einen Dritten als diejenige Person zu benennen, für welche er angesteigert hat. Die Benennung muss unter Beifügung der Vollmacht oder mit der Zustimmungserklärung des Dritten zum Protokolle des Notars geschehen.

Das Protokoll ist als eine Fortsetzung des Versteigerungsprotokolls aufzunehmen.

Der Dritte ist als der unmittelbare Ansteigerer zu betrachten; jedoch bleibt Derjenige, welcher für sich den Zuschlag erhalten hat, für die Erfüllung aller Bedingungen persönlich und mit dem Dritten solidarisch verhaftet.

**) D. des Ges. v. 13. 7. 83:

§. 83, Abs. 2. Auf eine Abtretung der Rechte aus dem Meistgebote an einen Anderen ist bei Ertheilung des Zuschlags nur dann Rücksicht zu nehmen, wenn die Abtretung von Seiten des Meist-

Lfd. Nr.	Gegenstand der Besteuerung	Steuersatz v. H.	M.	Pf.	Berechnung der Stempelabgabe
Noch 32.	Ermäßigungen und Befreiungen: 1. Kauf- und Tauschverhandlungen zwischen Theilnehmern an einer Erbschaft zum Zwecke der Theilung der zu letzterer gehörigen Gegenstände . . .	—	1	50	
	Zu den Theilnehmern an einer Erbschaft wird auch der überlebende Ehegatte gerechnet, welcher mit den Erben des verstorbenen Ehegatten gütergemeinschaftliches Vermögen zu theilen hat. 2. Befreit sind Verträge, durch welche unbewegliche Sachen oder diesen gleichgeachtete Rechte oder bewegliche Sachen allein oder im Zusammenhange mit anderem Vermögen von Ascendenten an Descendenten [10]) übertragen werden. *Bek. 30. c.* Auf Beurkundungen von Uebertragungen der Rechte des Erwerbers aus Verträgen der vorbezeichneten Art an andere				

bietenden, sowie die Uebernahme des Meistgebots von Seiten des Anderen gerichtlich oder notariell beglaubigt eingereicht worden sind. In der Formel des Urtheils ist auszusprechen, dass der Meistbietende neben dem Ersteher für die Erfüllung des Gebots verhaftet bleibt.

Lfd. Nr.	Gegenstand der Besteuerung	Steuersatz v. H.	M.	Pf.	Berechnung der Stempelabgabe
Noch 32.	Personen als an Descendenten des ursprünglich übertragenden Ascendenten finden die Bestimmungen des sechsten und siebenten Absatzes dieser Tarifstelle keine Anwendung. 3. Befreit sind Kauf- und Lieferungsverträge über Mengen von Sachen oder Waaren,[11]) sofern dieselben entweder zum unmittelbaren Verbrauch in einem Gewerbe oder zur Wiederveräußerung in derselben Beschaffenheit oder nach vorgängiger Bearbeitung oder Verarbeitung dienen sollen oder im Inlande in dem Betriebe eines der Vertragschließenden erzeugt oder hergestellt sind.[12]) 4. Gerichtliche oder notarielle Aufnahmen oder Beglaubigungen der nach der Tarifnummer 4 des Reichsstempelgesetzes vom 27. April 1894 reichsstempelpflichtigen oder von der Reichsstempelsteuer befreiten Kauf- und Anschaffungsgeschäfte . .	—	1	50	

Zu Tarif-No. 32.

1a. Als Kauf ist u. A. zu versteuern die Uebertragung eines Patentes, die Uebertragung der Ausnützung einer bestimmten auch nicht patentirten Erfindung, die Abtretung eines Verlagsrechts.

Noch zu Tarif-No. 32.

R.G.E. 13. 4. 91. F.M.E. 8. 2. 97 III 1492. Dagegen unterliegt ein Vertrag über Verzichtleistung auf die Apothekenkonzession gegen Vergütung nicht dem Kaufstempel. F.M.E. 22. 12. 96 III 17156.

1b. Eine vertragsmäßig erklärte Anerkennung der aus dem Gesetz sich ergebenden Rechtsfolgen der Geltendmachung des Anspruchs der Wandelung fällt nicht unter diese Tarifstelle. F.M.E. 2. 7. 97 III 8205.

2. Es sind gleichmäßig alle Geschäfte, durch welche unbewegliche Sachen gegen eine Leistung irgend welcher Art veräußert werden, dem Werthstempel unterworfen. Mot. S. 43, A.H. S. 2310.

3. Das zu einer Gasanstalt gehörige Rohrnetz ist als Substanztheil der immobilen Gasanstalt anzusehen. R.G.E. 21. 12. 96.

4. Unter No. 32 litt. c. fallen solche bewegliche Sachen, die sich im Auslande befinden, sofern sie nicht Substanztheile eines Grundstücks bilden. R.G.E. 10. 5. 97

5. Dem Kaufpreise sind nicht hinzuzurechnen die Rentenbankrenten aus den Gesetzen vom 2. 3. 50 und 7. 7. 91. F.M.E. 2. 3. 96 III 2351. C.Bl. 1897 S. 115.

6. Ein Tausch liegt nur dann vor, wenn in der Vertragsurkunde die beiderseitig versprochene Hingabe des Gegenstandes in dem unmittelbaren Verhältniß von Leistung und Gegenleistung zum Ausdruck gebracht ist. Ob diese Voraussetzung zutrifft, muß aus der Absicht der Parteien, insoweit sie aus dem Urkundeninhalt erkennbar ist, entnommen werden. Mot. S. 43.

7. Eine Hingabe an Zahlungsstatt hat zur Voraussetzung, daß eine bereits bestehende Schuld nach der Absicht der Parteien dadurch getilgt werden soll, daß der Schuldner an Stelle des ursprünglich geschuldeten Gegenstandes einen anderen leistet, den der Gläubiger als Erfüllung annimmt. F.M.E. 27. 3. 97 III 3209.

8a. Bei Zuschlagsbescheiden ist auch dann der Werthstempel fällig, wenn der bisherige Eigenthümer Ersteher ist. Kammerg. 23. 11. 96.

8b. Verhandlungen über die Uebernahme der aus dem baar zu zahlendem Kaufgelde zur Hebung gelangenden Forderungen sind ein Bestandtheil des Vertheilungsverfahrens. J.M.E. 20. 2. 97 I 551.

9. Die Bestimmungen sind auch auf diejenigen Fälle zu beziehen, in denen eine negotiorum gestio für noch nicht existirende juristische Personen vorgelegen hat, wie dies bei Erwerbung von Rechten für eine erst demnächst zu begründende Aktiengesellschaft, Stiftung u. s. w. der Fall ist. K.B. S. 52.

10. Die Nichtangabe des Verwandtschaftsverhältnisses schließt die Anwendung der Befreiungsvorschrift nicht aus. F.M.E. 13. 7. 97 III 8786.

11. Es müssen Gegenstände in Frage kommen, die als Mengen (nach Gewicht, Maß oder Zahl) gehandelt zu werden pflegen, und

Lfd. Nr.	Gegenstand der Besteuerung	Steuersatz v. H.	M.	Pf.	Berechnung der Stempelabgabe
33.	**Konsolidationen von Bergwerkseigenthum**[a. b.] (Vereinigung zweier oder mehrerer Bergwerke zu einem einheitlichen Ganzen),*) Bestätigungsurkunden darüber	—	100	—	

Noch zu Tarif-No. 32.

welche demgemäß, insoweit es sich um gewerbliche Erzeugnisse handelt, ohne vorherige Bestellung in Erwartung allgemeiner Nachfrage als gewöhnliche Fabrikationsartikel erzeugt oder hergestellt werden. F.M.E. 31. 3. 97 III 3501. C.Bl. S. 157.

12. Namentlich sollen auch die land- und forstwirthschaftlichen Erzeugnisse, wie Getreide, Heu, Stroh, Holz, sowie die animalischen Erzeugnisse, wie Vieh u. s. w., auch die Bedürfnisse, welche der Grundbesitzer im Allgemeinen kauft, wie künstlichen Dünger und Futtermittel, als fungible Sachen angesehen werden und demgemäß Kauf- und Lieferungsgeschäfte über derartige fungible Sachen steuerfrei sein. A.H. S. 2321. Ferner sollen stempelfrei sein Verträge über Lieferung von Rüben, wenn sie geschlossen werden seitens der Produzenten der Rüben mit den Abnehmern. A.H. S. 2508.

Vgl. §. 10 d. Ges. — Tarif: Auflassungen Abs. 3 Satz 2, Erlaubnißertheilungen litt. a letzter Abs. — — §. 3 d. G., betr. die Gerichtskosten bei Zwangsversteigerungen v. 18. 7. 83 (G.S. S. 189) — — R.G. i. C.S. Bd. 16, S. 253 — — Epp. V, S. 666.

---

*) Die hier interessirenden Bestimmungen des Berg-Ges. lauten:

§. 41. Die Vereinigung zweier oder mehrerer Bergwerke zu einem einheitlichen Ganzen — Konsolidation — unterliegt der Bestätigung des Oberbergamts (§. 49).

§. 42. Zur Konsolidation ist erforderlich:

1. ein notariell oder gerichtlich beglaubigter Konsolidationsakt — je nach Beschaffenheit des Falles ein Vertrag oder Beschluss der Mitbetheiligten oder eine Erklärung des Alleineigenthümers,
2. ein von einem konzessionirten Markscheider oder Feldmesser in zwei Exemplaren angefertigter Situationsriss des ganzen Feldes,

Lfd. Nr.	Gegenstand der Besteuerung	Steuersatz v. H.	M.	Pf.	Berechnung der Stempelabgabe
Noch 33.	Erreicht der Gesammtwerth des konsolidirten Bergwerkseigenthums nicht 10000 Mark	—	10	—	

Zu Tarif-No. 33.

1a. Der hier vorgesehene Stempelsatz umfaßt auch die Substanz des Bergwerks, nämlich die verliehenen Mineralien. A.H. S. 2320.

1b. Neben dem Stempel für Bestätigung ist nicht noch der Ausfertigungsstempel fällig. F.M.E. 25. 7. 96 III 10310.

3. die Angabe des dem konsolidirten Bergwerke beigelegten Namens.

§. 43. Kann das durch die Konsolidation entstehende (konsolidirte) Werk nur als Ganzes mit Hypotheken und dinglichen Lasten beschwert werden (vergl. §. 98), so muss für den Fall, dass auf den einzelnen Bergwerken Hypotheken oder andere Realrechte oder dass auf denselben Privilegien des Rheinischen Rechts haften, ausser dem Konsolidationsakte eine mit den Berechtigten vereinbarte Bestimmung darüber beigebracht werden, dass und in welcher Rangordnung die Rechte derselben auf das konsolidirte Werk als Ganzes übergehen sollen.

§. 44. In allen übrigen Fällen muss in dem Konsolidationsakte eine Bestimmung des Antheilsverhältnisses, nach welchem jedes einzelne Bergwerk in das konsolidirte Werk eintreten soll, enthalten sein. Auf diese Fälle finden alsdann die besonderen Vorschriften der §§. 45 bis 48 Anwendung.

§. 45. Der wesentliche Inhalt des Konsolidationsaktes, insbesondere die Bestimmung des Antheilsverhältnisses (§. 44) wird durch das Oberbergamt den aus dem Hypothekenbuche ersichtlichen Hypothekengläubigern und anderen Realberechtigten, insofern deren ausdrückliches Einverständniss mit dem Antheilsverhältnisse nicht beigebracht ist, unter Verweisung auf diesen und die beiden folgenden Paragraphen bekannt gemacht.

Ausserdem erfolgt diese Bekanntmachung durch das Amtsblatt der Regierung, in deren Bezirk das Bergwerk liegt.

§. 46. Hypothekengläubiger und andere Realberechtigte, sowie privilegirte Gläubiger des Rheinischen Rechts, welche durch die Bestimmung des Antheilsverhältnisses (§. 44) an ihren Rechten verkürzt zu sein glauben, sind befugt, gegen diese Bestimmung Einspruch zu erheben.

Dieses Einspruchsrecht muss binnen drei Monaten nach Ablauf des Tages, an welchem die Bekanntmachung zugestellt, beziehungsweise das die Bekanntmachung enthaltende Amtsblatt ausgegeben worden ist (§. 45), durch gerichtliche Klage geltend gemacht werden.

Wer von dieser Frist keinen Gebrauch macht, ist seines Einspruchsrechts verlustig.

§. 47. Statt diese Klage zu erheben, können die vorbezeichneten Gläubiger und anderen Realberechtigten ihre Befriedigung vor der Verfallzeit verlangen, soweit dies die Natur des versicherten Anspruchs gestattet.

Dieses Recht muss jedoch ebenfalls bei Vermeidung des Verlustes desselben innerhalb der im §. 4 bestimmten Frist geltend gemacht werden.

§ 48. Mit der Bestätigung der Konsolidation (§. 49) geht das Realrecht ohne Weiteres auf den entsprechenden, nach Maassgabe der vorstehenden Bestimmungen (§§. 44 bis 46) festgestellten Antheil an dem konsolidirten Werke über.

§. 49. Sind Hypothekengläubiger und andere Realberechtigte, sowie privilegirte Gläubiger des Rheinischen Rechts nicht vorhanden, oder ist in den Fällen des §. 43 die dort bezeichnete Vereinbarung beigebracht, oder sind in den Fällen des §. 44 Einsprüche nicht erhoben oder die erhobenen Einsprüche (§§. 46, 47) erledigt, so entscheidet das Oberbergamt über die Bestätigung der Konsolidation.

Die Bestätigung darf nur versagt werden, wenn die Felder der einzelnen Bergwerke nicht an einander grenzen, oder wenn Gründe des öffentlichen Interesses entgegenstehen.

Der Bestätigungsurkunde werden die Verleihungsurkunden der einzelnen Bergwerke beigefügt.

Hinsichtlich der Beglaubigung, Aushändigung und Aufbewahrung der Risse finden die Bestimmungen des §. 33 Anwendung.

Lfd. Nr.	Gegenstand der Besteuerung	Steuersatz v. H.	M.	Pf.	Berechnung der Stempelabgabe
34.	**Kuxe** [1]) (§. 101 des Allgemeinen Berggesetzes für die Preußischen Staaten vom 24. Juni 1865 — Gesetz-Samml. S. 705 —)*)				des Werthes der Gegenleistung oder, wenn eine solche in der Urkunde nicht enthalten ist, des Werthes des abgetretenen Kuxes.
	Kuxscheine*)	—	1	50	
	Bek. 14. C. 2. f. u. 15 B. a. — Allg. V. § 1. b.				
	Schriftstücke über Uebertragungen von Kuxen der bezeichneten Art	1/10	—	—	
	Schriftstücke über Verpfändungen von Kuxen wie Sicherstellung von Rechten, s. diese.				

Zu Tarif-No. 34.

1. Diese Tarifstelle bezieht sich auf alle beweglichen Kuxe, gleichviel, ob sie in Preußen oder im Ausland belegene Bergwerke betreffen. Veräußerung von Kuxen, die nicht unter §. 101 Berggef. fallen, sind nach Tarifstelle 32 litt. a zu beurtheilen. F.M.E. 1. 11. 97. III 11750.

Vgl. §§. 16 b, 18 Abs. 2 d. G.

---

*) Die betreffenden Bestimmungen des Berg-Ges. lauten:

§. 101. Die Zahl der gewerkschaftlichen Antheile — Kuxe — beträgt hundert.

Durch das Statut kann die Zahl auf tausend bestimmt werden.

Die Kuxe sind untheilbar. Sie haben die Eigenschaft der beweglichen Sachen.

§. 103. Ueber sämmtliche Mitglieder der Gewerkschaft und deren Kuxe wird von der Gewerkschaft ein Verzeichniss — das Gewerkenbuch — geführt. Auf Grund desselben wird einem jeden Gewerken, welcher es verlangt, ein Antheilschein — Kuxschein — ausgefertigt.

Die Kuxscheine sind nach der Wahl des Gewerken über die einzelnen Kuxe oder über eine Mehrheit derselben auszustellen.

Die Kuxscheine dürfen nur auf einen bestimmten Namen, niemals auf den Inhaber lauten.

Lfd. Nr.	Gegenstand der Besteuerung	Steuersatz v. H.	M.	Pf.	Berechnung der Stempelabgabe
35.	**Legalisation** [1]) **von Urkunden**, sofern sie nicht auf der Urkunde selbst stattfindet	—	1	50	
	sonst . . . . frei.				
36.	**Leibrenten- und Rentenverträge**, wodurch zu gewissen Zeiten wiederkehrende Zahlungen von Geld [1])[2]) für eine oder mehrere bestimmte Personen während der Lebensdauer derselben oder auf bestimmte oder unbestimmte Zeit gegen Entgelt erworben werden, mag die Gegenleistung in einer bestimmten Geldsumme oder in der Hingabe von Sachen oder in der Uebernahme von Leistungen oder Verpflichtungen, oder aber in dem Aufgeben von Rechten bestehen, falls nicht die Tarifstelle „Versicherungsverträge"[3]) zur Anwendung kommt	1	—	—	des Kapitalwerthes der Renten.

Zu Tarif-No. 35.

1. Man versteht unter Legalisationen Atteste darüber, daß eine amtliche Unterschrift mit amtlicher Befugniß ausgestellt worden bezw. der angebliche Aussteller einer Urkunde seiner angegebenen Qualität zufolge oder nach der angegebenen Firma zur Ausstellung der Urkunde befugt gewesen ist. Die Legalisation wird von derjenigen Behörde ertheilt, welcher die Beurtheilung der amtlichen Qualität des Ausstellers gesetzlich beigelegt ist (Circularerlaß des Finanzministers vom 16. Juli 1828 v. K. A. Bd. 12 S. 659). K.B. S. 58.

Vgl. §. 7. Pr.G.K.G. — — Gpp. V, S. 726.

Zu Tarif-No. 36.

1. Es ist insoweit an dem bisherigen Recht festgehalten, als die Rente in Geldzahlungen bestehen muß; dagegen ist das Erforderniß, daß die Zahlung einer bestimmten Geldsumme verabredet und daß diese Zahlung

Lfd. Nr.	Gegenstand der Besteuerung	Steuersatz v. H.	M.	Pf.	Berechnung der Stempelabgabe
37.	**Leichenpässe**, s. Pässe.				
38.	**Lieferungsverträge**, s. Kaufverträge. *Allg. V. § 1 Abs. 3.*				
39.	**Lustbarkeiten**, u. d.) Genehmigungen der Ortspolizeibehörden zur Veranstaltung von Musikaufführungen, Singspielen, Gesangs- und deklamatorischen Vorträgen, theatralischen Vorstellungen oder sonstigen Lustbarkeiten aller Art und zwar sowohl von öffentlichen Gesellschaften als von Privat- oder von geschlossenen Gesellschaften dargebotenen . . .	—	1	50	

Noch zu Tarif-No. 36.

für die Lebenszeit des Empfängers zu leisten sein muß, fallen gelassen. K.B. S. 59.

2. Die durch Vermittelung der Generalkommissionen umgewandelten Renten haben an der Vergünstigung des §. 4d theil; wenn sonst Renten an Stelle von Hypotheken treten, ist der tarifmäßige Leibrentenstempel fällig. K.B. S. 59.

3. Wenn ein Rentenvertrag einen Versicherungsvertrag darstellt, so soll die Tarifposition „Versicherungsverträge" zur Anwendung kommen und nur, wenn dieses nicht vorliegt, die Position „Leibrentenverträge". K.B. S. 59—60, A.H. S. 2323. 10. K.S. S. 3.

Vgl. §§. 4a und 6 Abs. 10 und 11 d. G. — — §. 606 ff. L.R. I. 11. — — R.G. i. C.S. Bd. 28, S. 313. — — Gpp. V, 728.

Zu Tarif-No. 37.

Vgl. Gpp. V. S, 734.

Zu Tarif-No. 38.

Vgl. §§. 5 letzter Abs., §. 8, §. 16 litt. e d. G.

Lfd. Nr.	Gegenstand der Besteuerung	Steuersatz v. H.	M.	Pf.	Berechnung der Stempelabgabe
	bei Lustbarkeiten geringfügiger Art *Bek. 14. C. 1. Abs. 2 — D. V. 45.*	—	—	50	
40.	**Mäkler, vereidigte,** Urkunden über die Bestätigung oder Anstellung derselben[1]) . . . . *Bek. 14. C. 2 g — D. V. 46.*	—	25	—	
41.	**Mieth- und Aftermiethverträge,** s. Pacht- und Afterpachtverträge.				
42.	**Namensänderungen,**[1]) Genehmigungen[2]) zur Aenderung[3]) des Familiennamens	—	30	—	

Zu Tarif-No. 39.

1a. Ueber die Auslegung und Anwendung dieser Tarifstelle ist in dem ausführlichen Erlaß v. 15. 11. 96 $\frac{\text{F.M. III 15634}}{\text{M. d. J. I. A. 9079}}$ das Nähere enthalten. C.Bl. S. 649.

Die Gründe für die Zulassung des niedrigeren Steuersatzes von 50 Pf. sind sowohl in den Akten, als auf den Genehmigungen selbst zu vermerken. Erl. d. M. d. J. v. 28. 12. 97. I. A. 11835. C.Bl. 1898 S. 62.

1b. Der Veranstalter von Tanzlustbarkeiten kann nicht verlangen, daß von der Polizeibehörde anstatt einer Genehmigungsurkunde für jede einzelne Lustbarkeit zum Zwecke der Ersparung von Stempeln bei Beginn des Jahres eine einzige Urkunde für alle im Laufe des Jahres zu veranstaltenden, in regelmäßiger Folge wiederkehrenden Tanzlustbarkeiten ausgestellt werde. Entsch. d. Ob.-V.-Ger. v. 18. 9. 97.

Vgl. Tarif: Zeugnisse litt. d. — — §. 15. Komm. Abg.-Ges.

Zu Tarif-No. 40.

1. Diese Tarifstelle findet auf die Bestallung der Stellvertreter von Kursmaklern keine Anwendung. Es kommt unter Umständen nur Tarifstelle 10 in Frage. F.M.E. v. 20. 9. 97 III 11371.

Vgl. Art. 9, §. 1 des E.G. z. H.G.B. v. 24. 6. 61 (G.S. S. 449) — §. 33 d. G. über die Handelskammern v. 24. 2. 70 (G.S. S. 134).

Lfd. Nr.	Gegenstand der Besteuerung	Steuersatz v. H.	M.	Pf.	Berechnung der Stempelabgabe
Noch 42.	Bei nachgewiesener Bedürftigkeit kann der Stempel auf . . . . . . ermäßigt werden.	—	5	—	
	Bek. 43.				
	Namensvermehrung und Namenswechsel bei adligen Namen ein Viertel der Sätze der Tarifstelle 60, Buchstabe a.				
	Erfolgt die Namensvermehrung und der Namenswechsel in Verbindung mit einer Standeserhöhung, so kommt außerdem der für letztere in der vorerwähnten Tarifstelle verordnete Stempelbetrag zur Erhebung.				
	D. V. 52.				
43.	**Naturalisationsurkunden,**[1 a. b.] mit **Ausnahme** derjenigen, welche für im				

Zu Tarif-No. 42.

1. Von der Gebühr sollen jedoch nur Namensänderungen betroffen werden, welche auf besonderen Antrag im Verwaltungsverfahren genehmigt werden, nicht auch diejenigen Fälle, wo die Namensänderung als Folge eines anderweiten Rechtsaktes eintritt, wie bei der Annahme an Kindesstatt oder der Legitimation wegen unehelicher Geburt. Mot. S. 50.

2. Umänderungen fremdsprachlicher Namen in deutsche bedürfen der Genehmigung. 10. K.G. S. 11.

3. Es liegt keine Namensänderung vor, wenn der ursprüngliche, im Lauf der Zeit korrumpirte Name wieder hergestellt wird, oder wenn dem Familiennamen der Name des Gutes hinzugefügt wird. 10 K.G. S. 10.

Vgl. Kab.O. v. 15. 4. 22 (G.S. S. 108).

Lfd. Nr.	Gegenstand der Besteuerung	Steuersatz v. H.	M.	Pf.	Berechnung der Stempelabgabe
Noch 43.	Reichsdienst angestellte Ausländer ausgestellt werden	—	50	—	
	bei nachgewiesener Bedürftigkeit des zu Naturalisirenden kann der Stempel bis auf	—	5	—	
	ermäßigt werden.[1b]) *Bek. 14. C. 2. h. u. 44.*				
44.	**Nebenausfertigungen** von Verträgen, wie Duplikate, s. diese.				
45.	**Notariatsurkunden**, welche die Stelle einer in diesem Tarif versteuerten Verhandlung vertreten, wie diese;				
	sonst und in allen Fällen mindestens	—	1	50	

Zu Tarif-No. 43.

1 a. Der Abgabe unterliegen nicht die im §. 9 des Gesetzes vom 1. Juni 1870 aufgeführten Bestallungen für in den unmittelbaren oder mittelbaren Staatsdienst oder in den Kirchen-, Schul- oder Kommunaldienst eines Bundesstaats aufgenommene Ausländer. Mot. S. 10.

1 b. Der hier angeordneten Abgabe unterliegen Naturalisations- und Renaturalisationsurkunden (§§. 8, 21 Abs. 4 Ges. v. 1. 7. 70), dagegen nicht Aufnahme- und Wiederaufnahmeurkunden (§§. 7, 21 Abs. 5, 24 Abs. 1 eod.); die Entscheidung im Fall des Ab. 2 haben die die Urkunden ausfertigenden Behörden, die Steuerbehörden jedoch haben Recht und Pflicht zur Nachprüfung. F.M.E. 25. 8. 96 III 11538.

Vgl. Reichsges. über den Erwerb und Verlust der Staatsangehörigkeit vom 1. 6. 70 (B.G.Bl. S. 355) §§. 2. 24, 11. — Reichsges. vom 20. 12. 75, betr. die Naturalisation von Ausländern (R.G.Bl. S. 324).

Zu Tarif-No. 44.

Vgl. §. 9, Abs. 1 d. G. — Tarif: Schuldverschreibungen 1a. — — Epp. V, S. 747.

Zu Tarif-No. 45.

Vgl. §§. 9, Abs. 2, 13 litt. a d. G. — Tarif: Protokolle Abs. 3.

Lfd. Nr.	Gegenstand der Besteuerung	Steuersatz v. H.	M.	Pf.	Berechnung der Stempelabgabe
46.	**Notarielle Zeugnisse**, wie amtliche Zeugnisse, s. Zeugnisse.				
47.	**Offizierpatente**, wie Bestallungen, s. diese. *Bek 14 C. 2. i.*				
48.	**Pacht- und Afterpachtverträge**, Mieth- und Aftermiethverträge, sowie antichretische Verträge: [1 a. b. c.] a) über unbewegliche Sachen,[2] sofern der verabredete nach der Dauer eines Jahres zu berechnende Pachtzins (Miethzins, antichretische Nutzung) mehr als 300 Mark beträgt	1/10	—	—	des Pachtzinses (Miethzinses, der antichretischen Nutzung). [4 a. b.]
	Der Verpächter und Afterverpächter (Vermiether, Aftervermiether, Verpfänder) hat die vorbezeichneten, während der Dauer des Kalenderjahres in Geltung gewesenen Verträge bis zum Ablauf des Januar des darauf folgenden Jahres in ein Verzeichniß[3] (Pacht-, Mieth-, Antichrese-Verzeichniß), welches die Bezeichnung des Grundstückes, den Namen des Pächters (Miethers, Pfandinhabers), die Dauer des Vertragsverhältnisses während des betreffenden Kalenderjahres,[5] den Zins (Nutzung), den erforderlichen Stempelbetrag und seine Namensunterschrift enthalten muß, einzeln				

Lfd. Nr.	Gegenstand der Besteuerung	Steuersatz v. H.	Steuersatz M.	Steuersatz Pf.	Berechnung der Stempelabgabe
Noch 48.	einzutragen, das Verzeichniß mit der Versicherung, daß er andere unter die vorstehende Bestimmung fallende Verträge nicht abgeschlossen habe, zu versehen und die Versteuerung spätestens innerhalb der vorerwähnten Frist bei einer Steuerstelle zu bewirken. Vorausbezahlung für mehrere Jahre ist zulässig. Die in diesen Verzeichnissen zu machenden Angaben können bei der Steuerbehörde zu Protokoll erklärt werden. Die Verzeichnisse sind von den zur Führung derselben verpflichteten Personen 5 Jahre lang aufzubewahren. Auf Verlangen derselben erfolgt die Aufbewahrung durch die Steuerbehörde. Im Dezember jeden Jahres ist von den Hauptsteuer- und Hauptzollämtern auf die Bestimmungen über die Führung der Verzeichnisse und die Versteuerung durch Bekanntmachung in öffentlichen Blättern aufmerksam zu machen.				
	Bek. 45—49. — D. V. 48—50. — Allg. V. §§ 1 Abs. 2, 20 Abs. 4 u. 5.				
	Außerdem können diejenigen Verpächter und Afterverpächter				

Gegenstand der Besteuerung	Steuersatz v. H.	M.	Pf.	Berechnung der Stempelabgabe
(Vermiether, Aftervermiether, Verpfänder), von welchen Verzeichnisse nicht eingereicht sind, von der Steuerbehörde zur Anzeige darüber angehalten werden, ob von ihnen während des vorangegangenen Kalenderjahres Verträge der vorbezeichneten Art errichtet worden sind.				
Behörden sind berechtigt, die Versteuerung der von ihnen zu führenden Verzeichnisse selbst zu bewirken.				
D.V. 47. — Allg.V. § 1, Abs. 3.				
Wenn Verträge dieser Tarifstelle vor Ablauf der vertragsmäßig festgesetzten Zeit ihr Ende erreichen, so ist der Stempel nur für die Zeit bis zur Beendigung der Verträge zu entrichten.				
Die Vorschrift des §. 4 Buchstabe a dieses Gesetzes findet auf die Verträge dieser Tarifstelle keine Anwendung.				
Die Beurkundungen von Abtretungen der Rechte aus Verträgen dieser Tarifstelle unterliegen einer anderen als der nach den obigen Bestimmungen zu entrichtenden Stempelsteuer nicht.				

Lfd. Nr.	Gegenstand der Besteuerung	Steuersatz v. H.	M.	Pf.	Berechnung der Stempelabgabe
Noch 48.	Wenn in einem unter diese Tarifstelle fallenden Vertrage bestimmt ist, daß das Rechtsverhältniß unter gewissen Voraussetzungen als verlängert gelten soll, so kommen für die hiernach eintretenden Verlängerungen die vorstehenden Bestimmungen zur Anwendung.				
	Die durch Briefwechsel zu Stande gekommenen Verträge sind hinsichtlich der Stempelpflicht wie förmliche schriftliche Verträge zu behandeln;				
	b) über bewegliche Sachen	$1/10$	—	—	des Zinses (Nutzung).
	Der Stempel berechnet sich nach der Dauer der bedungenen Vertragszeit; bei Verträgen auf unbestimmte Zeit ist der Versteuerung eine einjährige Dauer zu Grunde zu legen;				
	c) über ausländische Grundstücke . .	—	1	50	

Zu Tarif-No. 48.

1a. Die schriftlichen Miethverträge bilden den Gegenstand der Stempelpflicht, Miether und Vermiether sind in gleicher Weise für den Stempel verhaftet, die Miethverzeichnisse sind nur die Form, in der sich die Versteuerung vollzieht. Strafrechtlich freilich sind die Verpächter und Vermiether ausschließlich verantwortlich. F.M.E. 11. 3. 96 u. 19. 6. 97 III 3209 u. 6871.

1b. Der Hotelverkehr fällt unter diese Bestimmungen nicht. 11. K.S. S. 3. K.B. S. 67.

1c. Pacht- und Miethverträge in notarieller oder Protokollform erfordern nicht noch den Notariatsurkunden- oder Protokollstempel. F.M.E. 9. 9. 97 III 10360. C.Bl. S. 361.

Lfd. Nr.	Gegenstand der Besteuerung	Steuersatz v. H.	M.	Pf.	Berechnung der Stempelabgabe
49.	Pässe (Paßkarten) [1]) zu Reisen in der Regel	—	1	50	
	für Handwerksburschen, Dienstboten, Lohnarbeiter und andere Personen ähnlichen Standes jedoch nur	—	—	50	
	Bek. 14. C. 1. b. u. c. — D. V. 7. 51				
	zum Transport von Leichen [2]a. b.) wegen deren Beerdigung außer dem Kirchsprengel, worin der Todesfall sich ereignet hat [1])	—	5	—	
	Bek. 14. C. 2. k. — D V. 51.				
	bei nachgewiesener Bedürftigkeit kann der Stempel bis auf . . .	—	1	50	
	ermäßigt werden.				

Noch zu Tarif-No. 48.

2. Jagdpachtverträge sind als Pachtverträge über unbewegliche Sachen zu verstempeln. F.M.E. 9. 5. 97 III 5614.

3. Weil nur dieses versteuert wird, sind Nebenexemplare von Miethverträgen stempelfrei. K.B. S. 63. A.H. S. 750.

4 a. Nebenleistungen kommen nicht in Ansatz. K.B. S. 63. A.H. S. 750.

4 b. Enthält ein Miethvertrag noch andere stempelpflichtige Geschäfte oder besonders stempelpflichtige Nebenabreden, so sind diese auf dem gewöhnlichen Wege zu versteuern. F.M.E. 29. 11. 95 III. 16475.

5. Der Berechnung des Stempels ist derjenige Betrag zu Grunde zu legen, welchen der Miether nach vertragsmäßiger Festsetzung für die Dauer des Miethverhältnisses innerhalb des betreffenden Kalenderjahres als Miethzins zu zahlen hatte. Bei Vorausversteuerungen bemißt sich der Stempel nicht nach der Summe der auf die einzelnen Kalenderjahre entfallenden Miethzinse, sondern nach der Summe der Stempelbeträge, wie sie sich für die Kalenderjahre im Einzelnen ergeben. F.M.E. 16. 5. 96 III. 4911. C.Bl. S. 302.

Vgl. §§. 4 litt. a, 16 litt. c, 17 Abs. 2, 31 Abs. 3, 32 Abs. 1, 34 Abs. 3 d. G. — Tarif: Verträge, Ziffer 2, Abs. 1. — — §. 17 letzter Abs. Pr.G.K.G. — §. 399 ff. L.R. I. 21.

Lfd. Nr.	Gegenstand der Besteuerung	Steuersatz v. H.	Steuersatz M.	Steuersatz Pf.	Berechnung der Stempelabgabe
50.	**Policen,** s. Versicherungsverträge.				
51.	**Polizeistunde,** Genehmigungen der Verlängerung der Polizeistunde für einzelne Wirthshäuser und öffentliche Vergnügungsorte . . . . . Befreit sind Genehmigungen auf die Dauer bis zu zwei Wochen.	—	1	—	
52.	**Proteste,** Wechselproteste und Proteste anderer Art [1])	—	1	50	
53.	**Protokolle,** auch von den Parteien nicht unterschriebene, welche in Privatangelegenheiten von Behörden und Beamten aufgenommen sind und die Stelle einer im gegenwärtigen Tarif besteuerten Verhandlung vertreten, wie diese, mindestens aber	—	1	50	

Zu Tarif-No. 49.

1. **Die Ausfertigungsgebühr von 1 M. wird neben dem Stempel erhoben. F.M.E. 21. 5. 96. III 8947.**

2a. Der **Stempel wird nur in so weit erhoben,** als ein besonderer Leichenpaß nothwendig ist. 10. K.S. S. 12.

2b. Alle von der zuständigen Behörde ausgehenden Erlaubnißertheilungen **zum Transport** von Leichen, **auch** solche i n G e s t a l t e i n e r V e r f ü g u n g **ergehenden, fallen unter diese** Tarifstelle. F.M.E. 3. 9. 97. III 10772.

Vgl. Tarif: Zeugnisse litt. a — — Epp. V, S. 751.

Zu Tarif-No. 51.

Vgl. §. 6 d. G. über die Pol.-Verw. v. 11 3. 50 (G.S. S. 265) u. 20. 9. 67 (G.S. S. 1529) — §. 365 R.St.G.B.

Zu Tarif-No. 52.

1. z. B. die Proteste nach Art. 357, 358 H.G.B. Mot. S. 52. Vgl. R.G. i. C.S. Bd. 32, S. 212 — — Epp. V, S. 754.

Lfd. Nr.	Gegenstand der Besteuerung	Steuersatz v. H.	M.	Pf.	Berechnung der Stempelabgabe
Noch 53.	Protokolle, welche nicht die Stelle einer im Tarif besteuerten Verhandlung vertreten, sind stempelfrei. Bei Protokollen, welche von Notaren aufgenommen sind, kommt die Tarifstelle „Notariatsurkunden" zur Anwendung.				
54.	**Punktationen** über einen zu errichtenden Vertrag, welche die Kraft eines Vertrages haben und demnach eine Klage auf Erfüllung begründen, sind wie Verträge über denselben Gegenstand und zwar auch dann zu versteuern, wenn darin die Aufnahme einer förmlichen Vertragsurkunde vorbehalten ist. Zu einer Vertragsurkunde, welche auf Grund einer mit dem Werthstempel belegten Punktation demnächst aufgenommen wird und im Wesentlichen denselben Inhalt hat, wie diese, kommt der zur Punktation verwendete Werthstempel in Anrechnung. [1] [2]) *Bek. 50. — Allg. V. § 2d. § 9 Abs. 2.*				

Zu Tarif-No. 53.
Vgl. Epp. V, S. 754.

Zu Tarif-No. 54.
1. Bei der Einstellung eines höheren Betrages in den auf Grund einer Punktation abgeschlossenen Kaufvertrag ist nur die Differenz zwischen dem in der Punktation und dem in dem Vertrage enthaltenen

Lfd. Nr.	Gegenstand der Besteuerung	Steuersatz v. H.	M.	Pf.	Berechnung der Stempelabgabe
55.	**Registraturen,** [1]) wenn sie die Stelle der Protokolle vertreten, wie diese.				
56.	**Schenkungen unter Lebenden,** insbesondere auch die belohnenden und die mit einer Auflage belasteten Schenkungen, insofern sie schriftlich beurkundet sind, unterliegen von dem Betrage der Schenkung einer Werthstempelabgabe, welche sich nach den Vorschriften der §§. 6 bis 25 sowie des §. 27 erster Absatz des Gesetzes, betreffend die Erbschaftssteuer, vom $\frac{\text{30. Mai 1873}}{\text{19. Mai 1891}}$ und des demselben anliegenden Tarifs bestimmt, jedoch mit der Maßgabe, daß bei immerwährenden Nutzungen und Leistungen das Fünfundzwanzigfache ihres einjährigen Betrages				

Noch zu Tarif-No. 54.

Kaufpreise für die Berechnung des zu entrichtenden Vertragstempels maßgebend, sobald der Stempel nach dieser Tarifstelle richtig gezahlt ist. K.B. S. 72.

2. Sowohl der Kauf- als auch der Tauschstempel muß erfordert werden, sobald in einer Punktation ein Entgelt in baar, in dem Vertrage aber in Naturalien verabredet ist, weil zwei ganz verschiedenartige Rechtsgeschäfte, Kauf und Tausch, zu Grunde liegen. K.B.S.72.

Vgl. §. 12c. d. G. — — §§. 120 L.R. I. 5. — §. 31 Pr.G.K.G.

Zu Tarif-No. 55.

1. Diese Position betrifft lediglich die im Gebiet des gemeinen Rechts aufgenommenen Registraturen, welche auch ohne Unterschrift des Antragstellers die Eigenschaft von amtlichen Protokollen besitzen. 12 K.S. S. 3. K.B. S. 72.

Lfd. Nr.	Gegenstand der Besteuerung	Steuersatz v. H.	M. Pf.	Berechnung der Stempelabgabe
Noch 56.	als Kapitalwerth angenommen wird. An Stelle der Verhältnisse des Erblassers und des Erwerbers des Anfalles sind die Verhältnisse des Gebers, beziehungsweise des Beschenkten zu berücksichtigen. Als Beurkundungen von Schenkungen sind alle Schriftstücke über solche Geschäfte anzusehen, bei welchen die Absicht auf Bereicherung des einen Theils gerichtet war, auch wenn das Geschäft in der Form eines lästigen Vertrages abgeschlossen ist. Bei Beurtheilung der Frage, ob die Absicht der Bereicherung des einen Theils anzunehmen ist, sind auch solche Umstände in Betracht zu ziehen, welche aus der Urkunde nicht ersichtlich sind. In denjenigen Fällen, in welchen die Versteuerung der Schenkung über die für die Verwendung des Urkundenstempels sonst vorgeschriebene Frist hinaus ausgesetzt bleibt (§§. 22 bis 25 und §. 27 erster Absatz des Gesetzes, betreffend die Erbschaftssteuer, vom 30. Mai 1873 / 19. Mai 1891), muß die Urkunde vor Ablauf dieser Frist der von dem Finanzminister zu bestimmenden Steuerbehörde vorgelegt werden, welche die erforder-			

Lfd. Nr.	Gegenstand der Besteuerung	Steuersatz v. H.	M.	Pf.	Berechnung der Stempelabgabe
	lichen Anordnungen wegen späterer Verwendung des Stempels zu treffen hat und welcher hierfür auf Verlangen Sicherheit zu bestellen ist. Diese Bestimmung findet auch auf die bei den Gerichtskosten zu verrechnenden Schenkungsstempel Anwendung. Befreit sind Beurkundungen von Schenkungen der Arbeitgeber [1]) an Kassen oder Anstalten, welche die Unterstützung ihrer Arbeitnehmer oder Bediensteten, sowie der Angehörigen derselben bezwecken. *D. V. 12. A. I. bis III. — Allg. V. § 11. A. u. § 12.*				
57.	**Schiedssprüche** [1]) [2]) [3]) und zwar sowohl der ständigen Schiedsgerichte als auch der zur Entscheidung für den einzelnen Fall berufenen Schiedsrichter	1/10	—	—	des Werthes des Streitgegenstandes. [4])
	jedoch mindestens	—	2	—	
	höchstens	—	100	—	
	ist der Werth des Streitgegenstandes unschätzbar	—	10	—	

Zu Tarif-No. 56.

1. Beurkundungen von Gratifikationen an Beamte und Privatpersonen sind dem Schenkungsstempel nicht unterworfen, weil es sich bei dergleichen Zuwendungen mehr um eine nachträgliche Abgeltung der von den Remunerirten geleisteten Dienste handelt und deshalb bei solchen Geschäften der Charakter eines lästigen Vertrages vorwaltet. K.B. S. 73—74.

Vgl. Anm. 1 zu Tarifstelle Auflassungen. — — §§. 378, 1037 ff. L.R. I. 11. — §. 393 L.R. I, 16. — — R.G. i. C.S. Bd. 25, S. 322. — Johow Bd. 4, S. 231.

Lfd. Nr.	Gegenstand der Besteuerung	Steuersatz v. H.	M.	Pf.	Berechnung der Stempelabgabe
58.	**Schuldverschreibungen.**				
	I. Schuldverschreibungen,[1a-e)] hypothekarische[2)] und persönliche aller Art, insoweit es sich nicht um der Reichsstempelabgabe unterworfene Werthpapiere handelt . . .	1/12	—	—	des Kapitalbetrages der Schuldverschreibung.
	Ermäßigungen:				
	a) Schuldverschreibungen über Kaufgelder, Erbgelder oder sonstige Forderungen aus zweiseitigen Verträgen, falls diese Verträge gehörig versteuert sind und alle wesentlichen Bedingungen des Schuldverhältnisses enthalten, wie Nebenausfertigungen derselben (vergl. die Tarifstelle „Nebenausfertigungen“);				

Zu Tarif-No. 57.

1. Die Stempelpflichtigkeit bezieht sich nicht nur auf die Schiedssprüche schiedsrichterlicher Behörden, sondern auch auf die von Schiedsrichtern in Gemäßheit des §. 851 C.P.O. gefällten Entscheidungen (R.G. i. C.S. Bd. 30, S. 219). Mot. S. 52.

2. Nur schriftliche Schiedssprüche sollen getroffen werden. 12 K.S. S. 5. K.B. S. 74.

3. Nur solche Schiedssprüche sind stempelpflichtig, die auf Grund gesetzlicher Vorschriften vollstreckbar, also geeignet sind, einen Rechtsstreit zu erledigen. Hierzu gehören nicht die von den Gewerbegerichten als Einigungsämtern nach § 67 des Ges. v. 29. 7. 90 abzugebenden Schiedssprüche. F.M.E. 23. 6. 96 III 8634. C.Bl. S. 537.

4. Der Werth berechnet sich nach §. 6 d. G. in Verbindung mit §§. 4 bis 8 d. C.P.O. und §§. 11, 13 Abs. 1 d. D.G.K.G. v. 18. 6. 78. Mot. S. 52—53.

Lfd. Nr.	Gegenstand der Besteuerung	Steuersatz v. H.	M.	Pf.	Berechnung der Stempelabgabe
Noch 58.	b) Schuldverschreibungen über Darlehen, welche innerhalb Jahresfrist oder in einem kürzeren Zeitraum zurückzuzahlen sind	1/50	—	—	der dargeliehenen Summe in Abstufungen von 20 Pf. für je 1000 Mark oder einen Bruchtheil dieses Betrages;
	So oft die Rückzahlungsfrist durch schriftliche Verabredungen über die Verlängerung der Darlehen,[3]) oder durch Ausstellung neuer Schuldverschreibungen bis zu einem Zeitraum von einem Jahre erweitert wird, je .	1/50	—	—	wie vor;
	jedoch für die ursprüngliche Verschreibung und sämmtliche Verlängerungen nicht mehr wie	1/12	—	—	der dargeliehenen Summe;
	Beurkundungen der Verlängerung der Rückzahlungsfrist über den Zeitraum von einem Jahre hinaus . . .	1/12	—	—	wie vor;
	jedoch unter Anrechnung der für die Beurkundungen der ursprünglichen Verschreibung und der früheren Verlängerungen bereits entrichteten Stempel.				
	Die Anrechnung der früher gezahlten Stempel ist nur				

Lfd. Nr.	Gegenstand der Besteuerung	Steuersatz v. H.	M.	Pf.	Berechnung der Stempelabgabe
Noch 58.	zulässig, wenn auf den Schriftstücken über die Verlängerung vom Aussteller vermerkt ist, zu welchen Urkunden und zu welchen Beträgen die früher gezahlten Stempel verwendet sind. Befreiungen: a) Beurkundungen über die Verlängerung der Rückzahlungsfrist, wenn es sich um Schuldverschreibungen handelt, die mit einem Zwölftel vom Hundert des Kapitalbetrages bereits versteuert sind; b Beurkundungen von zinsbaren Darlehen, welche gegen spezielle Verpfändung oder Hinterlegung von edlen Metallen, Waaren, Wechseln oder Werthpapieren gegeben werden (Lombarddarlehen) und innerhalb Jahresfrist oder in einem kürzeren Zeitraum zurückzuzahlen sind, vorausgesetzt, daß der Werth des hinterlegten Pfandes dem gewährten Darlehen mindestens gleichkommt; c Sparkassenbücher[4])[5]) und Bescheinigungen[6]) über einzelne Einlagen seitens öffentlicher und solcher Sparkassen, welche				

Lfd. Nr.	Gegenstand der Besteuerung	Steuersatz v. H.	M.	Pf.	Berechnung der Stempelabgabe
Noch 58.	gemeinnützige Zwecke verfolgen, insbesondere solcher, welche die Gewinnvertheilung ausgeschlossen haben, sowie der Sparkassen derjenigen eingetragenen Erwerbs- und Wirthschaftsgenossenschaften (Reichsgesetz vom 1. Mai 1889, Reichs-Gesetzbl. S. 55), welche die Förderung des genossenschaftlichen Personalkredits bezwecken;				
	d) für Kommunalverbände, Kommunen oder Korporationen ländlicher oder städtischer Grundbesitzer oder Grundkredit- und Hypothekenbanken ausgestellte Schuldverschreibungen, auf Grund deren reichsstempelpflichtige Renten- und Schuldverschreibungen demnächst ausgereicht werden.[7])				
	Bek. 51. - Allg. V. § 10 Abs. 2. 3.				
	II. Kaufmännische, nicht auf Order ausgestellte Verpflichtungsscheine über Leistungen von Geld . . .	1/50	—	—	des Kapitalbetrages der Scheine in Abstufungen von 20 Pf. für je 1000 Mark oder einen Bruchtheil dieses Betrages.
	Für die Verlängerung der Rückzahlungsfrist gelten die Bestimmungen zu I unter Ermäßigungen zu b und Befreiungen zu a.				

Lfd. Nr.	Gegenstand der Besteuerung	Steuersatz v. H.	M.	Pf.	Berechnung der Stempelabgabe
Noch 58.	III. Der Antrag auf Eintragung einer Hypothek oder Grundschuld oder einer wiederkehrenden Geldleistung im Grundbuche oder in einem für solche Eintragungen bestimmten öffentlichen Buche . .	1/12	—	—	der einzutragenden Summe oder des Kapitalwerthes der Geldleistung;
	sowie der Antrag auf Eintragung der Verpfändung einer Hypothek oder Grundschuld oder einer wiederkehrenden Geldleistung durch den eingetragenen Gläubiger in Büchern der bezeichneten Art	1/12	—	—	der Summe, für welche die Post verpfändet wird, wenn diese Summe geringer ist, als die Summe oder der Kapitalwerth der verpfändeten Post, sonst der letzteren Summe oder des Kapitalwerthes.
	Allg. V. §§ 1. b. u. 19. Die Vorschriften der Tarifstelle „Abtretung von Rechten" fünfter bis einschließlich achter Absatz finden sinngemäße Anwendung.[8]) *Bek. 52.*				

Zu Tarif-No. 58.

1 a. Das Erforderniß der causa debendi ist stehen geblieben, desgl. das der Angabe der Verpflichtung zur Zahlung einer bestimmten Geldsumme. K.B. S. 75.

Bei definitiver Lösung von Kontokurrentverhältnissen wird das Guthaben durch Zahlung ausgeglichen, weshalb dann Steuerpflicht eintreten kann. 12 R.G. S. 7.

1b. Das schriftliche Versprechen, ein zu erwartendes Darlehn zurückzahlen zu wollen, enthält eine stempelpflichtige Schuldverschreibung. K.B. S. 76.

1c. Die einseitig beurkundete Verpflichtung zur Zahlung einer Rente auf Lebenszeit ist schuldverschreibungsstempelpflichtig. R.G.E. 21. 2. 95. C.Bl. 1896 S. 234.

1d. Derjenige Betrag, den in einem Tauschvertrage der Erwerber des werthvolleren Grundstücks behufs Ausgleichung der gegenseitigen Leistungen zu zahlen sich verpflichtet, unterliegt dem Schuldverschreibungsstempel. R.G.E. 20. 6. 96.

1e. In Fällen, in denen der Ersteher eines Grundstücks im Zwangsverfahren vor dem Kaufgelderbelegungstermin mit dem eingetragenen Hypothekengläubiger über die Verzinsung, Kündigung, Fälligkeit und Zahlung von durch das Meistgebot gedeckten Forderungen neue Festsetzungen vereinbart und sich verbindlich macht, in dem Kaufgelderbelegungstermin die Eintragung zu bewilligen und zu beantragen, ist die Beurkundung einer neuen Schuld nicht zu erblicken. R.G.E. 21. 1. 97.

2. Bei Umwandlung einer Grundschuld in eine Hypothek ist der Werthstempel von $^1/_{12}$ pCt. von Neuem fällig. F.M.E. 15. 6. 97. III 5698.

3. Die Urkunde über die verabredete Verlängerung ist stempelpflichtig, auch wenn sie nur die Unterschrift des Gläubigers oder Schuldners trägt; sind in die Fristverlängerungsurkunde mehrere bisher stempelfreie Objekte zusammen aufgenommen, so ist für den Stempel nur das in der Verlängerungsurkunde enthaltene Objekt maßgebend. F.M.E. 27. 8. 97 III 10749.

4. Die Stempelfreiheit ist auf diejenigen Sparkassen beschränkt, welche mit genossenschaftlichen Einrichtungen zur Förderung des Personalkredits in Verbindung stehen, also das ganze übrige Gebiet der genossenschaftlichen Bildung, in dem die Sparkasseneinrichtungen einen ganz anderen Charakter annehmen und lediglich zu Erwerbszwecken dienen können, soweit nicht ein gemeinnütziger Zweck doch noch nachgewiesen wird, von der Vergünstigung ausschließt. Unter den genossenschaftlichen Organisationen, welche sich mit Darlehns-Geschäften befassen, werden auch diejenigen ausgeschlossen, welche nicht sowohl die Förderung des Personalkredits, als ihre eigenen Erwerbsinteressen zum Gegenstand des Unternehmens haben. A.H. S. 2347.

5. Die Befreiungsvorschrift findet nur auf solche Sparkassen Anwendung, die gemeinnützige Zwecke verfolgen, deren Vergünstigungen also der Allgemeinheit zu Gute kommen, nicht nur einem bestimmt begrenzten Personenkreise. F.M.E. 9. 9. 97 III 11461.

6. Eine Bescheinigung, die eine Depositenbank in einem Quittungsbuch über einen eingezahlten Betrag ertheilt, ist stempelfrei. A.H. S.2509.

7. Diese Befreiungsvorschrift ist nicht auf sog. Baugelderdarlehne anwendbar, die nach § 3 Nr. 3 der neuen Normativbestimmungen für die preußischen Hypothekenbanken v. 27. 6. 93 erst nach völliger Fertigstellung der Baulichkeiten zur Unterlage von Hypothekenpfandbriefen benutzt werden können. F.M.E. 14. 11. 96 III 15567. C.Bl. S. 634.

Lfd. Nr.	Gegenstand der Besteuerung	Steuersatz v. H.	M.	Pf.	Berechnung der Stempelabgabe
59.	**Sicherstellung von Rechten,** [1 a. b.]) Beurkundungen darüber, wenn der Werth der sichergestellten Rechte				
	600 Mark nicht übersteigt . .	—	—	50	
	1 200 " " " . .	—	1	—	
	10 000 " " " . .	—	1	50	
	bei einem höheren Betrage . .	—	5	—	
	Der Stempel darf in keinem Falle den für die Beurkundung des sicherzustellenden Rechtes zur Erhebung gelangenden Stempel übersteigen.[2])				
	Ist der Werth der sichergestellten Rechte nicht schätzbar[3]). . .	—	1	50	
	Befreit sind:				
	a) Urkunden über Dienstkautionen der Beamten öffentlicher Behörden;				
	b) in Schuldverschreibungen zur Sicherheit der Schuldverpflichtung vom Schuldner abgegebene Erklärungen;				
	c) Urkunden über Sicherstellungen der Vormünder (§. 58 der Vormund-				

Noch zu Tarif-No. 58.

8. Aus dem Hinweise auf die entsprechenden Bestimmungen der Tarifstelle „Abtretung von Rechten" ergiebt sich, daß die nachträgliche Eintragung einer bereits bestellten Hypothek, Grundschuld u. s. w. auf andere Grundstücke einer besonderen Abgabe nicht mehr unterliegt (vgl. Abschnitt 6 der vorbezeichneten Tarifstelle). Mot. S. 55.

Vgl. Tarif: Sicherstellung, Buchst. b. Tarif-No. 2 letzter Abs. — — § 24 d. W.St.G. v. 10. 6. 69. Art. 301 H.G.B. — Kab.-O. v. 8. 3. 47 (M.Bl. d. i. V. S. 108). — R.G. i. C.S. Bd. 16, S. 209. — R.St.G. Tarif-No. 2 und 3. — — Epp. V, S. 763.

Lfd. Nr.	Gegenstand der Besteuerung	Steuersatz v. H.	M.	Pf.	Berechnung der Stempelabgabe
	schaftsordnung vom 5. Juli 1875, Gesetz-Samml. S. 431).*)				
60.	**Standeserhöhungen und Gnadenerweise, landesherrliche.** [1])				
	a) Standeserhöhungen				
	für die Verleihung der Herzogswürde	—	5000	—	
	für die Verleihung der Fürstenwürde	—	3000	—	
	für die Verleihung der Grafenwürde	—	1800	—	
	für die Verleihung der Freiherrnwürde	—	1200	—	
	für die Verleihung des Adels .	—	600	—	
	Wenn in obigen Verleihungen mehrere Seitenverwandte mit aufgenommen werden, so wird für				

Zu Tarif Nr. 59.

1 a. Die für eine Mehrzahl von Arbeitern ausgestellten Bürgschaften, wie solche in den östlichen Provinzen von Landwirthen den Behörden gegenüber für ihre Arbeiter übernommen zu werden pflegen, erfordern nur einmal den Stempel mit 1 M. 50 Pf. 19 K.S. S. 10. K.B. S. 79.

Vgl. § 6 Abs. 6 d. G. — — §§ 178 ff. L.R. I. 14. — — Epp. V, S. 620.

---

*) Die betreffende Bestimmung der Vorm.-O. lautet:

§. 58. Vormünder, welche für den Mündel ein erhebliches Vermögen zu verwalten haben, können von dem Vormundschaftsgerichte zur Stellung einer Sicherheit angehalten werden. Die Art und der Umfang der Sicherheit wird nach richterlichem Ermessen bestimmt; sie kann jederzeit erhöhet, gemindert oder erlassen werden.

Kosten, welche aus der Stellung der Sicherheit erwachsen, sind aus dem Vermögen des Mündels zu entrichten.

Lfd. Nr.	Gegenstand der Besteuerung	Steuersatz v. H.	Steuersatz M.	Steuersatz Pf	Berechnung der Stempelabgabe
Noch 60.	jeden Seitenverwandten die volle Taxe besonders erhoben. *D. V. 52.* Die vorstehend festgesetzten Beträge werden auch erhoben, wenn eine Standeserhöhung aus Anlaß oder bei Gelegenheit einer Adoption oder Legitimation stattfindet. Für Anerkennung und Bestätigung einer von einem auswärtigen Fürsten verliehenen Standeserhöhung eines Inländers werden die obigen Sätze erhoben. Für die Verleihung des preußischen Adels an einen ausländischen Adligen kommt die Hälfte des für die Verleihung der betreffenden Adelsstufe vorgeschriebenen Stempels in Ansatz. Für sonstige nachträgliche Aenderungen oder Ergänzungen der bezüglich einer Standeserhöhung getroffenen Bestimmungen wird, so-				

Noch zu Tarif-No. 59.

1 b. Zu einem über ein Grundstück abgeschlossenen antichretischen Vertrag ist bei Eintragung der Antichrese in das Grundbuch der Kautionsstempel nicht zu fordern. F.M.E. 6. 9. 97 III 11235.

2. Kautionsbestellungen in stempelfreien Kauf- und Lieferungsverträgen sind nach Abs. 2 dieser Tarifstelle stempelfrei. F.M.E. 13. 10. 96. III 14224.

3. Unschätzbarkeit liegt u. A. dann vor, wenn es sich um Sicherstellung künftiger Forderungen handelt. F.M.E. 25. 9. 97. III 12905.

Lfd. Nr.	Gegenstand der Besteuerung	Steuersatz v. H.	M.	Pf.	Berechnung der Stempelabgabe
Noch 60.	fern keine anderen Vorschriften Anwendung finden, ein Fünftel des Steuersatzes für die betreffende Standeserhöhung in Ansatz gebracht;				
	b) Wappenvermehrungen und Wappenänderungen ein Achtel der Sätze zu a. Erfolgt die Wappenvermehrung und Wappenänderung in Verbindung mit einer Standeserhöhung, so kommt außerdem der für letztere vorgesehene Stempelbetrag zur Erhebung; [2])				
	c) Erhebung eines Inbegriffs von Gütern zu einer Standesherrschaft, einem Herzogthum oder Fürstenthum	—	6000	—	
	d) Verleihung des Patents				
	für einen Kammerjunker . .	—	400	—	
	„ „ Kammerherrn . .	—	1200	—	
	sofern letzterer vorher Kammerjunker war	—	800	—	
	e) für die Verleihung von Titeln an Privatpersonen	—	300	—	

Zu Tarif-No. 60.

1. Das Recht der Krone, den Stempelbetrag im Wege der Gnade zu erlassen, bleibt unberührt. K.B. S. 79. A.H. S. 2486, 2490.

2. Bei gleichzeitiger Namensänderung, Verleihung des Adels und Wappenänderung wird nur der Stempel für Standeserhöhung und Wappenänderung zu erheben sein. 14 K.S. S. 2.

Vgl. Tarif: Namensänderungen letzter Abs.

Tarif-Nr.	Gegenstand der Besteuerung	Steuersatz v. H.	M.	Pf.	Berechnung der Stempelabgabe
61.	**Statuten** von Gesellschaften, Vereinen u. s. w., s. Gesellschaftsverträge, Buchstabe o.				
62.	**Strafbescheide** der Finanzbehörden, sofern die Strafe einschließlich des Werthes der eingezogenen Gegenstände 15 Mark übersteigt	—	1	50	
63.	**Tauschverträge**, s. Kaufverträge.				
64.	**Taxen von Grundstücken**, insofern sie wegen eines Privatinteresses unter Aufsicht einer öffentlichen Behörde aufgenommen werden . . *Allg. V. § 2 a.*	—	1	50	
65.	**Testamente**, s. Verfügungen von Todeswegen.				
66.	**Verfügungen von Todeswegen** aller Art,[1]) auch in Form von Verträgen . . . . *Bek. 15. B. a. u. 6 Allg. V. § 2. c. u. § 1 Abs. 2*	—	1	50	

Zu Tarif-No. 62.
Vgl. § 21 d. G.

Zu Tarif-No. 64.
Vgl. Opp. V, S. 793.

Zu Tarif-No. 65.
Vgl. Opp. V, S. 793.

Zu Tarif-No. 66.

1. Auch die eigenhändigen Testamente im Geltungsgebiet des rheinischen Rechts und Nachzettel, sowie Kodizille unterliegen der Stempelpflicht. K. B. S. 79.

Lfd. Nr.	Gegenstand der Besteuerung	Steuersatz v. H.	M.	Pf.	Berechnung der Stempelabgabe
67.	**Vergleiche** . . . . Ist jedoch durch den Vergleich ein unter den Parteien bisher nicht in stempelpflichtiger Form zu Stande gekommenes Rechtsgeschäft anerkannt oder im Wesentlichen aufrecht erhalten oder ein anderweites Rechtsgeschäft neu begründet worden, so ist zu dem Vergleiche, wenn diese Geschäfte nach dem gegenwärtigen Tarif einem höheren als dem für Vergleiche verordneten Stempel unterworfen sind, dieser höhere Stempel zu verwenden. Befreit sind die von Schiedsmännern und Gewerbegerichten aufgenommenen Vergleiche, sofern nicht die Voraussetzungen des vorhergehenden Absatzes Anwendung finden.	—	1	50	
68.	**Verleihungen des Bergwerkseigenthums**, Urkunden darüber (§§ 22 ff. des Allgemeinen Berggesetzes für die Preußischen Staaten				

Zu Tarif-No. 67.

Vgl. § 4 litt. g und § 15, Abs. 3 d. G. — — § 6 d. Verordnung über Errichtung von Gewerbegerichten v. 9. 2. 49 (G.S. S. 110) und § 50, Abs. 4 d. G. betr. die Gewerbegerichte, v. 29. 7. 90 (R.G. Bl. S. 141) bezüglich der Vergleiche vor dem Gewerbegericht, die frei bleiben. (Mot. S. 56) — § 40 d. Schiedsm.-O. v. 29. 3. 79 oben bei Tarifstelle „Ausfertigungen". — § 31 Pr. G.K.G. — — Epp. V, S. 795.

Lfd. Nr.	Gegenstand der Besteuerung	Steuersatz v. H.	M.	Pf.	Berechnung der Stempelabgabe
	vom 24. Juni 1865 — Gesetz-Samml. S. 705 —)*)	—	50	—	
69.	**Verpflichtungsscheine**, kaufmännische, s. Schuldverschreibungen, II.				

*) Die betreffenden Bestimmungen des Berg-Ges. lauten:

§ 22. Die den gesetzlichen Erfordernissen entsprechende Muthung begründet einen Anspruch auf Verleihung des Bergwerkseigenthums in dem im §. 27 bestimmten Felde.

§. 26. Das Bergwerkseigenthum wird für Felder verliehen, welche, soweit die Oertlichkeit es gestattet, von geraden Linien an der Oberfläche und von senkrechten Ebenen in die ewige Teufe begrenzt werden.

Der Flächeninhalt der Felder ist nach der horizontalen Projektion in Quadratlachtern festzustellen.

§. 30. Liegen Einsprüche und Kollisionen mit den Rechten Dritter nicht vor und findet sich auch sonst gegen die Anträge des Muthers gesetzlich nichts zu erinnern, so fertigt das Oberbergamt ohne Weiteres die Verleihungsurkunde aus.

§. 31. Liegen Einsprüche oder Kollisionen mit den Rechten Dritter vor, oder kann aus anderen gesetzlichen Gründen den Anträgen des Muthers gar nicht oder nicht in ihrem ganzen Umfange entsprochen werden, so entscheidet das Oberbergamt über die Ertheilung oder Versagung der Verleihung durch einen Beschluss, welcher dem Muther und den betheiligten Dritten in Ausfertigung zugestellt wird.

Einsprüche und Ansprüche, welche durch den Beschluss des Oberbergamts abgewiesen werden, müssen, insofern wegen derselben der Rechtsweg zulässig ist, binnen drei Monaten, vom Ablaufe des Tages, an welchem der Beschluss beziehungsweise der Rekursbescheid (§. 191) zugestellt ist, durch gerichtliche Klage verfolgt werden.

Lfd. Nr.	Gegenstand der Besteuerung	Steuersatz v. H.	M.	Pf.	Berechnung der Stempelabgabe
70.	**Versicherungsverträge,**[1]) auch in der Form von Policen (2 a. b.) und deren Verlängerungen, wenn sie betreffen: a) Lebens- und Rentenversicherungen einschließlich der Versicherungen auf den Lebensfall (Altersversorgung, Aussteuer, Militärdienst und dergl.) . . . . *Bek. 15. B a.* Bei Rentenversicherungen wird der Kaufpreis und in Ermangelung eines solchen der zehnfache Betrag der Rente als Versicherungssumme angesehen. Werden bei Versicherungen gleicher Art von demselben Versicherer mehrere Urkunden für die-	1/20	—	—	der versicherten Summe in Abstufungen von 10 Pf. für je 200 Mark oder einen Bruchtheil dieses Betrages;

Wer von dieser Frist keinen Gebrauch macht, ist seines etwaigen Rechts verlustig.

Die in dem Verleihungsverfahren durch unbegründete Einsprüche entstehenden Kosten hat der Widersprechende zu tragen.

§. 32. Sind die der Verleihung entgegenstehenden Hindernisse (§. 31) durch die Entscheidung der Bergbehörde oder durch Richterspruch beseitigt, so fertigt das Oberbergamt die Verleihungsurkunde aus.

§. 33. Bei Ausfertigung der Verleihungsurkunde werden die beiden Exemplare des Situationsrisses (§. 17) von dem Oberbergamte beglaubigt, erforderlichen Falls aber vorher berichtigt und vervollständigt.

Das eine Exemplar des Risses erhält der Bergwerkseigenthümer, das andere wird bei der Bergbehörde aufbewahrt.

Lfd. Nr.	Gegenstand der Besteuerung	Steuersatz v. H.	M.	Pf.	Berechnung der Stempelabgabe
Noch 70.	selbe Person ausgestellt, so berechnet sich die Stempelabgabe nach dem Gesammtbetrage der versicherten Summe. Befreit sind Versicherungen, bei welchen die versicherte Summe den Betrag von 3 000 Mark nicht übersteigt.				
	b) Unfall- und Haftversicherungen .	1/2	—	—	des Gesammtbetrages der verabredeten Prämien[3]) in Abstufungen von 10 Pf. für je 20 Mark oder einen Bruchtheil dieses Betrages;
	Befreit sind Versicherungen, bei denen die verabredeten Jahresprämien [3]) den Betrag von 40 Mark nicht übersteigen;				
	c) Versicherungen gegen andere Gefahren (Feuer-, Hagel-, Viehversicherungen u. s. w.) für jedes Jahr[4]) der Versicherungsdauer	1/1000	—	—	d. i. 1 Pf. von Eintausend Mark der versicherten Summe in Abstufungen von 10 Pf. für je 10000 Mark oder einen Bruchtheil dieses Betrages.
	Jeder Bruchtheil eines Versicherungsjahres[5]) kommt bei der Versteuerung als ein volles Jahr in Betracht.[6] a-c) Die den öffentlichen Feuerversicherungsanstalten reglementsmäßig zustehenden Stempelsteuerprivilegien[7]) finden Anwendung auf alle Schriftstücke, welche sich auf den Eintritt der Versicherungsnehmer in diese Anstalten oder spätere Abänderungen der Versicherungen beziehen.				

Lfd. Nr.	Gegenstand der Besteuerung	Steuersatz v. H.	M.	Pf.	Berechnung der Stempelabgabe
Noch 70.	Befreit sind: 1. Versicherungen, bei welchen die versicherte Summe den Betrag von 3000 Mark nicht übersteigt. 2. Versicherungen bei den auf Gegenseitigkeit gegründeten und nicht die Erzielung von Gewinn bezweckenden Versicherungsanstalten, deren Versicherungsbeträge durch Umlage[3]) erhoben werden und deren Geschäftsbetrieb über den Umfang einer Provinz nicht hinausgeht. Befreit sind Verträge über Rückversicherungen und Transportversicherungen.				

Zu Tarif-No. 70.

1. Nur die beurkundeten Verträge sollen von der Steuer getroffen werden. A.H. S. 2356.

2a. Policen können im Sinne des Gesetzes nur von Versicherungsgesellschaften ausgestellt werden. Von einer Privatperson ausgestellte sog. Policen sind als Schuldverschreibungen anzusehen. 10 R.S. S. 5.

2b. Police ist die einseitige schriftliche Erklärung des Versicherers, daß er das ihm vom Versicherungsnehmer angetragene Risiko für eine bestimmte Prämie übernehme. Die Stempelpflicht der Police tritt mit ihrer Vollziehung im Inlande und ihrer Inverkehrsetzung ein. R.G.E. 15. 1. 97.

3. Unter Gesammtbetrag der verabredeten Prämien ist die Summe aller für die Dauer der Versicherung zu erlegenden Prämien zu verstehen. Ein etwa bewilligtes Freijahr kommt in Abzug. Für die Anwendung der Befreiungsvorschrift ist der Betrag der Prämie für ein Jahr entscheidend. Ist die Versicherung von kürzerer Dauer, so ist der Jahresbetrag zu ermitteln. F.M.E. 13. 6. 96 III 8003. C.Bl. S. 352.

Lfd. Nr.	Gegenstand der Besteuerung	Steuersatz v. H.	M.	Pf.	Berechnung der Stempelabgabe
71.	**Verträge,**				
	1. durch welche ein früherer stempelpflichtiger[1]) Vertrag lediglich aufgehoben wird	—	1	50	

Noch zu Tarif-No. 70.

4. Der zu entrichtende Stempel besteht in der Summe der Stempelbeträge, wie sie sich für das einzelne Versicherungsjahr ergeben. F.M.E. 15. 4. 96. III 4878.

5. Versicherungsverträge, die auf bestimmte Zeit vorbehaltlich stillschweigender Verlängerung im Fall nicht erfolgender Kündigung abgeschlossen sind, sind für die hiernach eintretenden Verlängerungen stempelpflichtig. Bei Versicherungsverträgen auf unbestimmte Zeit ist der Stempel nicht nach einer einjährigen Versicherung, sondern nach einer auf die Dauer von dreizehn Jahren (§ 6 Abs. 9 und Tarif 70 c Abs. 2) abgeschlossenen Versicherung zu entrichten. F.M.E. 11. 3. 97 und 11. 8. 96 III 2029 u. 11144.

6 a. Für einen Policennachtrag, der auf die ursprüngliche Police Bezug nimmt, wird die Versicherungssumme erhöht. Der Nachtrag ist als neue Police nur über die eingetretene Erhöhung anzusehen. F.M.E. 28. 4. 97. III 5082.

6 b. In einem Policennachtrag scheidet ein in der ursprünglichen Police versichertes Objekt aus; Gesammtversicherungswerth und Prämie vermindern sich hiernach. Der Nachtrag ist nicht als neue Police anzusehen. F.M.E. 31. 12. 96. III 17473.

6 c. Policennachträge, durch die in Folge Todesfalles oder einer Besitzveränderung unter Lebenden die ursprüngliche Police gemäß Antrag auf eine andere Person unter den gleichen allgemeinen Bedingungen übertragen wird, unterliegen der Stempelabgabe nach dieser Tarifvorschrift. F.M.E. 25. 4. 97. III 1354.

7. Für die Stempelfreiheit der Police kommt es allein auf die Person desjenigen an, der die Police ausstellt. F.M.E. 6. 5. 97. III 5596.

8. Eine Erhebung durch Umlage findet nur dann statt, wenn nach jedem einzelnen Brandfall oder in bestimmten Zeitabschnitten nach Maßgabe der eingetretenen Brandfälle der Schaden über die Versicherten vertheilt und der von jedem zu leistende Antheil eingezogen wird. Der Gegensatz gegen die Umlage bildet die Vorauserhebung fester Beiträge unter Vorbehalt späteren Ausgleichs. F.M.E. 7. 4. 97. III 3304.

Vgl. Tarifstelle „Leibrentenverträge". — — R.G. i. C.S. Bd. 24, S. 295 und Bd. 32, S. 305.

Lfd. Nr.	Gegenstand der Besteuerung	Steuersatz v. H.	M.	Pf.	Berechnung der Stempelabgabe
Noch 71.	Wenn jedoch die Verabredung über die Aufhebung oder Beseitigung des früheren Vertrages sich als eine in diesem Tarif besonders aufgeführte Verhandlung darstellt, so kommt derjenige Steuersatz zur Anwendung, welchem die Verabredung nach den Vorschriften dieses Tarifs unterliegt.				
	Der Finanzminister kann in besonderen Fällen den zu entrichtenden Werthstempel aus Billigkeitsrücksichten bis auf . ermäßigen;[2])	1/20	—	—	
	2. über sonstige vermögensrechtliche Gegenstände, wenn keine andere Tarifstelle zur Anwendung kommt[3] a–c)	—	1	50	
	Ein auf unbestimmte Zeit oder auf Kündigung abgeschlossener Vertrag gilt in Betreff der Stempelpflichtigkeit als ein auf ein Jahr abgeschlossener.				
	Befreiungen:				
	a) Lehrverträge,[4])				
	b) Verträge, durch welche Arbeits- und Dienstleistungen auf bestimmte oder unbestimmte Zeit gegen zu gewissen Zeiten wieder-				

Lfd. Nr.	Gegenstand der Besteuerung	Steuersatz v. H.	M.	Pf.	Berechnung der Stempelabgabe
Noch 71.	kehrendes Entgelt (Lohn, Gehalt und dergleichen) versprochen werden, wenn der Jahresbetrag der Gegenleistung 1500 Mark nicht übersteigt.				

Zu Tarif-No. 71.

1. War der frühere Vertrag nicht stempelpflichtig, so wird auch kein Stempel für die Wiederaufhebung gefordert. K.B. S. 87.

2. Bei gewissen Arten von Verträgen, insbesondere bei Verträgen über die Uebertragung des Eigenthums an Sachen gegen Entgelt, wie beim Kauf, wird sich die Wiederaufhebung in der Regel wieder durch einen Kauf — Rückkauf — vollziehen, so daß die zweimalige Entrichtung des Werthstempels erforderlich wird, wenn der Rechtszustand, wie er vor Abschluß des ersten Rechtsgeschäftes bestanden hat, wieder hergestellt werden soll. Für Fälle dieser Art, sowie überhaupt für den Fall, daß sich die Vereinbarung über die Wiederaufhebung eines Rechtsgeschäfts als eine einer besonderen Tarifstelle unterliegende Verhandlung darstellt, soll der Finanzminister ermächtigt werden, den gesetzlichen Werthstempel, wenn er höher ist als 1/20 v. H., auf diesen Steuersatz zu ermäßigen. Beschränkt sich die Verabredung über die Beseitigung des früheren Abkommens lediglich hierauf, so soll ein fester Stempel von nur 1,50 M. entrichtet werden. Mot. S. 58.

3a. Zu mehreren in der nämlichen Urkunde enthaltenen Vereinbarungen zwischen denselben Personen, welche unter keine andere Tarifvorschrift fallen, ist der allgemeine Vertragsstempel nur einmal zu erfordern. F.M.E. 21. 5. 97 III 3416.

3b. Kompromiß- und sonstige Nebenverträge in Kauf- oder Lieferungsverträgen über Mengen selbst erzeugter oder hergestellter Sachen sind stempelpflichtig; eine Ausnahme bilden diejenigen Kauf- und Lieferungsverträge der bezeichneten Art, welche unter Zugrundelegung von Börsenusancen und über börsenmäßige Waaren geschlossen werden. F.M.E. 13. 10. 96 III 14224.

3c. Die Pfandentlassung einzelner Theile eines Pfandgrundstückes und die Abgabe der Löschungsbewilligung seitens des Pfandgläubigers einerseits, der Löschungsantrag des Pfandschuldners und die Kostenübernahme seitens des letzteren andererseits stellen einen besonders stempelpflichtigen Vertrag ebenso dar wie die Zinsermäßigung seitens des Pfandgläubigers hinsichtlich einer Post unter Be-

Lfd. Nr.	Gegenstand der Besteuerung	Steuersatz v. H.	M.	Pf.	Berechnung der Stempelabgabe
72.	**Vokationen** der Geistlichen und Schullehrer, wie Bestallungen, s. diese.				
73.	**Vollmachten, Ermächtigungen und Aufträge** zur Vornahme von Geschäften rechtlicher Natur [1a-d]) für den Vollmachtgeber, wenn der Werth des Gegenstandes der Vollmacht [1e])				
	500 Mark nicht übersteigt . .	—	—	50	
	1 000 " " " . .	—	1	—	
	3 000 " " " . .	—	1	50	
	6 000 " " " . .	—	3	—	
	10 000 " " " . .	—	5	—	
	15 000 " " " . .	—	7	50	
	bei einem höheren Betrage . .	—	10	—	
	wenn die Vollmacht zur Vornahme aller oder gewisser Gattungen von Geschäften für den Vollmachtgeber ermächtigt (Generalvollmacht) und der Werth des Gegenstandes 50 000 Mark übersteigt	—	20	—	
	Steht der Bevollmächtigte in einem Dienstverhältnisse [2]) zu dem Vollmachtgeber, höchstens	—	1	50	

Noch zu Tarif-No. 71.

willigung der Löschung der Mehrzinsen einerseits und der Löschungsantrag und die Kostenübernahme seitens des Pfandschuldners andererseits. F.M.E. 29. 10. 97 III 13 389.

4 Die Befreiungsvorschrift bezieht sich auf die Annahme von Lehrlingen in Apotheken und in Handelsgeschäften. Mot. S. 59.

Vgl. § 12 lit. c. d. G. — Tarif: Pachtverträge, litt. b. Abs. 1, Werkverdingungsverträge Abs. 2.

Lfd. Nr.	Gegenstand der Besteuerung	Steuersatz v. H.	M.	Pf.	Berechnung der Stempelabgabe
Noch 73.	Wenn der Werth des Gegenstandes der Vollmacht nicht schätzbar ist,[3a, b.)] wenn es sich insbesondere um Vollmachten zur Ausübung des Stimmrechts in Gesellschaften aller Art handelt	—	1	50	
	Bei Prozeßvollmachten [3a-c)] treten an Stelle der Steuersätze des ersten Absatzes von 3, 5, 7,50, 10, die Steuersätze von 2, 3, 4, 5 Mark.				
	Schriftstücke, in welchen Jemand einem Dritten gegenüber erklärt, daß er einem Anderen die Vornahme einer Angelegenheit rechtlicher Natur aufgetragen habe, sind dem Stempel nicht unterworfen, sofern nicht die Verkehrssitte eine Vollmacht in diesen Fällen erfordert und durch das Schriftstück die förmliche Vollmacht ersetzt werden soll.				
	Zu Vollmachten, in denen mehrere, nicht in einer Erb- oder sonstigen Rechtsgemeinschaft stehende Personen einen Bevollmächtigten bestellen, ist der Vollmachtstempel so oft zu verwenden, als Vollmachtgeber vorhanden sind.[4)]				
	Wenn bei einer gerichtlichen oder notariellen Versteigerung durch die Kaufbedingungen oder durch beson-				

Lfd. Nr.	Gegenstand der Besteuerung	Steuersatz v. H.	M.	Pf.	Berechnung der Stempelabgabe
Noch 73.	dere Erklärungen bestimmte Personen bevollmächtigt werden, nach erfolgtem Zuschlage für die Versteiglasser oder für die Ansteigerer die Auflassungserklärung abzugeben und für die Ansteigerer die Eintragung der Steigpreise zu bewirken, so ist der Vollmachtstempel ohne Rücksicht auf die Anzahl der Betheiligten und der abzugebenden Erklärungen nur einmal in Ansatz zu bringen, sofern nach Inhalt des Protokolls die Vollmacht auf einen Zeitraum von längstens drei Tagen nach Ablauf des Tages, an welchem der Zuschlag erfolgt, beschränkt wird. Substitutionen[5]) bei einer Prozeßvollmacht, welche nicht in einer nach diesem Tarif einem besonderen Stempel unterliegenden Verhandlung ausgestellt werden, sind stempelfrei, sofern über die ursprüngliche Vollmacht eine vorschriftsmäßig versteuerte Urkunde vorhanden und dies entweder auf der Substitutionsvollmacht vermerkt ist, oder die ursprüngliche Vollmacht sich bei den Gerichtsakten befindet.				
	Bek. 15. B. c. u. 53. — Allg V. § 2. a.				

Zu Tarif-No. 73.

1a. Den Gegenstand der Vollmacht im Sinne der Tarifstelle bilden alle Geschäfte rechtlicher Natur ohne Beschränkung auf das privatrechtliche Gebiet. Mot. S. 59.

1b. Ob die Geschäfte, in Betreff deren der Bevollmächtigte den Machtgeber zu vertreten hat, privatrechtlicher Natur sind, oder sich auf öffentlich-rechtliche Verhältnisse beziehen, ist für die Stempelfrage ohne Bedeutung; es sind deshalb auch stempelpflichtig die im Verwaltungsstreitverfahren von den Parteien, auch wenn diese öffentliche Behörden sind, ausgefertigten Vollmachten. Der § 102 des Landesverwaltungsges. v. 30. 7. 83 bezieht sich auf die in diesem Verfahren überreichten Vollmachtsurkunden nicht. R.G.E. 30. 1. 96 J.W.Schr. 1896 S. 276.

1c. Die Urkunde, in der der Kassirer des Kriegervereins zu dessen Vertretung auf dem Delegirtentage beauftragt wird, ist eine Vollmacht zur Vornahme von Geschäften rechtlicher Natur für den Vollmachtgeber. R.G.E. 22. 10. 97. J.W.Schr. S. 618.

1d. Ueber die Verwendung des Vollmachtsstempels in dem Verwaltungsstreitverfahren vergl. den Erlaß vom $\frac{26.\ \text{Juni}}{14.\ \text{Juli}}$ 1896 $\frac{\text{M. d. J. I. A. 6283}}{\text{F.M. III 9488}}$. C.Bl. S. 535.

1e. Bei Vollmachten für Nachlaßregulirungen ist der aliquote Antheil des Vollmachtgebers als Objekt anzunehmen. F.M.E. 18. 10. 97 III 13105.

2. Urkunden, durch welche der Magistrat einen seiner Angestellten mit der Vertretung in einem Verwaltungsstreitverfahren betraut, fallen unter diese Tarifstelle. F.M.E. 26. 6. 97 III 7277.

2a. Der Gegenstand der Vollmacht ist auch dann unschätzbar, wenn der Aussteller noch kein Vermögen besitzt, sondern solches nur zu erwarten hat. 14 KS. S. 9.

2b. Nicht schätzbar z. B. ist der Werth des Gegenstandes bei Postvollmachten. F.M.E. 21. 5. 97 III 7277.

3a. Eine von einem Ausländer im Ausland ausgestellte Vollmacht zur Prozeßführung vor einem inländischen Gericht ist stempelpflichtig. Kammerg. 1. 2. 97. C.Bl. S. 155.

3b. Der einer armen Partei gestundete Stempel für die Prozeßvollmacht ist von dem in die Prozeßkosten verurtheilten Gegner einzuziehen. J.M.E. 11. 5. 97 I 1977.

3c. Es ist unzulässig, bei nachträglicher Entziehung des Armenrechts den zu erhebenden Vollmachtsstempel von dem Armenanwalt zu erfordern. Beschl. des Kammerg. 26. 10. 96.

4. Wenn eine Person mehrere Bevollmächtigte bestellt, so ist der Vollmachtsstempel nur einmal zu nehmen. A.H. S. 2365.

Lfd. Nr.	Gegenstand der Besteuerung	Steuersatz v. H.	M.	Pf.	Berechnung der Stempelabgabe
74.	**Vorrechtseinräumungen**[1]) (Prioritätscessionen)	—	1	50	
75.	**Werkverdingungsverträge**,[1]) inhalts deren der Uebernehmer auch das Material für das übernommene Werk ganz oder theilweise anzuschaffen hat, sind, falls letzteres in der Herstellung beweglicher Sachen besteht, wie Lieferungsverträge unter Zugrundelegung des für das Werk bedungenen Gesammtpreises zu versteuern. Handelt es sich bei dem verbungenen Werk um eine nicht bewegliche Sache, so ist der Werkverdingungsvertrag so zu versteuern, als wenn über die zu dem Werk erforderlichen, von dem Unternehmer anzuschaffenden beweglichen Gegenstände in demjenigen Zustande, in welchem sie mit dem Grund und				

Noch zu Tarif-No. 73.

5. Substitutionsvollmachten unterliegen dem tarifmäßigen Stempel, sofern nicht die Ausnahme im letzten Absatz zutrifft. F.M.E. 20. 10. 96 III 14407.

Vgl. §§ 1 Abs. 3, 4, letzter Absatz d. G. — — R.G. i. C.S. Bd. 25, S. 222. — — §§ 5, 147 A.L.R. I. 13. — § 84 C.P.O. — §§ 30, 31, 38 Pr.G.K.G.

Zu Tarif-No. 74.

1. Als Objekt bei Vorrechtseinräumungen ist der geringste der drei zwischen den beiden Forderungen und dem belasteten Grundstück bestehenden Werthe anzusehen. F.M.E. 15. 6. 97 III 5698.

Vgl. R.G. i. C.S. Bd. 27, S. 285.

Lfd. Nr.	Gegenstand der Besteuerung	Steuersatz v. H.	M	Pf.	Berechnung der Stempelabgabe
Noch 75.	Boden in dauernde Verbindung gebracht werden sollen, ein dem Steuersatz der Tarifstelle „Kauf- und Tauschverträge" Buchstabe c oder der Ziffer 3 der „Ermäßigungen und Befreiungen" dieser Tarifstelle unterliegender Lieferungsvertrag und außerdem hinsichtlich des Werthes der Arbeitsleistung ein dem Steuersatz der Tarifstelle „Verträge" Ziffer 2 unterworfener Arbeitsvertrag abgeschlossen wäre. Die Vorschrift des §. 10 dieses Gesetzes findet entsprechende Anwendung dergestalt, daß, insoweit eine Trennung des Gesammtpreises nicht vorgenommen ist, der höchste Steuersatz zu entrichten ist.				
76.	**Wiederaufhebung** von Verträgen, s. Verträge, Ziffer 1.				
77.	**Zeugnisse, amtliche in Privatsachen,** [1]) innerhalb der Zuständigkeit [2 a. b.]) der ausstellenden Behörde oder des ausstellenden Beamten ertheilte . . . . *Bek. 14. C. 1. d. u. 2. l.*	—	1	50	

Zu Tarif-No. 75.

1. Erreicht bei Werkverdingungen über nicht bewegliche Sachen weder der Lieferungsvertrag, noch der Arbeitsvertrag stempelpflichtige Höhe, so ist er überhaupt nicht stempelpflichtig, weil eine Zusammenrechnung beider Objekte nicht stattfindet. F.M.E. 5. 9. 97 III 11257.

Lfd. Nr.	Gegenstand der Besteuerung	Steuersatz v. H.	M.	Pf.	Berechnung der Stempelabgabe
Noch 77.	Beurkundungen der Gerichtsvollzieher nach §. 17 der Hinterlegungsordnung vom 14. März 1879 (Gesetz-Samml. S. 249)*)	—	—	50	
	D. V. 7 a. 53.				
	Befreit sind:				
	a) Zeugnisse, auf Grund deren ein anderes amtliches Zeugniß oder ein Paß (Reise- oder Leichenpaß, Paßkarte) ausgestellt werden soll;				
	Allg. V. § 10 letzter Abs.				
	b) Zeugnisse aller Art, welche von Geistlichen in Bezug auf kirchliche Handlungen ertheilt werden, insbesondere Geburts-, Tauf-, Aufgebots-, Ehe-, Trau-, Todten- und Beerdigungsscheine;				

*) Die betreffende Bestimmung der Hinterl.-O. lautet:

§ 17. Die Gerichtsvollzieher sind zuständig, die Aufgabe des Geldes zur Post zu beurkunden.

Die Urkunde soll enthalten:

1) die Angabe, zu welcher Zeit, unter welcher Adresse und bei welcher Postanstalt die Sendung aufgegeben ist;
2) die Bezeichnung der Art des Verschlusses und der Verpackung des Geldes;
3) die Bezeichnung der Summe und der Gattungen desselben;
4) eine Abschrift der in Gemässheit der §§ 14, 15 der Hinterlegungsstelle eingesandten Erklärung;
5) die Unterschrift des Gerichtsvollziehers.

Lfd. Nr.	Gegenstand der Besteuerung	Steuersatz v. H.	M.	Pf.	Berechnung der Stempelabgabe
Noch 77.	c) Zeugnisse, welche zum Nachweise der Berechtigung zum Genusse von Wohlthaten, Stiftungen und anderen Bezügen für hülfsbedürftige Personen dienen sollen oder welche wegen Zahlung von Wartegeldern, Pensionen, Unterstützungsgeldern, Krankengeldern, Beerdigungskosten, Wittwen- und Waisengeldern und ähnlichen Kosten und Geldern als Rechnungsbeläge bei öffentlichen oder privaten Kassen und Anstalten eingereicht werden müssen; *Allg. V. § 10 letzter Abs.* d) Führungszeugnisse, insoweit sie nicht zur Erlangung der in den Tarifstellen „Erlaubnißertheilungen" und „Lustbarkeiten" aufgeführten Genehmigungen u. s. w. erforderlich sind. Den Führungszeugnissen stehen gleich Zeugnisse über geleistete Arbeiten in Anstalten, welche von unmittelbaren oder mittelbaren Staatsbehörden betrieben werden; **e) Beglaubigungen von Unterschriften[3]) unter Anträgen und Verhandlungen, die nach ihrem Inhalt[4]) ausschließlich zu einer Eintragung oder Löschung in öffentlichen, das**				

Lfd. Nr.	Gegenstand der Besteuerung	Steuersatz v. H.	M.	Pf.	Berechnung der Stempelabgabe
Noch 77.	Eigenthum und die Belastung von Grundstücken und selbstständigen Gerechtigkeiten feststellenden Büchern [5]) erforderlich sind, sowie die mit solchen Beglaubigungen verbundenen Zeugnisse über die Vertretungsbefugniß der Betheiligten;				
	f) Beglaubigungen von Unterschriften der Gesuche um Auszahlung hinterlegter Gelder nach §. 25 Absatz 2 der Hinterlegungsordnung vom 14. März 1879 (Gesetz-Samml. S. 249).*)				
	In den unter a und c bezeichneten Fällen tritt die Stempelfreiheit nur dann ein, wenn der dieselbe begründende Zweck aus der Urkunde hervorgeht. Wird von den Attesten				

*) Die betreffende Bestimmung der Hinterl.-O. lautet:

§ 25. Innerhalb des Gebiets des Deutschen Reichs geschieht, wenn der Berechtigte in dem Gesuche um Auszahlung es beantragt und soweit die Posteinrichtungen es gestatten, die Uebersendung des Betrages durch die Post. Kann die Uebersendung mittels einer Postanweisung geschehen, so ist sie auf diesem Wege zu bewirken.

Uebersteigt der zu übersendende Betrag die Summe von dreitausend Mark, so darf die Uebersendung durch die Post nur geschehen, wenn die Unterschrift des Berechtigten durch eine zur öffentlichen Beglaubigung von Unterschriften zuständige Behörde oder Urkundsperson beglaubigt ist. Der Aufnahme eines Protokolls über die Beglaubigung und der Zuziehung von Zeugen bedarf es nicht.

Lfd. Nr.	Gegenstand der Besteuerung	Steuersatz v. H.	M.	Pf.	Berechnung der Stempelabgabe
Noch 77.	zu anderen Zwecken nachträglich Gebrauch gemacht, so ist der Stempel nachzuverwenden. *D. V. 53. — Allg. V. § 50 letzter Abs.*				
78.	**Zuschlagsbescheide**, wie Kaufverträge, s. diese.				

Zu Tarif-No. 77.

1. Auch diejenigen Zeugnisse sollen von der Stempelpflicht umfaßt werden, deren Ausstellung zum Theil aus Gründen des öffentlichen Wohles, zum Theil im Interesse Privater veranlaßt worden ist. Mot. S. 61.

2a. Die Tarifstelle soll nur auf solche Atteste Bezug haben, durch welche Thatsachen und Umstände von der „zuständigen" Behörde oder dem „zuständigen" Beamten bescheinigt werden. K.B. S. 92.

10	8	43,5	31	18	29,0
11	9	11,1	32	18	58,9
12	9	76,0	33	18	87,4
13	10	38,5	34	19	14,8
14	10	98,6	35	19	41,1
15	11	56,3	36	19	66,5

3. Die Tarifstelle 77 litt. b bezieht sich nur auf Unterschriftsbeglaubigungen, so daß z. B. vom Notar gefertigte beglaubigte Abschriften von Erbbescheinigungen und Generalvollmachten, selbst nur zum Zweck einer Löschung im Grundbuch, nach Tarifstelle 1 stempelpflichtig sind. F.M.E. 4. 5. 97 III 5431.

4. **Wird dem beglaubigenden Notar nicht die Einsicht der Urkunde zur Feststellung etwaiger Stempelfreiheit gewährt, so hat er in allen Fällen den Beglaubigungsstempel zu verwenden; wird die Beglaubigung stempelfrei ertheilt, so muß der Notar den Befreiungsgrund in seinen Akten vermerken, und zwar derart, daß eine Nachprüfung**

Noch zu Tarif-No. 77.

der Frage der Stempelfreiheit möglich ist; hierbei genügt die bloße Bezeichnung „Grundbuchsache“ nicht. J.M.E. 21. 6. 97 I 2766. C.Bl. S. 277.

5. Dient die unterschriftlich beglaubigte Urkunde zur Eintragung oder Löschung in einem außerpreußischen Grundbuch, so ist die Beglaubigung stempelpflichtig. Beschl. des Kammerger. v. 23. 11. 96.

6. Das mit dem Revisionsvermerk des Revierbeamten versehene und dem Muthenden zurückgegebene Duplikat der Muthung ist stempelpflichtig, weil sich der Präsentationsvermerk der Behörde als amtliches Zeugniß darstellt (Berg-Ges. § 33). A.H. S. 2366.

Vgl. § 1, Abs. 2 d. G. — Tarif: Auszüge Abs. 1, Kaufverträge Ermäßigungen Ziffer 4. — — R.G. in Str.S. Bd. 18, S. 249 ff.

Tabelle

über

den gegenwärtigen Kapitalwerth einer Rente oder Nutzung im Werthe von 1 Mark auf eine bestimmte Anzahl von Jahren behufs Berechnung der davon zu entrichtenden Stempelsteuer.

(Zu § 6 des Gesetzes.)

Anzahl der Jahre	Kapitalwerth M.	Kapitalwerth Pf.	Anzahl der Jahre	Kapitalwerth M.	Kapitalwerth Pf.
1	1	0,0	22	15	02,9
2	1	96,2	23	15	45,1
3	2	88,6	24	15	85,7
4	3	77,5	25	16	24,7
5	4	63,0	26	16	62,2
6	5	45,1	27	16	98,3
7	6	24,2	28	17	33,0
8	7	00,2	29	17	66,3
9	7	73,3	30	17	98,4
10	8	43,5	31	18	29,0
11	9	11,1	32	18	58,9
12	9	76,0	33	18	87,4
13	10	38,5	34	19	14,8
14	10	98,6	35	19	41,1
15	11	56,3	36	19	66,5
16	12	11,8	37	19	90,8
17	12	65,2	38	20	14,3
18	13	16,6	39	20	36,8
19	13	65,9	40	20	58,5
20	14	13,4	41	20	79,3
21	14	59,0	42	20	99,3

Tabelle

über

den gegenwärtigen Kapitalwerth einer Rente oder Nutzung im Werthe von 1 Mark auf eine bestimmte Anzahl von Jahren behufs Berechnung der davon zu entrichtenden Stempelsteuer.

(Zu § 6 des Gesetzes.)

Anzahl der Jahre	Kapitalwerth		Anzahl der Jahre	Kapitalwerth	
	M.	Pf.		M.	Pf.
43	21	18,6	64	23	88,7
44	21	37,1	65	23	96,9
45	21	54,9	66	24	04,7
46	21	72,0	67	24	12,2
47	21	88,5	68	24	19,4
48	22	04,3	69	24	26,4
49	22	19,5	70	24	33,0
50	22	34,2	71	24	39,5
51	22	48,2	72	24	45,6
52	22	61,8	73	24	51,6
53	22	74,8	74	24	57,3
54	22	87,3	75	24	62,8
55	22	99,3	76	24	68,0
56	23	10,9	77	24	73,1
57	23	22,0	78	24	78,0
58	23	32,7	79	24	82,7
59	23	43,0	80	24	87,2
60	23	52,8	81	24	91,5
61	23	62,4	82	24	95,7
62	23	71,5	83	24	99,7
63	23	80,3	84 und mehr.	25	00,0

A. Bekanntmachung
betreffend
die Ausführung des Stempelsteuergesetzes.

Vom 13. Februar 1896.
(Centr.Bl. S. 53 ff.)

Zur Ausführung des am 1. April 1896 in Kraft tretenden Stempelsteuergesetzes vom 31. Juli 1895 (Gesetz-Samml. S. 413) wird vom Finanz-Minister im Einverständniß mit den Ministern für Handel und Gewerbe, der öffentlichen Arbeiten, der geistlichen, Unterrichts- und Medizinal-Angelegenheiten, der Justiz und des Innern Folgendes bestimmt:*)

I. Abschnitt.

Von der Pflicht zur Entrichtung der Stempelsteuer.

Zu § 5 des Gesetzes.

1) Ueber die Zulässigkeit der im zweiten und dritten Absatz erwähnten Stempelsteuerbefreiungen entscheidet der Finanz-Minister.

*) Anmerkung: Die Bestimmungen, betreffend das gerichtliche Stempelwesen, welches in einer besonderen allgemeinen Verfügung des Finanz-Ministers und des Justiz-Ministers geregelt ist, sind hier nur insoweit aufgenommen, als sie sich auf Auflassungen (Tarifstelle 8 des Gesetzes) und auf Eintragungsanträge (Tarifstelle 2 Absatz 4 bis 8 und Tarifstelle 58 III des Gesetzes) beziehen.

Zu § 6 des Gesetzes.

2) Wegen der Stempelerstattungen des zweiten Absatzes kommt die Ziffer 18 Absatz 1 dieser Bekanntmachung zur Anwendung.

3) Die in einer anderen, als der Reichswährung ausgedrückten Summen werden nach den für die Erhebung des Wechselstempels vom Bundesrath festgesetzten Mittelwerthen umgerechnet.*)

---

*) Anmerkung: Gegenwärtig sind folgende Mittelwerthe zu Grunde zu legen:

1	süddeutscher Gulden sowie ein Gulden niederländischer Währung . . .	1,70	M.
1	Mark Banko	1,50	„
1	österreichischer Gulden Gold . . .	2,00	„
1	österreichischer Gulden Silber oder Papier	1,70	„
1	österreichische Krone	0,85	„
1	Pfd. Sterling	20,40	„
1	Frank, Lira, finnische Mark, spanische Peseta Gold	0,80	„
1	spanischer Piaster	4,00	„
100	spanische Realen	21,00	„
1	portugiesischer Milreis	4,50	„
1	türkischer Piaster	0,18	„
1	rumänischer Piaster	0,30	„
1	rumänischer Leu	0,80	„
1	polnischer Gulden	0,33	„
1	russischer Silberrubel	2,25	„
1	russischer Goldrubel	3,20	„
100	schwedische, norwegische od. dänische Kronen	112,50	„
1	dänischer Rigsdaler	2,25	„
1	schwedischer Riksdaler	1,125	„
1	Spezies Riksdaler	4,50	„
1	amerikanischer Dollar	4,25	„

Zu § 7 des Gesetzes.

4) Wenn der Werth des Gegenstands einer Urkunde sich nach dem Lebensalter einer Person berechnet, so sind die die Versteuerung vornehmenden Behörden und Beamten einschließlich der Notare verpflichtet, die Betheiligten über das Lebensalter zu befragen und dasselbe, falls sie eine genügende Auskunft erlangen können, auf der Urkunde zu vermerken.

5) Die Festsetzung und Einziehung der Ordnungsstrafen des zweiten Absatzes erfolgt nach fruchtloser Androhung im Wege der Verfügung durch die Hauptämter. In denjenigen Fällen, in denen das Ermittelungsverfahren vor den Stempelsteuerämtern schwebt, setzen diese die Ordnungsstrafen fest und überweisen sie den Hauptämtern zur Einziehung. Die im § 15 des Gesetzes erwähnten Behörden und Beamten haben unter Mittheilung der Verhandlungen das zuständige Hauptamt um Festsetzung der Ordnungsstrafen zu ersuchen. Sie sind von dem Ergebniß durch die Hauptämter zu benachrichtigen.

Gegen die Straffestsetzungen findet Beschwerde an den Provinzial-Steuer-Direktor statt.

6) Bei der Ermittelung der für die Berechnung der Stempelsteuer erforderlichen Grundlagen ist die Entstehung von Kosten thunlichst zu vermeiden.

7) Die Bestimmung über die Aussetzung der Zahlung des streitig gebliebenen Stempels infolge Beschreitung des Rechtsweges findet nur Anwendung auf diejenigen Beträge, welche wegen Meinungsverschiedenheiten zwischen den Steuerbehörden und Steuerpflichtigen über die Höhe

des Werths des Gegenstandes streitig geblieben sind, nicht aber auf diejenigen Stempelbeträge, welche streitig sind, weil die Steuerpflichtigen ihre rechtliche Verpflichtung zur Zahlung überhaupt bestreiten.

Die Aussetzung der Einziehung des Stempels hat zur Voraussetzung, daß die Steuerpflichtigen die Zustellung der Klage überzeugend nachweisen.

Zu § 8 des Gesetzes.

8) Eine Aussetzung der Versteuerung wegen Unbestimmtheit des Werths des Gegenstandes ist dann nicht zulässig, wenn es möglich ist, den Werth des Gegenstandes des Geschäfts, wenn auch nur annähernd, sogleich festzustellen. Nur wenn ein Geschäft seinem Inhalt nach so unbestimmt ist, daß sich der Werth desselben auch nicht annähernd schätzen läßt, ist die Erhebung des Stempels bis zur erfolgten Ausführung des Geschäfts auszusetzen oder wenn es sich um fortlaufende oder zu gewissen Zeiten wiederkehrende Leistungen handelt, von Zeit zu Zeit — etwa alljährlich — vorzunehmen. Die Berechnung des Stempels bei Urkunden über Geschäfte der letzteren Art richtet sich nach dem Gesammtwerthe des Gegenstandes, dergestalt, daß auch die bei Vornahme der einzelnen Versteuerungen 150 M. oder weniger betragenden Werthe nicht außer Betracht bleiben dürfen, sondern den bereits versteuerten Werthen behufs der Nachversteuerung hinzuzurechnen sind. Wenn beispielsweise bei einem Lieferungsvertrage der nach Ablauf des ersten Vertragsjahres auf 450 M. festgestellte Lieferungspreis mit 1/3 v. H., also mit 1,50 M. versteuert worden

ist und sich nach Ablauf des zweiten Vertragsjahres ein Preis von 150 M. ergiebt, so sind diese 150 M. nicht steuerfrei, sondern sie unterliegen einem Stempel von 50 Pf., weil der stempelpflichtige Gesammtpreis am Schluß des zweiten Jahres 600 M. (450 + 150 M.) und der davon zu entrichtende Stempel 2 M. beträgt.

Zu Urkunden, aus welchen ein bestimmter Werth sogleich ersichtlich ist, in denen aber außerdem Leistungen von unbestimmten, erst später schätzbaren Werthen ausbedungen sind, ist der Stempel von dem ersichtlichen Werthe sogleich zu verwenden, die Beibringung des übrigen Stempels aber nach der Vorschrift des vorhergehenden Absatzes zu bewirken.

Unmittelbare oder mittelbare Staatsbehörden sind hinsichtlich der von ihnen mit Privatpersonen abgeschlossenen Verträge, bei denen der Werth des Gegenstandes unbestimmt ist, von der Pflicht zur Vorlegung an die Steuerbehörde entbunden und befugt, die Versteuerung dieser Urkunden ohne Mitwirkung der Steuerbehörden vorzunehmen.

Zu § 10 des Gesetzes.

9) **Wenn bei Rechtsgeschäften über mehrere, verschiedenen Steuersätzen unterliegende Gegenstände in der Urkunde das Entgelt ohne Angabe der Einzelwerthe ungetrennt in einer Summe oder Leistung verabredet ist** (also beispielsweise in einer den Verkauf eines Grundstücks nebst Beilaß enthaltenden Kaufurkunde nicht besondere Werthe für das Grundstück und den Beilaß angegeben sind oder ein Werkverdingungsvertrag nichts

darüber enthält, wieviel von dem bedungenen Gesammtpreise auf den Materialienwerth und wieviel auf Arbeitsvergütung entfällt), so haben die Steuerbehörden die Werthe der einzelnen Gegenstände auf der Urkunde zu vermerken, sofern es von den Urkundenausstellern oder einem derselben oder deren Vertretern oder Bevollmächtigten bei der Versteuerung verlangt wird und die im § 16 des Gesetzes angegebenen Fristen noch nicht abgelaufen sind. Der bezügliche Vermerk ist von dem Antragsteller zu unterschreiben und von dem aufnehmenden Beamten mit dem Datum, der Bezeichnung der Amtsstelle und seiner Namensunterschrift zu versehen.

Geben die gemachten Werthangaben bezüglich ihrer Richtigkeit zu Bedenken Anlaß, so hat die Steuerbehörde aus der Vertragsurkunde einen Auszug, soweit er für die Stempelpflichtigkeit von Belang ist oder auch nur einen Vermerk zu den Akten zu fertigen und demnächst das Erforderliche wegen Ermittelung und Versteuerung des wirklichen Werths nach den Vorschriften des § 7 des Gesetzes zu veranlassen.

II. Abschnitt.

Von der Erfüllung der Stempelpflicht und den Folgen der Nichterfüllung.

Zu §§ 14 und 15 des Gesetzes.

10) Der Verkauf von Stempelmaterialien (Stempelpapier, Stempelmarken, Stempeldruckformularen, Stempeldruckbogen) erfolgt durch die Amtsstellen der Verwaltung der indirekten Steuern, nämlich die Haupt-

Steuer- und Haupt-Zollämter und die diesen nachgeordneten Neben-Zoll- und Steuerämter (Unterämter). Außerdem sind zum Verkauf die Stempelvertheiler befugt, jedoch nur innerhalb der in ihren Anstellungsverfügungen vorgeschriebenen Erhebungsgrenzen. Diese Steuerstellen — die Stempelvertheiler indessen nur in den ihnen gestatteten Grenzen — sind ferner verpflichtet, zu schriftlichen Urkunden jeder Art je nach den Wünschen der Steuerpflichtigen das erforderliche Stempelpapier oder statt desselben Stempelmarken in entsprechendem Werthe nach der Vorschrift der Ziffer 15 A I und II Nr. 1 dieser Bekanntmachung zu entwerthen.

Außer den in dem vorhergehenden Absatz bezeichneten Steuerstellen sind alle anderen Behörden und Beamte einschließlich der Notare verpflichtet, zu den von ihnen aufgenommenen Verhandlungen, ertheilten Ausfertigungen u. s. w. das erforderliche Stempelpapier oder die erforderlichen Marken nach der Vorschrift der Ziffer 15 A I und II Nr. 2 bis 4 dieser Bekanntmachung zu entwerthen. Schiedsmänner sind zur Entwerthung von Stempelpapier und Stempelmarken befugt, ohne für die Richtigkeit der Stempelberechnung verantwortlich zu sein.

In gewissen Fällen (vergl. Ziffer 15 B dieser Bekanntmachung) ist es auch Privatpersonen, Gesellschaften, Genossenschaften u. s. w. gestattet, Stempelmarken bis zu einem bestimmten Betrage ohne amtliche Ueberwachung zu entwerthen.

11) Die Haupt- und Unterämter sowie die Stempelvertheiler haben sich der Prüfung der ihnen zur Versteuerung vorgelegten Urkunden hinsichtlich ihrer Stempelpflichtigkeit zu unterziehen und danach den Stempel zu berechnen und zu entwerthen und zwar ohne Rücksicht darauf, ob die Steuerpflichtigen bezw. die die Urkunde Vorlegenden eine Prüfung verlangen oder nicht. Wenn die Prüfung unterbleiben muß, weil der Vorleger der Urkunde die Einsichtnahme nicht gestattet, so ist die Weigerung durch die Worte „Einsicht der Urkunde verweigert" auf der Urkunde ersichtlich zu machen. Entstehen über die Rechtmäßigkeit der Stempelforderung oder die Höhe des Stempels bei der die Entwerthung vornehmenden Steuerstelle Zweifel, so hat sie den nach ihrer Ansicht zum mindesten erforderlichen Stempel zu erheben und zu entwerthen und demnächst die Entscheidung des vorgesetzten Hauptamts bezw. des zuständigen Stempelsteueramts darüber einzuholen, ob der berechnete Betrag der richtige oder welcher andere Betrag zu verbrauchen sei. Hat nach dieser Entscheidung eine Ueberhebung von Stempelgebühren stattgefunden, so ist die Erstattung des zuviel geforderten Betrags von Amtswegen zu veranlassen, während zu wenig entrichtete Stempel einzuziehen und nachträglich zu entwerthen sind, ohne daß bei inzwischen erfolgter Ueberschreitung der gesetzlichen Stempelverwendungsfristen ein Strafverfahren eingeleitet wird.

12) Werden Urkunden, welche in einer anderen Sprache als der deutschen abgefaßt sind, zur Versteue-

rung vorgelegt, so ist die Versteuerung durch denjenigen Beamten, welcher der betreffenden Sprache mächtig ist, zu bewirken. Ist ein solcher Beamter bei der Steuerbehörde, welche die Verstempelung vorzunehmen hat, nicht vorhanden und entstehen hinsichtlich der Richtigkeit der Angaben der Steuerpflichtigen über den Urkundeninhalt Bedenken, so ist die Urkunde oder eine von der Steuerbehörde zu fertigende Abschrift derselben an den Provinzial-Steuer-Direktor einzureichen. Letzterer läßt durch einen Beamten seines Verwaltungsbezirks, welcher der Sprache, in welcher die Urkunde abgefaßt ist, mächtig ist, eine Uebersetzung fertigen und auf Grund dieser Uebersetzung den erforderlichen Stempel einziehen. Fehlt es an einem solchen Beamten, so kann die Uebersetzung, sofern es sich um Urkunden handelt, welche im steuerlichen Interesse von Wichtigkeit sind, auch anderweitig auf Kosten der Steuerverwaltung beschafft werden.

13) Die nach den bisherigen Vorschriften angefertigten und bis zum 1. April 1896 in Gebrauch befindlichen Stempelwerthzeichen (mit Ausnahme der gestempelten Formulare zu Reisepässen und zu Befähigungs- und Prüfungszeugnissen für Seeschiffer, Seesteuerleute und Maschinisten auf Seedampfschiffen) treten mit diesem Tage außer Gebrauch. Der Umtausch dieser Stempelmaterialien ist bis zum 1. April 1897 zulässig und erfolgt nach der in der Ziffer 17 dieser Bekanntmachung enthaltenen Bestimmung.

Die Provinzial-Steuer-Direktoren haben das Publikum auf die den Umtausch der am 1. April 1896 außer

Gebrauch tretenden Stempelmaterialien betreffenden Bestimmungen durch Bekanntmachung in den öffentlichen Blättern rechtzeitig aufmerksam zu machen.

14) Vom 1. April 1896 ab werden die nachstehend bezeichneten Stempelmaterialien in folgenden Sorten zum Verkauf gestellt bezw. abgestempelt:

A. Stempelpapier.

Der Bogen zum Preise von — M. 50 Pf.; 1 M.; 1 M. 50 Pf.; 2 M.; 2 M. 50 Pf.; 3 M.; 3 M. 50 Pf.; 4 M.; 4 M. 50 Pf.; 5 M.; 6 M.; 10 M.; 15 M.; 20 M.; 25 M.; 30 M.; 40 M.; 50 M.; 60 M.; 70 M.; 80 M.; 90 M.; 100 M.; 150 M.; 200 M.; 300 M.; 400 M.; 500 M.; 600 M.; 700 M.; 800 M.; 900 M. und 1000 M.

Stempelbogen zum Preise von mehr als 1000 M. werden auf besonderen schriftlichen Antrag von den Haupt-Steuer- und Haupt-Zollämtern ausgefertigt. Solche Bogen sind mit folgendem Ausfertigungsvermerk zu versehen:

Nr. . . . . . .

Gültig über . . . . M. . . . Pf. Stempel
buchstäblich

. . . .

. . . .

Ort und Datum (Tag, Monat, Jahr in Buchstaben).
Das Haupt-Steuer- (Haupt-Zoll-) Amt.
Schwarzstempel. Unterschrift.

B. Stempelmarken.

Das Stück zum Preise von 10 Pf.; 20 Pf.; 50 Pf.; 1 M.; 1½ M.; 2 M.; 2½ M.; 3 M.; 3½ M.; 4 M.; 4½ M.; 5 M.; 6 M.; 10 M.; 15 M.; 20 M.; 25 M.; 50 M.; 100 M.

C. Stempeldruckformulare und -Bogen.

1) Nachstehende nur mit einem preußischen Werthstempel (kleineren Formats) in Schwarzdruck versehene Stempeldruckformulare bezw. -Bogen werden von den Haupt-Steuer- und Haupt-Zollämtern, den Steuer- und Neben-Zollämtern zum Verkauf gestellt:

a. zu Gewerbelegitimationskarten das Stück zum Preise von 1 M. (Tarifstelle 26);

b. zu Pässen zu Reisen das Stück zum Preise von 1½ M. und ½ M. (Tarifstelle 49);

c. zu Paßkarten das Stück zum Preise von 1½ M. und ½ M. (Tarifstelle 49);

d. zu Befähigungs- und Prüfungszeugnissen für Seeschiffer, Seesteuerleute und Maschinisten auf Seedampfschiffen das Stück zum Preise von 1½ M. (Tarifstelle 77).

Außerdem werden zu Genehmigungen der Veranstaltung von Lustbarkeiten in der vorgedachten Art abgestempelte und mit dem Vordruck „Genehmigung zur Veranstaltung einer Lustbarkeit" versehene Bogen und zu Genehmigungen der Veranstaltung von Tanzlustbarkeiten in gleicher Weise abgestempelte Bogen mit folgendem Aufdruck:

Genehmigung zur Veranstaltung einer Tanzlustbarkeit.

..... den .. ten ..... 18 ..

Dem Gastwirth ... wird auf das Gesuch vom ... hierdurch die polizeiliche Genehmigung ertheilt, in seinem Lokale ... am ... ten .. 18 .. von .. Uhr Nachmittags bis .. Uhr Nachts eine öffentliche Tanzlustbarkeit zu veranstalten.

An Lustbarkeitssteuer sind .. M. .. Pf. vor Beginn der Lustbarkeit an die .. Kasse zu zahlen.

das Stück zum Preise von 1½ M. und ½ M. von den bezeichneten Steuerbehörden und auch von den Stempelvertheilern zum Verkauf gestellt (Tarifstelle 39). Die Bogen zum Preise von ½ M. enthalten außerdem einen Vordruck für die Gründe, aus denen sich die Versteuerung mit nur 50 Pf. rechtfertigt.

Die Versteuerung der vorbezeichneten Schriftstücke hat ausschließlich durch die Verwendung von abgestempelten Formularen und Bogen zu erfolgen, dergestalt, daß die Verwendung von Stempelpapier und Stempelmarken nicht zuläſſig ist.

2) Auf Ansuchen von Behörden, Gewerkschaften, Versicherungsgesellschaften und ähnlichen Privatunternehmungen werden gedruckte Formulare oder auch beschriebene Bogen bei dem Haupt-Stempelmagazin gestempelt.

Abgestempelt können insbesondere folgende Schriftstücke werden:

a. Bestallungen (Tarifstelle 12);

b. Approbationen (Tarifstelle 22b);

c. Genehmigungen zur Anlegung von Dampfkesseln oder Aenderung der Dampfkesselanlagen sowie

Bewilligungen von Fristverlängerungen und Fristungen (Tarifstelle 22e);

d. Erlaubnißertheilungen zum Betrieb des Pfandleihgeschäfts (Tarifstelle 22f);

e. Genehmigungen zum Gewerbebetrieb der Auswanderungsunternehmer und Agenten auf die Dauer eines Jahres, sowie Verlängerungen dieser Genehmigungen (Tarifstelle 22i Abs. 2);

f. Kurscheine (Tarifstelle 34);

g. Urkunden über die Bestätigung oder Anstellung vereidigter Mäkler (Tarifstelle 40);

h. Naturalisationsurkunden (Tarifstelle 43);

i. Offizierpatente (Tarifstelle 47);

k. Pässe zum Transport von Leichen (Tarifstelle 4[illegible] Abs. 3 und 4);

l. amtliche Zeugnisse in Privatsachen, Prüfungszeugnisse u. s. w. (Tarifstelle 77).

Die Stempelung der Formulare ꝛc. erfolgt durch Aufdruck des preußischen Werthstempels in Schwarzdruck und des Borussia-Trockenstempels, jedoch ohne den für das weiße Stempelpapier vorgeschriebenen farbigen Unterdruck.

Anträge auf Stempelung sind unter Einzahlung des Steuerbetrags und Beifügung der abzustempelnden Formulare ꝛc. an das Hauptamt des Bezirks mittels einer in doppelter Ausfertigung einzureichenden Anmeldung zu richten. Handelt es sich um die Stempelung gedruckter Formulare, so ist für je 20 Stück derselben ein überschüssiges Stück als Ersatz für etwa bei der Stempelung verdorbene Stücke beizufügen. Die Anmeldung ist nach dem anliegenden Muster a aufzustellen und mit der Bezeichnung des Orts, dem Datum und der Unterschrift des Antragstellers zu versehen.

Eine Ausfertigung der Anmeldung, mit Quittung über den eingezahlten Steuerbetrag versehen, wird von dem Hauptamt dem Antragsteller zurückgegeben. Die andere Ausfertigung ist mit der Bescheinigung des Hauptamts über die Einzahlung des Steuerbetrags nebst den zugehörigen Stücken dem Haupt-Stempelmagazin zu übersenden, welches nach Erledigung des Stempelungsgeschäfts sämmtliche Stücke mit den etwa verstempelten und unbrauchbar gemachten überschüssigen Stücken an das Hauptamt zur Aushändigung an den Antragsteller zurücksendet.

Für das Stempelungsgeschäft selbst ist eine Gebühr nicht zu entrichten; jedoch hat der Antragsteller die entstehenden Portokosten zu tragen.

15) Für die Entwerthung der Stempelbogen und Stempelmarken kommen folgende Bestimmungen zur Anwendung:

A. Entwerthung von Stempelbogen und Stempelmarken durch Steuerbehörden und Stempelvertheiler sowie andere Behörden und Beamte einschließlich der Notare und Schiedsmänner.

I. Stempelbogen.

Soweit die stempelpflichtigen Erklärungen auf ganzen Bogen niedergeschrieben werden, bedarf es einer Entwerthung dieser Bogen nicht. Insoweit eine solche Niederschrift nicht stattgefunden hat, sind die zur Darstellung des gesetzlichen Betrags des Stempels erforderlichen Stempelbogen umzuschlagen und einzeln zu entwerthen, d. h. mit einem Vermerk zu versehen, welcher die Bezeichnung des beurkundeten Geschäfts, das Datum der Urkunde, den Werth des Gegenstandes sowie die Namen der Urkundenaussteller enthalten muß, z. B.

> Entwerthet zu dem am 1. April 1896 zwischen dem . . . . zu . . . . und dem . . . . ebendaselbst geschlossenen Kaufvertrage über das Grundstück . . . .
>
> Berlin, den zehnten April eintausendachthundert und sechs und neunzig.
>
> Amtsstelle.
>
> Amtsstempel. Unterschrift.

oder:

> Entwerthet zu der von dem . . . . . . zu . . . . . . am 1. April 1896 ausgestellten Schuldurkunde über ein von dem . . . . . . zu . . . . . . erhaltenes Darlehn von . . . Mark.
>
> Berlin u. s. w. wie vorstehend.

Das Umschlagen der Stempelbogen ist in der Weise zu bewirken, daß jeder derselben mit der Verhandlung durch Zusammenheften und Einsiegeln der Fadenenden (welches jedoch nicht vermittels gummirter Siegelmarken geschehen darf) verbunden wird. Derart umgeschlagene Stempelbogen stehen dem im § 14 Buchst. a des Gesetzes erwähnten gestempelten Papier gleich, auf welches die stempelpflichtige Erklärung unmittelbar niedergeschrieben wird.

Soweit zu stempelpflichtigen Verhandlungen der Schiedsmänner der Stempel von den Parteien in Form von Stempelbogen beigebracht ist, hat der auf jeden einzelnen Bogen zu setzende Vermerk etwa, wie folgt, zu lauten:

Entwerthet zu dem am 1. April 1896 zwischen dem . . . . . . zu . . . . . . und dem . . . . . . zu . . . . . . Seite 80 Nummer 61 des Protokollbuchs geschlossenen Vergleiche.

Berlin u. s. w. wie oben.

Die entwertheten Stempelbogen sind von den Schiedsmännern zu besonderen Belagsakten zu nehmen.

In den Fällen, in denen von dem Steuerpflichtigen die Urkunde nicht vorgelegt werden kann, ist nach der Vorschrift des vorletzten Absatzes der Nummer II 1 dieser Ziffer zu verfahren.

II. Stempelmarken.

Der Gebrauch von Stempelmarken ist auf Urkunden, welche einem Stempel von nicht mehr als 300 M. unterliegen, beschränkt. Zu Urkunden, welche eines höheren Stempels bedürfen, muß, insoweit der Betrag durch 100 theilbar ist, Stempelpapier verwendet werden, während für den überschießenden Betrag Marken in möglichst geringer Zahl entwerthet werden können. Die Marken sind links auf der ersten Seite und, wenn diese nicht den genügenden Raum gewährt, auf den nächstfolgenden Seiten der Urkunde fest und sorgfältig aufzukleben. Marken, durch deren Verwendung der Werth eines Stempelbogens auf den erforderlichen Betrag ergänzt werden soll, sind in derselben Art auf der ersten Seite des Bogens und erforderlichen Falls auf den nächstfolgenden Seiten aufzukleben. Die auf die Marken zu setzenden Entwerthungsvermerke (vergl. Nr. 2b, Nr. 3 und Nr. 4 unten) müssen in allen Fällen mit haltbarer Dinte in deutlichen Schriftzeichen (Buchstaben und Ziffern) ohne jede Rasur, Durchstreichung oder Ueberschrift geschrieben sein; insbesondere muß der Name deutlich und lesbar sein.

Hinsichtlich der Entwerthung von Stempelmarken seitens der einzelnen Behörden und Beamten ist Folgendes zu beachten:

1) **Entwerthung durch Steuerbehörden und Stempelvertheiler.**

Das Aufkleben der Marken muß derart erfolgen, daß dieselben ohne Zwischenraum neben oder unter einander zu stehen kommen. Jede einzelne Marke ist mit mehrmaligen Abdrücken des amtlichen Schwarzstempels zu versehen, dergestalt, daß diese Abdrücke nicht nur jede Marke bedecken, sondern auch auf dem die einzelnen Marken von allen Seiten umgebenden Papier zu stehen kommen. Zur Veranschaulichung dient der nachstehende Abdruck:

Die aufgedruckten Stempel müssen auf jeder einzelnen Marke völlig deutlich und erkennbar sein und insbesondere die Bezeichnung und den Ort der Amtsstelle klar ersehen lassen.

Außerdem ist auf jeder Urkunde unter Angabe der Amtsstelle, mit Amtsstelle, Datum (in Worten und beziehungsweise Ziffern) und Unterschrift zu vermerken, welcher Stempelbetrag im ganzen und welcher davon in Stempelpapier und in Marken entwerthet worden ist. Wenn z. B. Marken zum Werthe von 55 M. 50 Pf. auf einen Kaufvertrag geklebt und entwerthet sind, muß der Vermerk lauten:

55 M. 50 Pf. in Marken entwerthet.

Berlin, den 1. April 1896.

Amtsstelle.

Amtsstempel. Unterschrift.

Wenn 55 M. 50 Pf. in einem umgeschlagenen Stempelbogen von 50 M., einer Marke von 5 M. und einer Marke von 50 Pf. verbraucht sind, hat der auf die Urkunde zu setzende Vermerk zu lauten:

55 M. 50 Pf. und zwar 50 M. in Papier und 5 M. 50 Pf. in Marken entwerthet.

Berlin u. s. w. wie oben.

Werden Marken aufgeklebt, um den Werth eines Stempelbogens, auf welchem die Urkunde niedergeschrieben ist, oder niedergeschrieben werden soll, auf den erforderlichen Betrag zu ergänzen, z. B. um den Werth eines Stempelbogens zu 50 M. durch Aufkleben einer Marke zu 5 M. auf 55 M. zu erhöhen, so würde der Vermerk lauten:

Zur Ergänzung auf 55 M. eine Marke zu 5 M. entwerthet.

Berlin u. s. w. wie oben.

Die Versteuerung der Nebenausfertigungen erfolgt in der Weise, daß nach Entwerthung der Stempelmarke auf der Nebenausfertigung auf letzterer vermerkt wird, welcher Stempel zur Nebenausfertigung und welcher Betrag zur Hauptausfertigung entwerthet ist, z. B.

Zur Nebenausfertigung 1,50 M. entwerthet. Zur Hauptausfertigung 105 M. (in Worten) verwendet.

Berlin, den 1. April 1896.

Amtsstempel. Unterschrift.

Kann die stempelpflichtige Urkunde nicht vorgelegt werden, so ist von den Steuerpflichtigen die Einreichung der den wesentlichen Inhalt der Urkunde enthaltenden Anzeige zu erfordern oder auf Verlangen dieser Inhalt sogleich zu Protokoll zu nehmen und zu der Anzeige bezw. zu einer von dem Protokoll zu fertigenden beglaubigten Abschrift die Entwerthung des Stempels in der vorgeschriebenen Art zu bewirken. Findet sich die stempelpflichtige Urkunde später wieder vor und wird sie der Stempelbehörde eingereicht, so ist, sobald die Uebereinstimmung des Inhalts derselben mit demjenigen der Anzeige oder des Protokolls festgestellt ist, auf der Urkunde die früher stattgefundene Stempelverwendung unter Angabe des Betrags zu vermerken.

Es ist den Steuerstellen untersagt, von Privatpersonen etwa bereits aufgeklebte Marken abzustempeln, wenn dieselben mit irgend welchen Vermerken versehen sind. Sind die Marken dagegen unversehrt und erregt ihre Beschaffenheit nicht den Verdacht, daß sie bereits auf einem anderen Schriftstück aufgeklebt gewesen seien, so haben die Steuerstellen die Verpflichtung, dergleichen Marken zu entwerthen.

2) Entwerthung durch andere Behörden und Beamte ausschließlich der Notare und Schiedsmänner.

Die vorgedachten Behörden und Beamten können zu

allen von ihnen in amtlicher Eigenschaft mit Privatpersonen abgeschlossenen Verträgen, ferner zu allen von ihnen aufgenommenen Verhandlungen oder ertheilten Ausfertigungen u. s. w. sowie zu allen von Privatpersonen auf sie ausgestellten Vollmachten statt des Stempelpapiers Stempelmarken verwenden, jedoch nur unter nachstehenden Bedingungen:

a. das Aufkleben der Marken auf die stempelpflichtige Erklärung hat in der Weise zu erfolgen, daß zwischen den nebeneinander befestigten Marken ein geringer Zwischenraum bestehen bleibt, um das Uebergreifen der unter b angeordneten Entwerthungsvermerke auf das Papier zu gestatten.

b. Die Entwerthung der Marken, und zwar jeder einzelnen, erfolgt bei Behörden und Beamten durch Vermerk des Datums (in Ziffern), an welchem die Marke aufgeklebt ist, der Geschäftsnummer und des Orts, an welchem die Verwendung erfolgt ist, und zwar in dem unteren Theil der Marke, dergestalt, daß die Geschäftsnummer und das Datum stets in der Marke selbst einzutragen sind, der übrige Theil des Vermerks aber auf das die Marke seitwärts umgebende Papier hinübergreift.

Beamte, welche kein Geschäftsverzeichniß führen, haben statt der Geschäftsnummer ihren ausgeschriebenen Namen in den unteren Theil der Marke zu setzen.

Außerdem haben die Behörden und Beamten die aufgeklebten Marken jedesmal mit einem schwarzen oder farbigen Abdruck ihres Stempels dergestalt zu versehen, daß der Abdruck theils auf dem oberen, mit dem Entwerthungsvermerke nicht versehenen Theile der Marke (ohne die vorgedachten Schriftzeichen zu bedecken), theils auf dem die Marke umgebenden Papiere zu stehen kommt.

Zur Veranschaulichung dienen nachstehende Abdrücke:

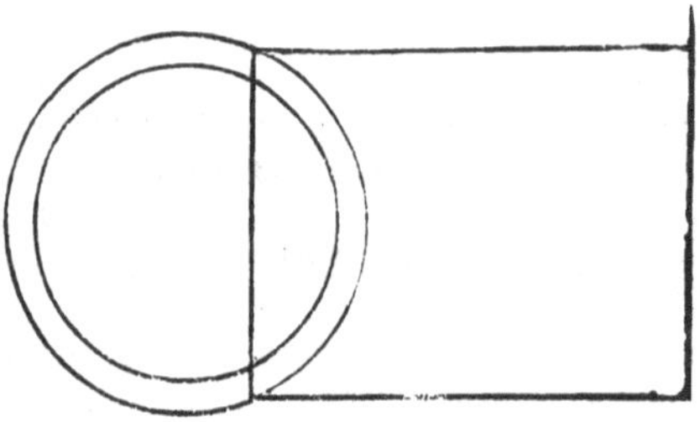

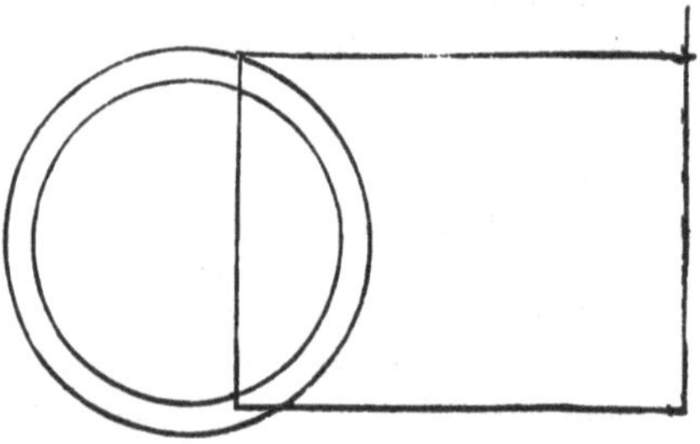

Beamte, welche keinen amtlichen Stempel führen, haben statt eines Stempelabdrucks die Amtsstelle auf dem oberen Theile der Marke und unter Mitbenutzung des die Marke umgebenden Papiers deutlich zu bezeichnen und mit Namensunterschrift zu versehen.

c. Hinsichtlich der Versteuerung der Nebenausfertigungen finden die oben unter A II 1 Abs. 3 für Steuerbehörden und Stempelvertheiler gegebenen Vorschriften entsprechende Anwendung.

3) Entwerthung durch Notare.

Die Entwerthung von Stempelmarken ist in derselben Weise vorzunehmen, wie sie für Beamte, welche einen amtlichen Stempel, aber kein Geschäftsverzeichniß führen, unter A II 2 vorgeschrieben ist, jedoch mit der Abweichung, daß auch die Nummer des Notariatsregisters (Repertoriums) in der Marke einzutragen ist.

Nachstehender Abdruck veranschaulicht den Entwerthungsvermerk: (Siehe nebenstehend.)

Notare haben zu den von ihnen aufgenommenen Verhandlungen einschließlich der vor ihnen dem Inhalt nach anerkannten und innerhalb der gesetzlichen Stempelverwendungsfristen eingereichten Verhandlungen, ferner zu denjenigen Urkunden, bei denen sie den Entwurf anfertigen und nach Vollziehung durch die Betheiligten die Unterschriften oder Handzeichen beglaubigen, sowie zu allen von ihnen ertheilten Ausfertigungen, Abschriften, Bescheinigungen u. s. w. das erforderliche Stempelmaterial zu verwenden.

Außerdem sind die Notare befugt, zur Verwendung von Stempeln zu allen auf sie ausgestellten Vollmachten sowie zu Privaturkunden, zu welchen sie die Entwürfe nicht angefertigt, die sie aber hinsichtlich der Unterschriften beglaubigt haben. Die Verpflichtung der Parteien, für die gehörige Versteuerung der Urkunden Sorge zu tragen, wird hierdurch nicht berührt, so daß dieselben für die richtige und rechtzeitige Verwendung des gesetzlichen Stempels persönlich verhaftet bleiben.

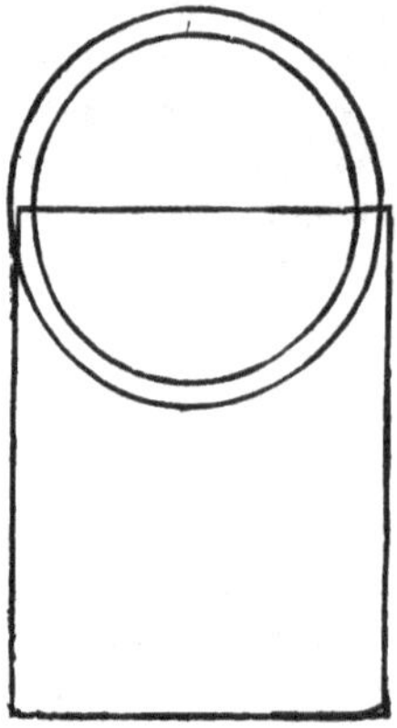

Die Verwendung des Stempels erfolgt bei Notariatsverhandlungen zur Urschrift, bei unterschriftlich beglaubigten Urkunden, deren Entwürfe von den Notaren angefertigt sind, ferner bei Privaturkunden u. s. w. auf den betreffenden Urkunden selbst. Die Verwendung des Stempels ist in Fällen der letzteren Art von den Notaren zu den Akten bezw. zu den nach § 9 Abs. 2 des Gesetzes vom 15. Juli 1890 (Gesetz-Samml. S. 229) zurückzubehaltenden beglaubigten Abschriften zu vermerken.

Auf der ersten Ausfertigung der Notariatsverhandlung ist die Stempelfreiheit derselben sowie der zur Urschrift verwendete Stempel vom Notar zu bescheinigen, z. B.

Als erste Ausfertigung stempelfrei.
Zur Urschrift 500 M. (in Worten) verwendet.
Berlin, den 1. April 1896.

Der Königliche Notar
Stempel. Unterschrift.

Handelt es sich um die Versteuerung von weiteren Ausfertigungen, so entwerthet der Notar den Ausfertigungsstempel und vermerkt auf der Nebenausfertigung den zur Urschrift verwendeten Stempel, z. B.

Zur Nebenausfertigung 1,50 M. entwerthet.
Zur Urschrift 500 M. (in Worten) verwendet.
Berlin u. s. w. wie vorstehend.

4) Entwerthung durch Schiedsmänner.

Die Entwerthung der Stempelmarken auf dem Protokoll erfolgt in derselben Weise, wie sie für Beamte, welche einen amtlichen Stempel, aber kein Geschäftsverzeichniß führen, unter A II 2a und b vorgeschrieben ist. Nachstehender Abdruck veranschaulicht die Entwerthung:

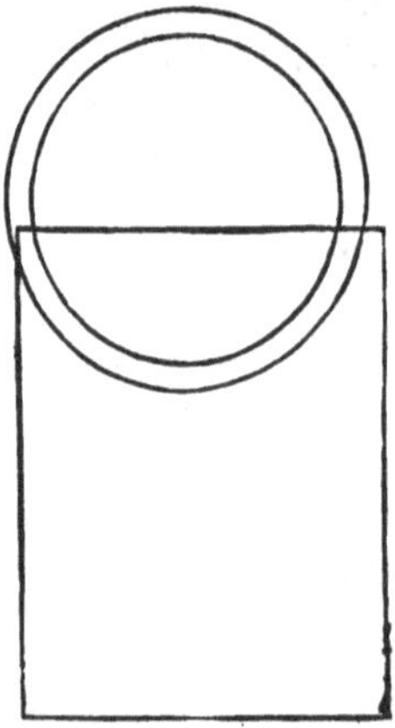

B. Entwerthung von Stempelmarken durch Privatpersonen, Sparkassen, Gesellschaften, Genossenschaften u. s. w. ohne amtliche Ueberwachung.

Ohne amtliche Ueberwachung ist die Entwerthung von Stempelmarken, welche von allen Haupt- und Unterämtern sowie allen Stempelvertheilern — von letzteren nur innerhalb der ihnen für den Verkauf von Stempelmaterialien vorgeschriebenen Grenzen — käuflich entnommen werden können, gestattet:

a. den Ausstellern von
Kurscheinen (Tarifstelle 34);
Verfügungen von Todeswegen (Tarifstelle 66);

Versicherungsverträgen, Policen und deren Verlängerungen (Tarifstelle 70);

b. Auktionatoren (beeidigten und nicht beeidigten) hinsichtlich der Beurkundungen der von ihnen abgehaltenen Versteigerungen (Tarifstelle 9);

c. Rechtsanwälten hinsichtlich der von ihnen und für sie ausgestellten Vollmachten (Tarifstelle 73).

Außerdem kann der Finanz-Minister Sparkassen, Gesellschaften, Genossenschaften, Banken, Bankhäusern, Kreditanstalten, gewerblichen Unternehmungen u. s. w. für gewisse Gattungen in ihrem Geschäftsverkehr häufig wiederkehrender Urkunden die Selbstentwerthung der Stempelmarken auf Widerruf gestatten. Diese Erlaubniß kann sich nicht nur auf die von den betreffenden Gesellschaften u. s. w. selbst ausgestellten, sondern auch auf die von Dritten zu Gunsten der Gesellschaften u. s. w. ausgestellten Urkunden beziehen. Die bezüglichen Anträge, in denen die Art der Geschäfte, für welche die Selbstentwerthung beansprucht wird, bestimmt zu bezeichnen ist und die zur Entwerthung der Marken und Führung des nachstehend unter 2 erwähnten Stempelsteuerbuchs berechtigten Personen namhaft gemacht werden müssen, sind an den zuständigen Provinzial-Steuer-Direktor zu richten, welcher sie, mit gutachtlicher Aeußerung versehen, dem Finanz-Minister zur Entscheidung zu überreichen hat.

Die Entwerthung der Stempelmarken ohne amtliche Mitwirkung ist nur unter den nachfolgenden Bedingungen zulässig:

1) die Entwerthungsbefugniß ist auf Urkunden, welche einen Stempel von nicht mehr als 30 M. (bei Versicherungsverträgen, Policen und deren Verlängerungen von nicht mehr als 50 M.) erfordern, beschränkt;

2) die Verwendungsberechtigten haben über die Versteuerung der Schriftstücke, insoweit es sich nicht um Verfügungen von Todeswegen oder Vollmachten handelt, ein Stempelsteuerbuch nach dem anliegenden Muster b zu führen, in welches alle zu den einzelnen Urkunden verwendeten Stempel nach der Reihenfolge der Verwendung (Haupt- und Nebenausfertigung unter einer Nummer) einzeln einzutragen sind. Diese Verzeichnisse unterliegen, auch wenn sie von Personen ausgestellt werden, welche nach § 31 Abs. 2 des Gesetzes nicht revisionspflichtig sind, der Einsichtnahme und der Prüfung der Vorstände der Stempelsteuerämter. Die Verzeichnisse können von allen Haupt- und Unterämtern gegen Zahlung der Herstellungskosten bezogen werden. Die zur Führung der Stempelsteuerbücher Verpflichteten haben dieselben von der letzten Eintragung an gerechnet fünf Jahre lang aufzubewahren;

3) hinsichtlich der Art und Weise des Aufklebens der Marken auf die stempelpflichtige Urkunde und der Deutlichkeit des Entwerthungsvermerks finden die oben unter A II getroffenen allgemeinen Bestimmungen sinngemäße Anwendung jedoch mit

der Maßgabe, daß zwischen den nebeneinander aufzuklebenden Marken ein geringer Zwischenraum bestehen bleibt, welcher das Uebergreifen der unter 4 beschriebenen Entwerthungsvermerke gestattet;

4) die Entwerthung der Marken, und zwar jeder einzelnen, erfolgt durch den Vermerk des Datums (in Ziffern), an welchem die Marke aufgeklebt wird, der Nummer des Stempelsteuerbuchs (insoweit über die Versteuerung der Schriftstücke ein solches zu führen ist) und des Orts, an welchem die Verwendung geschehen ist. Dieser Vermerk ist in dem unteren Theile der Marke einzutragen, und zwar dergestalt, daß das Datum und die Nummer des Stempelsteuerbuchs in der Marke niedergeschrieben wird und der Ortsname auf das umgebende Papier übergreift. Außerdem ist auf dem oberen Theile der Marke und unter Mitbenutzung des umgebenden Papiers der Vor- und Zuname, bezw. die Firma niederzuschreiben. Nachstehender Abdruck veranschaulicht die Entwerthung:

Versicherungsgesellschaften, öffentliche Sparkassen, Gewerkschaften und Genossenschaften können statt der Eintragung des Gesellschaftsnamens die Marken mit einem schwarzen oder farbigen Abdruck eines den Gesellschaftsnamen enthaltenden Stempels dergestalt versehen, daß der Abdruck theils auf dem oberen Theile der Marke, theils auf dem die Marke umgebenden Papier zu stehen kommt. Dieselbe Befugniß kann auch anderen Gesellschaften u. s. w. in denjenigen Fällen, in welchen die Erlaubniß zur Selbstentwerthung besonders nachgesucht werden muß, ertheilt werden. Die Stempelabdrücke müssen mit haltbarer Farbe hergestellt sein und auf jeder einzelnen Marke den Namen bezw. den Geschäftsnamen deutlich erkennen lassen. Die Art der Entwerthung ergiebt sich aus dem nachstehenden Abdruck:

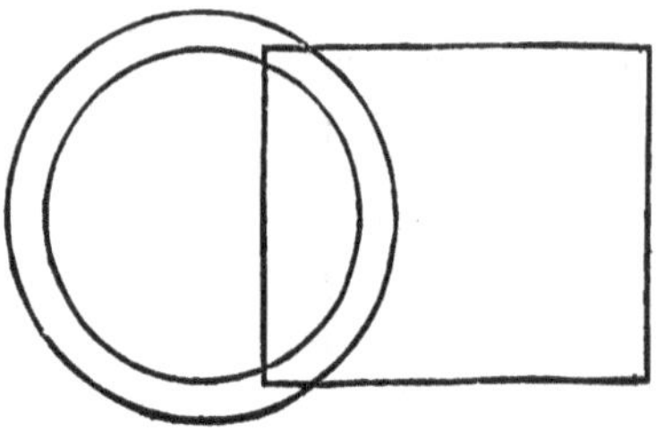

5) Duplikate stempelpflichtiger Urkunden werden in der Weise versteuert, daß der Duplikatstempel zu dem Duplikat entwerthet und auf diesem außerdem vermerkt wird, welcher Stempel zum Duplikat und welcher Betrag zum Hauptexemplar entwerthet ist, z. B.

Zum Duplikat 1,50 M. entwerthet. Zum Hauptexemplar 5 M. (in Worten) verwendet.

Berlin, den 1. April 1896.

Friedrich Kassirer u. Comp.

6) In den Fällen zu a, b und c mit Ausnahme der Versicherungsverträge, Policen und deren Verlängerungen darf die Entwerthung der Stempelmarken und die Führung des Stempelsteuerbuchs nur durch die Urkundenaussteller und in den vom Finanz-Minister besonders genehmigten Fällen nur durch diejenigen Personen, welchen die Befugniß zur Entwerthung der Marken und Führung des Stempelsteuerbuchs verliehen ist, erfolgen. Versicherungsgesellschaften können die Entwerthung der Marken und Führung der Verzeichnisse ohne besondere Genehmigung durch Generalagenten oder sonstige Geschäftsangestellte bewirken lassen. Doch bleiben in allen Fällen die Vorstände der betreffenden Gesellschaften, Genossenschaften, Banken u. s. w. für die Stempel und die verwirkten Strafen persönlich verhaftet.

16) **Die Stempelpflicht wird,** abgesehen von dem Verbrauch von gestempeltem Papier, Stempelmarken, gestempelten Formularen und Stempeldruckbogen, noch durch Baarzahlung erfüllt, nämlich durch Zahlung jährlicher Abfindungssummen statt der Versteuerung im Einzelnen (Aversionalversteuerung). Die Zahlung jährlicher Abfindungssummen statt der Einzelversteuerung ist nur zulässig, wenn es sich um die Besteuerung von Beurkundungen gleichartiger, häufig wiederkehrender Rechtsgeschäfte handelt, beispielsweise um Versicherungsverträge, Policen u. s. w. Da diese Versteuerungsart nur dem Zwecke dient, den Steuerpflichtigen die Mühewaltungen und Umstände, wie sie mit der Einzelversteuerung verbunden sind, zu ersparen, nicht aber ihnen Vermögensvortheile durch Zahlung geringerer Stempelabgaben zuzuwenden, so muß bei der Versteuerung mittels der Abfindungssumme thunlichst derselbe Steuerbetrag erhoben werden, welchen der Steuerpflichtige bei der Einzelversteuerung zu zahlen gehabt haben würde. Der voraussichtliche Verbrauch an Stempeln bei der Zahlung dieser Abgabe im Einzelnen hat daher für die Bemessung der jährlichen Abfindungssumme den entscheidenden Maßstab abzugeben.

Sparkassen, Versicherungsgesellschaften, Genossenschaften u. s. w., welche Stempelmarken ohne amtliche Ueberwachung entwerthet und über den gesammten Stempelverbrauch das in der Ziffer 15B Nr. 2 dieser Bekanntmachung bezeichnete Stempelsteuerbuch ein Jahr lang geführt haben, kann nach Ablauf dieses Jahres die

Zahlung jährlicher Abfindungssummen statt der Einzelversteuerung gestattet werden. Der aus dem Stempelsteuerbuch hervorgehende, während eines Jahres gezahlte Gesammtstempelbetrag bildet die Grundlage für die Berechnung der für die einzelnen Jahre zu zahlenden Abfindungssummen. Stellt sich nach Beendigung des einzelnen Jahres, für welches das Steuerabkommen läuft, heraus, daß der Gesammtwerth der abgeschlossenen Geschäfte ein höherer ist als der Gesammtwerth der Geschäfte desjenigen Jahres, in welchem die Anschreibungen im Stempelsteuerbuch erfolgt sind, so findet eine verhältnißmäßige Erhöhung der zu zahlenden Summe statt. Sollen beispielsweise die Policen einer Feuerversicherungsgesellschaft mittels Abfindung versteuert werden und ergiebt sich für die Dauer eines Jahres bei einer Gesammtversicherungssumme von 10 Millionen aus dem Stempelsteuerbuch ein Stempelverbrauch von 160 M., so würde dieser Betrag um ein Viertel — also um 40 M. — zu erhöhen sein, wenn die Gesammtversicherungssummen während des Bestehens des Steuerabkommens jährlich die Summe von 10 Millionen um $2^1/_2$ Millionen übersteigen. Ebenso findet eine Ermäßigung der zu zahlenden Abfindungsbeträge in demjenigen Verhältniß statt, in welchem sich der Gesammtwerth der abgeschlossenen Geschäfte in den Jahren, in welchen das Steuerabkommen läuft, verringert.

Die vorerörterten Grundsätze enthalten nur allgemeine Anhaltspunkte für die Bemessung der Abfindungssummen, sodaß Abweichungen und Erleichterungen in der

Ermittelung dieser Summen überall da zulässig sein sollen, wo sich dieselben aus der Eigenart des in Betracht kommenden Geschäftsverkehrs und dem Vorhandensein besonderer Umstände rechtfertigen lassen. Auch kann Sparkassen, Versicherungsgesellschaften, Genossenschaften u. s. w. schon vom Tage des Inkrafttretens des Gesetzes ab und ohne daß sie ein Stempelsteuerbuch geführt haben, die Versteuerung durch Zahlung jährlicher Abfindungssummen gestattet werden, sofern sie die zur Ermittelung dieser Summen erforderlichen Unterlagen aus ihren Geschäftsbüchern oder in irgend einer anderen Weise zu beschaffen vermögen.

Der Steuerpflichtige ist verbunden, seine Geschäftsbücher und sonstigen Verhandlungen, welche für die Ermittelung der Abfindungssummen sowie für die amtliche Ueberwachung der Besteuerung von Bedeutung sind, den Beamten des zuständigen Stempelsteuer- oder Hauptamts jederzeit zur Einsicht vorzulegen.

Der zur Versteuerung Verstattete hat alle in seinem Geschäftsverkehr errichteten, an sich stempelpflichtigen Urkunden, auf welche sich die Abfindung erstreckt, mit einem die Abfindung erkennen lassenden kurzen Vermerk, z. B.:

Stplfr: l: Abf:

(statt Stempelfrei laut Abfindung),

mit einer ihm vom Finanz-Minister mitgetheilten Nummer sowie mit seinem Vor- und Zunamen bezw.

der vollen Firma und der Bezeichnung des Wohnorts zu versehen. Dieser Vermerk kann, wenn er nicht niedergeschrieben wird, durch Stempelaufdruck hergestellt werden, muß aber in jeder Form den Namen, die Firma und den Ort deutlich erkennen lassen.

Zur Veranschaulichung dient nachstehender Abdruck:

III. Abschnitt.

Besondere Bestimmungen.

Zu § 24 des Gesetzes.

17) Der Antrag auf Ersatz für die vor dem Verbrauch verdorbenen Stempelzeichen ist bei dem Hauptamt des Bezirks anzumelden.

Dies gilt auch hinsichtlich derjenigen Stempelmaterialien, welche vom 1. April 1896 ab außer Gebrauch treten, sowie bezüglich der Stempel zu Policen, die zwar mit der Prämienquittung versehen, in Folge verweigerter Zahlung der Prämie dem Versicherungssuchenden aber nicht ausgehändigt worden sind.

Zu § 25 des Gesetzes.

18) Anträge auf Erstattung verwendeter, gesetzlich nicht erforderlicher Stempel sind innerhalb der vorgeschriebenen Frist an den Vorstand desjenigen Stempelsteueramtes, in dessen Bezirk der Stempel verwendet worden ist, zu richten und zwar in der Regel unter Beifügung der Urkunden, auf welchen die zu erstattenden Stempel entwerthet worden sind. Behörden und Beamte haben diese Anträge thunlichst in der Form von Nachweisungen, welche die Erstattungsgründe enthalten müssen, in doppelter Ausfertigung einzureichen.

Wegen der Erstattung der von Behörden oder Beamten einschließlich der Notare verauslagten Stempel sowie der Stempel zu Urkunden über nichtige oder durch rechtskräftiges gerichtliches Urtheil für ungültig oder nichtig erklärte Geschäfte finden die Bestimmungen des vorhergehenden Absatzes ebenfalls Anwendung. Dem Antrage auf Erstattung verauslagter Stempel ist die Bescheinigung beizufügen, daß die versuchte Beitreibung von dem zur Errichtung des Stempels Verpflichteten fruchtlos gewesen ist.

19) Anträge auf Erstattung verwendeter Stempel aus Billigkeitsgründen bei unterbliebener Geschäftsausführung sind bei demjenigen Provinzial-Steuer-Direktor anzubringen, in dessen Bezirk der Stempel verwendet worden ist.

Zu § 26 des Gesetzes.

20) Die Steuerbehörden sind verbunden, in allen von ihnen ausgehenden Verfügungen, durch welche

Stempelsteuerforderungen geltend gemacht oder Einsprüche dagegen zurückgewiesen werden, diejenige Amtsstelle zu bezeichnen, bei welcher gegen die betreffende Verfügung Beschwerde im Verwaltungswege erhoben werden kann oder gegen welche die gerichtliche Klage zu richten ist.

Zu § 29 des Gesetzes.

21) Alle Postsendungen, welche durch die von den Vorständen der Stempelsteuerämter auszuführenden Stempelrevisionen oder in Folge derselben entstehen, sind an die revidirten Stellen portofrei abzulassen.

Zu § 30 des Gesetzes.

22) Die Verwaltung des Stempelwesens wird durch die Stempelsteuerämter, die Hauptsteuer- und Hauptzollämter und die den Hauptämtern nachgeordneten Steuer- und Nebenzollämter (Unterämter), ferner durch die Provinzialsteuerbehörden (Provinzial-Steuer-Direktoren) und in höchster Instanz durch den Finanz-Minister geführt. Außerdem sind an geeigneten Orten mit dem Verkauf und der Entwerthung von Stempelpapier und Stempelmarken bis zu bestimmten Beträgen, dem Verkauf von Stempeldruckbogen zu Genehmigungen der Veranstaltung von Lustbarkeiten sowie der unentgeltlichen Verabfolgung von Formularen zu Pacht-, Mieth- und Antichrese-Verzeichnissen Stempelvertheiler beauftragt.

23) In Stempelsteuersachen sind die im Verwaltungswege eingelegten Beschwerden gegen Verfügungen und Anordnungen

a. der Steuer- und Nebenzollämter (Unterämter) sowie der Stempelvertheiler an das vorgesetzte Hauptamt,

b. der Stempelsteuer- sowie der Hauptämter an den Provinzial-Steuer-Direktor,

c. der Provinzial-Steuer-Direktoren an den Finanz-Minister

zu richten.

Bezüglich der Anfechtung der Strafbescheide der Hauptämter und Provinzial-Steuer-Direktoren kommen die besonderen, für das Zollverfahren geltenden Bestimmungen zur Anwendung.

24) Alle Hauptsteuer- und Hauptzollämter sowie Stempelsteuerämter haben gegen Erstattung der ihnen an Schreibgebühren und Porto entstandenen Kosten den Steuerpflichtigen auf deren Anfragen über die Höhe des zu einer Urkunde zu verwendenden Stempels sowie darüber, ob eine Verpflichtung zur Entrichtung von Stempelgebühren überhaupt besteht, Auskunft zu ertheilen. Die Anfragen sind an dasjenige Stempelsteuer- bezw. Hauptamt zu richten, in dessen Bezirk der Anfragende seinen Wohnort hat. Gesuche um Auskunftsertheilung von Personen ꝛc., welche nicht im Bezirke des Stempelsteuer- oder Hauptamtes wohnen, sind der zuständigen Behörde unter entsprechender Benachrichtigung des Gesuchstellers zur Erledigung zu überweisen. Auf Anfragen allgemeiner Art erstreckt sich die Pflicht zu einer amtlichen Belehrung nicht. Die vor-

bezeichneten Steuerstellen sind vielmehr mit Rücksicht auf den Grundsatz des § 3 Absatz 1 des Gesetzes, wonach die Stempelpflichtigkeit einer Urkunde sich nach ihrem Inhalt richtet, nur verbunden, auf Anfragen Auskunft zu geben, welche sich auf bestimmte, mit dem Antrage vorzulegende Urkunden beziehen. Behörden und Beamte einschließlich der Notare haben mit den Anfragen zugleich eine Erörterung der Zweifel, welche zu denselben Anlaß gegeben haben, zu verbinden. Auch kann den Steuerbehörden nicht zugemuthet werden, für die Steuerpflichtigen zeitraubende und umständliche Berechnungen über den zu zahlenden Stempel aufzustellen, sondern es genügt, wenn sie den Anfragenden die allgemeinen Grundsätze angeben, nach welchen die Aufstellung der Berechnung vorzunehmen ist.

Die Antworten auf Anfragen über den zu verwendenden Stempel sind des schleunigsten zu ertheilen und müssen den Anfragenden so frühzeitig zugehen, daß sie noch in der Lage sind, die tarifmäßigen Stempel innerhalb der zweiwöchigen Stempellösungsfrist beizubringen, vorausgesetzt, daß die Anfrage rechtzeitig, d. h. spätestens bis zum Ablauf der ersten Woche der zweiwöchigen Frist bei der Steuerbehörde eingereicht ist. Wenn die Anfrage rechtzeitig erfolgt ist, die Beantwortung sich aber aus irgend einem Grunde verzögert hat, so ist ein Strafverfahren nicht einzuleiten, wenn die gesetzliche Stempellösungsfrist zwar überschritten, der Stempel aber bis zu einem bestimmten, von der Steuerbehörde anzugebenden Tage beigebracht ist.

Die Provinzial-Steuer-Direktoren haben ihr besonderes Augenmerk darauf zu richten, daß diese Anordnungen durch die unterstellten Steuerbehörden auf das Gewissenhafteste beobachtet werden, und ihnen die bezüglich der Auskunftsertheilung bestehenden Vorschriften von Zeit zu Zeit — etwa alle 3 Jahre — durch eine allgemeine Verfügung in Erinnerung zu bringen.

Zu § 31 des Gesetzes.

25) Die Geschäftsbezirke der Vorstände der Stempel- und Erbschaftssteuerämter sind im einzelnen in der Beilage 1 aufgeführt.

26) Zu den besonderen Obliegenheiten der Vorstände gehört die Vornahme der Stempelrevisionen innerhalb ihrer Geschäftsbezirke, bei welchen sich die Vorstände der Mithilfe ihrer Beamten bedienen können.

Ob den Revisionen, welche in der Regel an dem Ort, wo die zu revidierenden Anstalten, Behörden, Beamten u. s. w. ihren Sitz haben und die stempelpflichtigen Verhandlungen sich befinden, vorzunehmen sind, eine Anmeldung vorauszugehen hat, bleibt dem Ermessen der Vorstände überlassen.

Die revisionspflichtigen Behörden und Anstalten haben, sobald sie von dem Vorstande des Stempelsteueramtes von der Abhaltung der Revision in Kenntniß gesetzt werden, dafür Sorge zu tragen, daß die Revision ohne allen Aufenthalt begonnen und vollständig ausgeführt werden kann. Zu diesem Zweck sind dem Revisor alle Urkunden, Akten, Geschäftsbücher, Bilanzen, Jahresberichte sowie überhaupt alle Schriftstücke und Verhandlungen, welche für die Revision von Belang sind, zur Einsicht vorzulegen, auch ist ihm und seinen Beamten jede gewünschte Auskunft zu ertheilen und ein angemessener Raum für die Erledigung seiner Obliegenheiten zur Verfügung zu stellen. Urkunden, öffentliche Bücher, Akten u. s. w., welche nicht von besonderem Werthe sind und deshalb eine besondere Verwahrung nicht erfordern, sind dem Revisor auf Verlangen auch in seine Wohnung zu verabfolgen und falls sie nicht durch Beamte oder Angestellte der revidierten Stellen befördert werden können, vor der Verabfolgung zu versiegeln. Die Einsendung der Akten behufs der Revision nach dem Amtssitz der Vorstände der Stempelsteuerämter darf nur insoweit beansprucht werden, als dieselbe ohne Nachtheil für den Geschäftsgang bei der revidierten Stelle stattfinden kann.

Ueber das Ergebniß der Revision ist eine von dem Revidierten nicht zu unterzeichnende Verhandlung aufzunehmen, von welcher die revidierte Stelle eine Abschrift unter dem Ersuchen erhält, die Abgabensumme der von ihr anerkannten Erinnerungen in vorschriftsmäßig entwertheten Stempelmaterialien einzusenden und, wenn nur ein Theil der Erinnerungen anerkannt wird, die Nummern der betreffenden Erinnerungen sowie den auf die einzelne Erinnerung entfallenden Betrag besonders anzugeben. Die revidierte Stelle legt mit der Abschrift der Revisionsverhandlung ein Aktenstück an und veranlaßt wegen Erledigung der aufgestellten Erinnerungen sowie wegen Einziehung und nöthigenfalls zwangsweiser Beitreibung der nachgeforderten Stempel das Erforderliche. Die Abwickelung der Revisions-Erinnerungen liegt in allen Fällen den Vorständen der Stempelsteuerämter ob, bei welchen die revidierten Stellen ihre Einwendungen zunächst anzubringen haben. Erst wenn beide sich nicht zu einigen vermocht haben, ist die Beschwerde an den vorgesetzten Provinzial-Steuer-Direktor und gegen dessen Entscheidung an den Finanz-Minister zu richten. Die bei dem Provinzial-Steuer-Direktor bezw. bei dem Finanz-Minister eingelegte Beschwerde hemmt die zwangsweise Beitreibung der nachgeforderten Stempel.

Die Vorstände der Stempelsteuerämter haben der revidierten Stelle den Eingang der entwertheten Stempelmaterialien, welche bei den Akten der Stempelsteuerämter verbleiben, sowie die Erledigung der Erinnerungen zu bescheinigen. Auf Grund dieser Bescheinigungen vermerken Behörden und Beamte einschließlich der Notare auf den betreffenden Urkunden, soweit sie im Besitz derselben sind, die nachentrichteten Beträge.

Zu § 32 des Gesetzes.

27) Die Bestimmung, wonach die von Privatpersonen nicht in der vorgeschriebenen Weise verwendeten Stempelmarken als nicht verwendet anzusehen sind, soll nicht eine Doppelversteuerung zur Folge haben, sondern es hat durch dieselbe nur der Thatbestand einer nach den §§ 17 und fg. des Gesetzes zu ahndenden Zuwiderhandlung festgestellt werden sollen.

Abgesehen von der etwa erforderlich werdenden Einleitung eines Strafverfahrens, bedarf es daher nur der nachträglichen ordnungsmäßigen Entwerthung der vorschriftswidrig verwendeten Stempelmarken.

Stempeltarif.

Zur Tarifstelle 2.

28) Wegen der Versteuerung der Anträge auf Eintragung der Abtretung einer Hypothek oder Grundschuld (Abs. 4 bis 8 der Tarifstelle) finden die Vorschriften der Ziffer 30 dieser Bekanntmachung Anwendung. Die Aushändigung von Ausfertigungen und Abschriften sowie die Rückgabe der aus Anlaß des Antrages auf Eintragung der Abtretung einer Hypothek oder Grundschuld vorgelegten Urkunden kann von vorheriger Zahlung des als Gerichtsgebühr zu berechnenden Stempels (und der Kosten) abhängig gemacht werden. (§ 15 des Preußischen Gerichtskostengesetzes vom 25. Juni 1895; § 11a der Instruktion für die Verwaltung der Kassen bei den Justizbehörden in der Fassung der Allg. Verfügung des Justiz-Ministers vom 18. September 1895 zu § 11a — Just. Min. Bl. S. 278).

Hinsichtlich der Anrechnung des zu dem Eintragungsantrage entrichteten Stempels auf denjenigen Stempel, welchem die nachträglich über das zu Grunde liegende Geschäft errichtete Urkunde unterliegt, ist die Ziffer 32 dieser Bekanntmachung sinngemäß anzuwenden. Es bleibt zu beachten, daß der feste Stempel, welcher zu dem Eintragungsantrage erforderlich gewesen sein würde, wenn derselbe nicht des Werthstempels bedurft hätte (z. B. bei einem notariellen Eintragungsantrage der Notariatsurkundenstempel von 1,50 M., Tarifstelle 45), nicht auf den Stempel zu der späteren Urkunde angerechnet werden darf. Es sind mithin bei einem in der Form einer Notariatsurkunde abgefaßten, mit einem Werthstempel von 30 M. versehenen Eintragungsantrage nur 28,50 M. auf den Stempel zu der späteren Urkunde anrechnungsfähig.

In Betreff des Vermerks, mit welchem die in der Befreiungsvorschrift dieser Tarifstelle erwähnten Abtretungsurkunden zu versehen sind, ist nach der Ziffer 51 dieser Bekanntmachung zu verfahren.

Zur Tarifstelle 8.

29) Auflassungserklärungen sind wie gegenseitige Verträge zu behandeln, insbesondere sind wegen der sachlichen und persönlichen Stempelsteuerbefreiungen die Vorschriften der §§ 4 und 5 des Gesetzes zur Anwendung zu bringen.

Die Werthstempelabgabe berechnet sich nach § 6 des Gesetzes von dem gemeinen Werthe des veräußerten Gegenstandes zur Zeit des Eigenthumswechsels — wobei der Werth des mitveräußerten beweglichen Beilasses außer Betracht bleibt — ohne Rücksicht auf die für besondere Zwecke vorgeschriebenenen Abschätzungsgrundsätze, insbesondere also auch ohne Berücksichtigung der Schätzungsgrundsätze ritterschaftlicher Kreditanstalten. Der mündlich verabredete Kaufpreis oder die noch sonst mündlich verabredete Gegenleistung sind, sofern sie niedriger sind als der gemeine Werth, für die Berechnung des Werthstempels nicht maßgebend. Wenn jedoch der Kaufpreis oder der Gesammtwerth der Gegenleistung unter Hinzurechnung des Werthes der ausbedungenen Leistungen oder vorbehaltenen Nutzungen den gemeinen Werth übersteigt, so ist der Werthstempel vom Kaufpreise bezw. vom Gesammtwerth der Gegenleistung zuzüglich des Werthes der ausbedungenen Leistungen und vorbehaltenen Nutzungen zu entrichten (§ 17 Abs. 3 Buchst. a des Gesetzes).

30) Im einzelnen ist nach folgenden Bestimmungen zu verfahren:

a. Die Werthstempelabgabe bleibt unerhoben, wenn bei Aufnahme oder Einreichung der Auflassungserklärung die Urkunde über das zu Grunde liegende Veräußerungsgeschäft (Kauf, Tausch, Schenkung u. s. w.) versteuert oder unversteuert in Urschrift, Ausfertigung oder beglaubigter Abschrift vorgelegt wird, vorausgesetzt, daß die Urkunde das Rechtsgeschäft so enthält, wie es unter den Betheiligten hinsichtlich des Werthes der Gegenleistung verabredet ist.

Die vorzulegenden Urkunden müssen in an sich stempelpflichtiger Form abgefaßt sein; es genügt also nicht die Beibringung eines steuerfreien Briefwechsels und dergl.

Der Grundbuchrichter ist verpflichtet, die ihm vorgelegten Urkunden mit Rücksicht auf die vorschriftsmäßige Versteuerung sorgfältig zu prüfen. Ist eine die Erhebung des Werthstempels ausschließende Urkunde nicht oder nicht ausreichend versteuert, so hat er zunächst auf Grund des § 57 Ziffer 6 des preußischen Gerichtskostengesetzes vom 25. Juni 1895 zu bestimmen, ob und in welcher Höhe Sicherheit zu leisten ist, und nöthigenfalls das Erforderliche wegen der Sicherstellung nach der allgemeinen Verfügung des Justiz-Ministers vom 15. September 1895 (Just. Min. Bl. S. 272) zu veranlassen. Der zu der Urkunde nicht oder zu wenig verwendete Stempel ist in Gemäßheit des § 31 Abs. 1 Pr. G. K. G. nach den für Gerichtskosten geltenden Vorschriften einzuziehen. Wenn die Einreichung der nicht oder nicht genügend versteuerten Urkunden bei Gericht erst nach Ablauf der in § 16 des Gesetzes angegebenen Fristen stattgefunden hat, so ist zugleich unter Mittheilung des Eingangstages und einer Abschrift der Urkunde dem zuständigen Hauptamt Anzeige zu machen, welches das Weitere wegen einer etwa erforderlich erscheinenden Einleitung des Strafverfahrens herbeizuführen hat.

Ist in der vorgelegten Urkunde das Entgelt für die Grundstücksveräußerung in ausländischen Banknoten, ausländischem Papiergeld, ausländischen Geldsorten oder in Werthpapieren der unter Nummer 1, 2 und 3 des Tarifs zum Reichs-

Stempelgesetz vom 27. April 1894 (R. G. Bl. S. 381) bezeichneten Art verabredet, so ist insoweit die Urkunde dem Reichsstempel für Anschaffungsgeschäfte nach der Tarifnummer 4 des Reichs-Stempelgesetzes unterworfen, dagegen nach § 18 des bezeichneten Gesetzes vom Landesstempel befreit. An Stelle des wegfallenden landesgesetzlichen Urkundenstempels der Tarifstelle 32 ist aber, wenn der Auflassung die Urkunde zu Grunde gelegt wird, nach der Vorschrift des zweiten Satzes des Absatzes 3 der Tarifstelle 8 der Auflassungsstempel zu erheben, insoweit nicht die Voraussetzungen der Ziffer 1 und 2 der Ermäßigungen und Befreiungen der Tarifstelle 32 vorhanden sind. Es unterliegt also beispielsweise in Verträgen über die Gründung von Aktiengesellschaften das Entgelt, welches für die Einbringung von Grundstücken in solche Gesellschaften dem Einbringenden durch Zutheilung von Aktien gewährt wird, dem Werthstempel für Auflassungen, wenn das eingebrachte Grundstück unter Zugrundelegung des Gründungsvertrages an die neu errichtete Aktiengesellschaft aufgelassen wird.

Wenn die vorgelegte Urkunde das Rechtsgeschäft nicht so enthält, wie es unter den Betheiligten hinsichtlich des Werthes der Gegenleistung verabredet ist und einem geringeren Stempel unterliegt, als die Beurkundung des wirklich verabredeten Rechtsgeschäfts erfordern würde, so ist die Urkunde oder eine einfache Abschrift derselben dem zuständigen Hauptamt wegen der vorgekommenen Steuerhinterziehung zur weiteren Veranlassung nach § 17 Abs. 2 und Abs. 3 Buchstabe b des Gesetzes zu übersenden. Steht der nach Inhalt der vorgelegten Urkunde verabredete Kaufpreis zu dem gemeinen Werth in einem so offenbaren Mißverhältniß, daß der Verdacht der Stempelsteuerhinterziehung gerechtfertigt erscheint, so hat der Grundbuchrichter von den Parteien eine nähere Erklärung über die Gründe, welche für die Festsetzung des Kaufpreises maßgebend gewesen sind, zu erfordern. Bezüglich der Versteuerung sind diese Fälle nach den Vorschriften unter c dieser Ziffer und so zu behandeln, als wenn eine Urkunde überhaupt nicht vorgelegt worden wäre.

b. Ist eine Urkunde zwar nicht eingereicht, von den Betheiligten aber das der Auflassung zu Grunde liegende Veräußerungsgeschäft vor dem Grundbuchrichter zugleich in der Auflassungsverhandlung zu Protokoll erklärt, so finden die Bestimmungen unter a entsprechende Anwendung. Der erforderliche Stempel wird als Urkundenstempel zu der Auflassungsverhandlung auf Grund des § 55 Pr. G. K. G. in Verbindung mit den einschlägigen Tarifvorschriften des Stempelsteuergesetzes erhoben.

c. **Wird** eine das Veräußerungsgeschäft enthaltende Urkunde nicht vorgelegt und das Veräußerungsgeschäft bei der Auflassung nicht protokollarisch aufgenommen, so hat der Grundbuchrichter die Betheiligten darüber zu vernehmen, ob sie eine Urkunde überhaupt nicht vorlegen wollen, und sie über die Folgen der Nichtvorlegung, insbesondere auch darüber zu belehren, daß der Entrichtung des Auflassungsstempels ungeachtet zu der Urkunde der gesetzlich erforderliche Stempel beizubringen ist. Es ist Pflicht des Grundbuchrichters zu prüfen, ob im Falle der Beurkundung des Abkommens der Urkundenstempel niedriger sein würde als der Auflassungsstempel. Letzteres ist beispielsweise der Fall bei Tauschverträgen, bei Kaufverträgen, in denen eine Hingabe an Zahlungsstatt vereinbart ist, bei Verträgen zwischen Theilnehmern an einer Erbschaft zum Zwecke der Theilung der zu letzterer gehörigen Gegenstände und bei Verträgen, durch welche Grundstücke von Ascendenten auf Descendenten übertragen werden (Tarifstelle 32 Abs. 2 und Ermäßigungen und Befreiungen Ziffer 1 und 2), ferner bei Schenkungen zwischen Ascendenten und Descendenten oder zwischen Ehegatten (Tarifstelle 56 dieses Gesetzes und Befreiungsvorschriften Ziffer 2 Buchstabe a, b und c des Tarifs zum Gesetz, betreffend die Erbschaftssteuer vom $\frac{\text{30. Mai 1873}}{\text{19. Mai 1891}}$ — Gesetz-Samml.

1891 S. 78 —) u. s. w. Die Belehrung des Grundbuchrichters und die Erklärung der Betheiligten über die Vorlegung oder Nichtvorlegung der das Veräußerungsgeschäft enthaltenden Urkunde müssen in das Protokoll aufgenommen werden.

Wenn der Auflassung ein Kauf- oder Tauschgeschäft oder überhaupt ein entgeltliches Veräußerungsgeschäft im Sinne der Tarifstelle 32 des Gesetzes zu Grunde liegt, so muß das Protokoll ferner eine Belehrung der Betheiligten darüber enthalten, daß der anzugebende Werth nicht geringer sein darf als der nach dieser Tarifstelle berechnete Betrag der vom Erwerber übernommenen Lasten und Leistungen mit Einschluß des Preises und unter Hinzurechnung der vorbehaltenen Nutzungen ausschließlich des für den beweglichen Beilaß festgesetzten Preises und daß eine Zuwiderhandlung gegen diese Bestimmung nach § 17 Abs. 3 Buchstabe a des Gesetzes eine Geldstrafe in Höhe des zehnfachen Betrages des hinterzogenen Stempels nach sich zieht.

Der Grundbuchrichter hat sodann wegen der etwa erforderlich werdenden Sicherheitsleistung das Weitere wie unter a zu bestimmen, den Veräußerer und Erwerber zur Angabe des Werthes des veräußerten Gegenstandes aufzufordern und die gemachten Angaben im Protokoll zu vermerken.

In der Kostenrechnung oder einer Anlage zu derselben ist den Kostenschuldnern anheim zu geben, die das Veräußerungsgeschäft enthaltende Urkunde binnen einer mit dem Tage der Zustellung der Kostenrechnung beginnenden Frist von zwei Wochen einzureichen und ihnen zugleich nochmals eine Belehrung über die Folgen der unterlassenen Einreichung insbesondere auch darüber zu ertheilen, daß zu der etwa errichteten Urkunde im Falle der nicht rechtzeitigen Vorlegung derselben ungeachtet der Zahlung des Auflassungsstempels der gesetzlich erforderliche Stempel beizubringen ist. Geht während der angegebenen Frist die Urkunde ein, so ist wie unter a dieser Ziffer zu verfahren. Sind dem Grundbuchrichter die Bedingungen des Veräußerungsgeschäfts auf irgend eine Weise glaubwürdig bekannt geworden, und übersteigt der aus diesen Bedingungen sich ergebende Werth den seitens der Betheiligten angegebenen, so ist der Auflassungsstempel von dem aus dem Veräußerungsgeschäfte sich ergebenden Werthe einzuziehen, vorausgesetzt, daß dieser nicht niedriger ist, als der gemeine Werth des veräußerten Gegenstandes. Dem zuständigen Hauptamt ist behufs Erwägung, ob nach § 17 Abs. 2 und Abs. 3 Buchstabe a des Gesetzes ein Strafverfahren einzuleiten ist, von dem Sachverhalt Anzeige zu machen.

In allen anderen Fällen veranlaßt der Grundbuchrichter, wenn er Bedenken trägt, die gemachten Werthangaben als richtig anzunehmen, die Werthermittelung in Gemäßheit des § 7 Abs. 3 des Gesetzes nach seinem Ermessen, erforderlichenfalls durch Vernehmung von Sachverständigen oder in sonst geeigneter Weise. Die Hauptämter haben etwaigen Ersuchen der Grundbuchrichter um Ermittelung des Werths ungesäumt zu entsprechen.

31) Außerdem findet auf Grund der Auszüge aus den Tagebüchern der Grundbuchführer eine allgemeine Prüfung des Werths des veräußerten Gegenstandes bei denjenigen Auflassungen, deren Versteuerung auf Grund einer Werthangabe (Tarifstelle 8 Abs. 1 und 2; Ziffer 30 Buchstabe c dieser Bekanntmachung) erfolgt ist, durch die Provinzial-Steuer-Direktoren statt. Dieselben setzen, wenn sie die angegebenen Werthe für zu niedrig erachten, die zu entrichtenden Stempelbeträge anderweitig fest und erlassen wegen der von dem Amtsgericht zu bewirkenden Einziehung des Mehrbetrages die weitere Anordnung.

Die Beschwerde gegen die Festsetzungsverfügung ist zunächst an den Provinzial-Steuer-Direktor und gegen die darauf ergehende Entscheidung desselben an den Finanz-Minister zu richten, welcher im Einverständniß mit dem Justiz-Minister die weitere Entscheidung trifft. Wird gegen diese Entscheidungen der Rechtsweg beschritten, so ist die Klage gegen den durch den Ober-Staatsanwalt vertretenen Justizfiskus zu erheben.

32) Wird bei einem Hauptamt, Steueramt, Zollamt oder einem Notar die Anrechnung des für eine Auflassung oder Umschreibung gezahlten Gerichtskostenstempels auf denjenigen Stempel verlangt, welcher zu einer später errichteten Urkunde über das der Auflassung oder der Umschreibung zu Grunde liegende Veräußerungsgeschäft erforderlich ist, so ist die Bescheinigung über die Erlegung des Gerichtskostenstempels vorzulegen Es findet alsdann die Prüfung der Uebereinstimmung des in der Urkunde enthaltenen Geschäfts mit dem der Auflassungserklärung oder der Umschreibung zu Grunde liegenden Rechtsgeschäft statt. Ergeben sich in dieser Beziehung keine Bedenken, so wird auf der Urkunde der bereits entrichtete Gerichtskostenstempel bescheinigt und nur der etwa überschießende Betrag in Stempelzeichen verwendet. Die beigebrachte Bescheinigung über die Entrichtung des Werthstempels ist in der Regel der Urkunde beizuheften, andernfalls bei der Behörde bezw. den Notariatsakten zurückzubehalten. Von den Notaren ist die Bescheinigung über die Anrechnung auf die Urschrift zu setzen und die erste Ausfertigung mit einem entsprechenden Vermerk zu versehen. Da die Anrechnung sich nur auf den zu der Urkunde erforderlichen Werthstempel bezieht, so muß der feste Stempel, dessen die Urkunde, wenn sie nicht dem Werthstempel unterworfen wäre, mit Rücksicht auf die besondere Form ihrer Abfassung bedarf, von der Urkunde erhoben werden. Ist also beispielsweise eine in Höhe von 300 M. werthstempelpflichtige Urkunde in der Form einer Notariats-

urkunde errichtet, und beträgt der bereits entrichtete Auflassungsstempel ebenfalls 300 M., so muß mindestens der Stempel von 1,50 M. nach der Tarifstelle 45 zur Urkunde verwendet werden.

Zur Tarifstelle 10.

33) Die Stempelpflicht ist auf Ausfertigungen von bereits vorhandenen Schriftstücken eingeschränkt, sodaß, wenn nicht eine andere Tarifstelle (z. B. Nr. 22, 39 u. s. w.) Anwendung findet, Steuerfreiheit in allen denjenigen Fällen eintritt, in denen es an einer Urkunde fehlt, von welcher die amtliche Ausfertigung entnommen ist. Alle Behörden und Beamten einschließlich der Notare sind verpflichtet, auf den von ihnen stempelfrei ertheilten Ausfertigungen, insoweit sie nicht unter die Befreiungen zu a und b fallen, den Grund der Stempelfreiheit zu bescheinigen, z. B. „Stempelfrei mangels Vorhandenseins einer Urschrift".

Zur Tarifstelle 22.

34) Den Steuersätzen dieser Tarifstelle unterliegen die aufgeführten Erlaubnißscheine ohne Rücksicht auf die Form, in welcher sie ertheilt sind, also einerlei, ob in der Form von Ausfertigungen, Protokollen, einfachen Bescheiden, Verfügungen u. s. w.

Zur Tarifstelle 22a.

35) Behufs Ermittelung des stempelpflichtigen Werths vererblicher und veräußerlicher Konzessionen ist zunächst der die Konzession Nachsuchende zur Werthangabe und zur Vorlegung des über den Verkauf der Apotheke etwa

geschlossenen Vertrags aufzufordern. Falls ein solcher Vertrag vorhanden ist, so ist aus ihm festzustellen, ob und was die Vertragschließenden über die Vergütung für den Uebergang der Konzession auf den neuen Erwerber verabredet haben. Wird der angegebene Werth für zu niedrig erachtet und findet eine Einigung mit dem Steuerpflichtigen nicht statt, so ist der Werth, falls ihn die die Konzession ertheilende Behörde nicht selbst zu begutachten vermag, nach der Vorschrift des § 7 Abs. 3 des Gesetzes und unter Beachtung der Vorschrift der Ziffer 6 dieser Bekanntmachung anderweitig zu ermitteln, wobei unter Umständen auch die in früheren Verträgen über das Entgelt für die betreffende Konzession getroffenen Vereinbarungen als Anhaltspunkte werden dienen können. Den Oberpräsidenten bleibt es überlassen, zur Ermittelung der Konzessionswerthe die Mitwirkung der Provinzial-Steuer-Direktoren in Anspruch zu nehmen.

Insoweit der Werthstempel unstreitig ist, muß seine Verwendung auf der Konzessionsurkunde innerhalb der im § 15 Abs. 1 des Gesetzes angegebenen Frist erfolgen, während der Stempel für den etwaigen nachträglich ermittelten Mehrwerth später auf der Urkunde zu entwerthen ist.

Zur Tarifstelle 22c.

36) Die Erlaubnißertheilungen sind vor der Aushändigung mit einem Stempel von 1,50 M. zu versehen, sofern nicht der die Erlaubniß Nachsuchende die

Verwendung eines höheren Stempels selbst beantragt (§ 15 Abs. 2 des Gesetzes). Durch die Verwendung eines Stempels von 1,50 M. gilt die Versteuerung derjenigen Erlaubnißscheine als erledigt, welche zum Betriebe von Gewerben ertheilt werden, bei denen von vornherein mit Sicherheit anzunehmen ist, daß weder der jährliche Ertrag 1500 M. noch das Anlage- und Betriebskapital 3000 M. erreicht.

Hinsichtlich aller übrigen Erlaubnißscheine, insoweit zu ihnen nicht der höchste Steuersatz von 100 M. sogleich entrichtet worden ist, bedarf es einer Ueberwachung der weiteren Versteuerung. Zu diesem Behuf ist dem Steuerpflichtigen die Wiedereinreichung der Urkunde nebst den im § 15 Abs. 2 des Gesetzes bezeichneten Schriftstücken innerhalb der dort bestimmten Fristen und zwar unter Hinweis auf die Strafen des § 18 des Gesetzes für den Fall der unterlassenen oder nicht fristgerechten Wiedervorlegung des Erlaubnißscheines schriftlich aufzugeben. Auf dem Erlaubnißschein ist die vorläufige Versteuerung, die Geschäftsnummer, sowie die Frist zur Wiedervorlegung der Urkunde behufs endgültiger Versteuerung zu vermerken, z. B.:

„Vorläufig versteuert mit 1,50 M. Nr. 8609.

Wieder vorzulegen behufs endgültiger Versteuerung binnen zwei Wochen nach dem Tage der Rechtskraft der Zuschrift über das Ergebniß der Veranlagung zur Gewerbesteuer oder der auf das eingelegte Rechtsmittel ergangenen Entscheidung, oder, wenn eine Veranlagung nicht stattgefunden hat, binnen Jahresfrist.

Ort. Datum.

Amtsstelle

Unterschrift."

Nach Wiedereinreichung des Erlaubnißscheines ist die Nachverwendung des etwa nachzuzahlenden Stempels zu bewirken und die endgültige Versteuerung zu vermerken, z. B.:

„Durch Nachzahlung von 48,50 M. Stempel endgültig versteuert.

Ort. Datum.

Amtsstelle

Unterschrift."

Der Vermerk der endgültigen Versteuerung muß auch in denjenigen Fällen auf den Erlaubnißschein gesetzt werden, in denen eine Nachzahlung nicht stattfindet.

In Betreff der zur endgültigen Besteuerung nicht wieder vorgelegten, unter den vorhergehenden Absatz fallenden Erlaubnißscheine stellt die Behörde durch Anfrage bei dem Vorsitzenden des Steuerausschusses der Klasse IV fest, welcher Steuerklasse der Erlaubnißscheininhaber zugewiesen worden ist, und veranlaßt die Nachversteuerung in der vorangegebenen Weise. Von den Fällen der nicht oder nicht rechtzeitig erfolgten Wiedervorlegung der Erlaubnißscheine hat die ausstellende Behörde dem zuständigen Hauptamt Anzeige zu machen.

Zur Tarifstelle 22d.

37) Behufs Versteuerung der unter d aufgeführten

Genehmigungen ist der die Genehmigung Beantragende aufzufordern, vorerst den muthmaßlich entstehenden Kostenbetrag anzugeben und sodann innerhalb vier Wochen nach Fertigstellung der Anlage unter Wiedereinreichung der Urkunde den wirklich gezahlten Kostenbetrag anzuzeigen, wobei er für den Fall der Nichtbeobachtung dieser Frist auf die Strafen des § 18 des Gesetzes hinzuweisen ist. Der Erlaubnißschein ist vorläufig mit einem dem muthmaßlichen Werth entsprechenden Stempel zu versteuern und mit einem Vermerk über die vorläufige Versteuerung, die Geschäftsnummer, sowie über die Pflicht zur Wiedereinreichung zu versehen, z. B.

„Vorläufig versteuert mit 50 M.
N. 8609.
Wieder vorzulegen behufs endgiltiger Versteuerung binnen vier Wochen nach Fertigstellung der Anlage.
Ort. Datum.

Amtsstelle.
Unterschrift."

Werden die Urkunden demnächst wieder vorgelegt, so ist wegen der Nachverwendung des fehlenden Stempels und des Vermerks der endgiltigen Versteuerung nach der Vorschrift des zweiten Absatzes der Ziffer 36 dieser Bekanntmachung zu verfahren. Geben die von den Steuerpflichtigen bezüglich des Kostenbetrages gemachten Angaben zu Bedenken Anlaß, so wird die Vorlegung der über den Kostenaufwand vorhandenen Beläge (Kostenanschläge, Abrechnungen, Quittungen u. s. w.) zu verlangen sein.

Gegen diejenigen Erlaubnißscheininhaber, welche die Urkunden zur endgiltigen Versteuerung nicht wieder vorgelegt haben, kann, abgesehen von der Einziehung des zu wenig entrichteten Stempels, die Einleitung des Strafverfahrens auf Grund des § 18 Abs. 3 des Gesetzes bei dem zuständigen Hauptamt beantragt werden.

Zur Tarifstelle 22g.

38) Die Steuerbefreiungen, sowie die ermäßigten Sätze der Genehmigungen für Unternehmer von Versicherungsanstalten dürfen nur dann zur Anwendung kommen, wenn die gesetzlichen Voraussetzungen der Ermäßigungen und Befreiungen aus dem Inhalt der Genehmigungsurkunden hervorgehen.

Entstehen im einzelnen Falle darüber, ob die Zwecke der Versicherungsanstalt auf Gewinn gerichtet sind oder nicht, Zweifel, so bedarf es zur Entscheidung der Frage des Einverständnisses des Finanz-Ministers.

Zur Tarifstelle 22l.

39) Wegen der Versteuerung dieser Genehmigungen finden die Bestimmungen der Ziffer 37 dieser Bekanntmachung entsprechende Anwendung.

Zur Tarifstelle 22m.

40) Die Versteuerung der Genehmigungen des zweiten, dritten und vierten Absatzes des Buchstaben m dieser Tarifstelle richtet sich nach den Vorschriften der Ziffer 36 dieser Bekanntmachung.

Zur Tarifstelle 22n.

41) Für die Bemessung des Steuersatzes dieser Tarifstelle ist festzuhalten, daß der höchste Satz von

20 M. zur Anwendung zu kommen hat, sobald der jährliche Gewerbeertrag auf etwa 3000 M. zu veranschlagen ist, und daß bei muthmaßlich niedrigeren Erträgen der Stempel entsprechend zu ermäßigen ist.

Zur Tarifstelle 32.

42) Anträge auf Erstattung des Werthstempels in den Fällen des sechsten und siebenten Absatzes dieser Tarifstelle sind an den Vorstand desjenigen Stempelsteueramtes zu richten, in dessen Bezirk der Stempel verwendet ist.

Anträge auf Abstandnahme von der Einziehung des Werthstempels in den vorbezeichneten Fällen sind bei demjenigen Provinzial-Steuer-Direktor anzubringen, in dessen Bezirk die Vertragsurkunde errichtet ist oder, wenn es sich um Urkunden, die im Auslande ausgestellt sind, handelt, in dessen Bezirk die inländischen Vertragstheilnehmer wohnen, bezw. der Stempel nach § 2 Abs. 1 des Gesetzes zu erheben sein würde. Ueber die Anträge entscheidet der Provinzial-Steuer-Direktor nach Prüfung des Sachverhalts.

Anträge auf Erstattung bereits verwendeter Werthstempel oder auf Abstandnahme von der Einziehung von Werthstempeln in den Fällen des achten Absatzes dieser Tarifstelle sind an die Provinzial-Steuer-Direktoren zu richten, welche die Anträge dem Finanz-Minister zur Entscheidung einzureichen haben.

Zur Tarifstelle 42.

43) Der für den Fall der Bedürftigkeit auf 5 M. ermäßigte Steuersatz darf nur dann zugestanden werden,

wenn der die Namensänderung Nachsuchende ein von der obrigkeitlichen Behörde seines Wohnorts ausgestelltes, stempelfrei auszufertigendes Zeugniß darüber beibringt, daß er sich in bedürftigen Vermögensverhältnissen befindet. Dieses Zeugniß oder eine Abschrift desselben ist zu den Akten zurückzubehalten.

Zur Tarifstelle 43.

44) Bei der Versteuerung der Naturalisationsurkunden bildet die Anwendung des Steuersatzes von 50 M. die Regel; die ermäßigten Stempel bis zu 5 M. dürfen ausnahmsweise nur dann zur Erhebung kommen, wenn der zu Naturalisirende durch eine amtliche, stempelfrei zu ertheilende Bescheinigung nachweist, daß er sich in bedürftigen Vermögensverhältnissen befindet. Die Bemessung der Höhe des zu entrichtenden Stempels erfolgt nach dem Grade der Bedürftigkeit.

Zur Tarifstelle 48.

45) Das für die Eintragungen bestimmte Verzeichniß (Pacht-, Mieth-, Antichrese-Verzeichniß) ist nach dem in der Beilage 2 enthaltenen Muster, welchem die für die Versteuerung in Betracht kommenden Bestimmungen in der Form von Bemerkungen vorangestellt sind, zu führen und kann, sofern die Steuerpflichtigen dasselbe nicht selbst mit der Feder anlegen wollen, von allen Hauptämtern, Zoll- und Steuerämtern und Stempelvertheilern unentgeltlich bezogen werden.

Alle von einem Verpächter, Vermiether u. s. w. für ein Kalenderjahr oder im voraus zu versteuernden Verträge sind in ein Verzeichniß einzutragen, auch wenn die Verträge sich auf mehrere Grundstücke beziehen, sofern nur diese Grundstücke zu demselben Hauptamtsbezirk gehören. Jedoch kann auch über jedes einzelne Grundstück ein besonderes Verzeichniß geführt werden. Sind die mehreren Grundstücke in verschiedenen Hauptamtsbezirken belegen, so ist für jeden Bezirk ein besonderes Verzeichniß zu führen. Werden in einem Verzeichniß die Verträge über mehrere Grundstücke nachgewiesen, so sind die mehreren Verträge, die ein und dasselbe Grundstück betreffen, zusammenhängend je in besonderen Abschnitten einzutragen. Die einzelnen Grundstücke sind in der Ueberschrift des näheren zu bezeichnen. Es steht den Steuerpflichtigen frei, für jedes Kalenderjahr ein besonderes Verzeichniß zu führen oder die Versteuerung für die einzelnen auf einander folgenden Kalenderjahre in demselben Verzeichniß zu bewirken.

Die Eintragungen in den einzelnen Spalten erfolgen nach dem Muster des in dem Vordruck der Beilage 2 enthaltenen ausgefüllten Formulars und sind am Schluß mit folgender Bescheinigung zu versehen:

daß andere unter die Tarifstelle Nr. 48 Buchst. a des Stempelsteuergesetzes vom 31. Juli 1895 fallende Verträge, als die vorstehend eingetragenen, in dieses Verzeichniß nicht aufzunehmen waren, versichere ich.

Ort. Datum.

Unterschrift des Pächters u. s. w.

Die Aufstellung und Versteuerung der Verzeichnisse doch Beauftragte oder Vertreter ist zulässig; doch bleiben die eigentlich Verpflichteten für die gesetzlichen Stempelabgaben sowie für die verwirkten Strafen persönlich verhaftet.

46) Der Eintragung in das Verzeichniß unterliegen alle Pacht- und Afterpachtverträge, Mieth- und Aftermiethverträge sowie antichretische Verträge, welche innerhalb eines Kalenderjahres in Geltung gewesen sind auf Grund

eines förmlich schriftlichen Vertrages, eines durch Briefwechsel zu Stande gekommenen Vertrags

einer in einem Vertrage der vorbezeichneten Art enthaltenen Bestimmung:

daß das Pacht-, Afterpacht-, Mieth- u. s. w. Verhältniß unter gewissen Voraussetzungen (z. B. im Falle einer innerhalb einer bestimmten Frist nicht erfolgten Kündigung) als verlängert gelten soll,

sofern der Zins (bezw. Nutzung), wenn er nach der Dauer eines Jahres berechnet wird, mehr als 300 M. beträgt. Trifft letztere Voraussetzung zu, so sind die Verträge auch alsdann steuerpflichtig, wenn der auf die Geltungsdauer des Vertrags während des betreffenden Kalenderjahres entfallende Zins- oder Nutzungsbetrag 150 M. oder weniger (vergl. § 4a des Gesetzes) beträgt, so daß z. B. ein während der Dauer eines halben Monats in Geltung gewesener Miethvertrag, in dem der monatliche Miethzins auf 30 M. verabredet ist, der Eintragung in das Verzeichniß und der Versteuerung (mit 0,50 M.) bedarf, während andererseits ein 10 Monate in Geltung gewesener Miethvertrag, in dem der monatliche Miethzins auf 25 M. festgesetzt ist, steuerfrei bleibt.

Derjenige Zeitraum, hinsichtlich dessen eine Versteuerung der Pacht-, Mieth- u. s. w. Verträge, welche vor dem 1. April 1896 geschlossen worden sind, bereits stattgefunden hat, bleibt für die Eintragung in das Verzeichniß außer Betracht.

Wenn Pacht-, Mieth- u. s. w. Verträge vor Ablauf der vertragsmäßig festgesetzten Zeit ihr Ende erreichen, so ist der Stempel nur für die Zeit bis zur Beendigung der Verträge zu entrichten, sodaß beispielsweise ein für die Zeit vom 1. Januar bis Ende Dezember 1897 zu einem Jahresmiethzinse von 6000 M. verabredeter Miethvertrag, welcher aber nur bis zum 1. Juli 1897 bestanden hat, nur in Höhe von 3000 M. (also mit 3 M.) zu versteuern ist.

Die Entrichtung des gesetzlichen Stempels ist nicht auf das betreffende Kalenderjahr beschränkt, sondern es ist nach dem Belieben des Steuerpflichtigen eine Vorausversteuerung auf mehrere Jahre zulässig.

47) Die Versteuerung des Verzeichnisses muß bis zum Ablauf des Januar, der auf das Kalenderjahr folgt, für welches die Versteuerung geschehen soll, bewirkt werden und zwar bei demjenigen Hauptamt oder Steueramt bezw. Neben-Zollamt, in dessen Geschäftsbezirk die betreffenden Grundstücke belegen sind oder bei einem Stempelvertheiler. Gehören die Grundstücke zu den Geschäftsbezirken verschiedener Unterämter, so hat der Steuerpflichtige die Wahl, welchem dieser Aemter er das Verzeichniß vorlegen will.

Die Stempelpflicht wird dadurch erfüllt, daß der zur Führung des Verzeichnisses Verpflichtete oder dessen Beauftragter einer der vorbezeichneten Steuerstellen das Verzeichniß ausgefüllt und mit der vorgeschriebenen Versicherung versehen unter Zahlung des Stempelbetrags entweder einreicht oder durch die Post mittelst eingeschriebenen Briefes einsendet oder daß er die in dem Verzeichniß zu machenden Angaben vor der Steuerbehörde unter Entrichtung des Stempelbetrags zu Protokoll erklärt.

48) Die eingegangenen Verzeichnisse sind in rechnerischer Hinsicht von den Steuerbehörden zu prüfen. Insoweit die Verzeichnisse augenscheinliche Unrichtigkeiten enthalten oder ihr Inhalt bei der Durchsicht den Steuerbehörden auf Grund ihrer Kenntniß der örtlichen und persönlichen Verhältnisse noch sonst zu Bedenken Anlaß giebt, sind die gemachten Angaben durch Verhandlungen mit den Steuerpflichtigen richtig zu stellen und auf Grund dieser Ermittelungen die Stempel anderweit zu berechnen, auch, sofern Zuwiderhandlungen vorliegen, die erforderlichen Anordnungen wegen Einleitung des Strafverfahrens zu treffen. Dem pflichtmäßigen Ermessen der Hauptämter, Zoll- und Steuerämter sowie der Stempelvertheiler bleibt es überlassen, die Verzeichnisse hinsichtlich der sachlichen Richtigkeit der gemachten Angaben einer weiteren Prüfung zu unterziehen, soweit es der Dienstbetrieb gestattet.

Die Stempelmarken sind von den vorgedachten Steuerbehörden nach der Vorschrift der Ziffer 15 A II Nr. 1

dieser Bekanntmachung unmittelbar hinter der vorgeschriebenen Versicherung oder, wenn die betreffende Seite keinen genügenden Raum bietet, auf der folgenden Seite oder, wenn eine solche Seite nicht vorhanden ist, auf einem mit dem Verzeichniß in festen Zusammenhang zu bringendem Blatt zu entwerthen, jedoch mit der Maßgabe, daß es der im zweiten Absatz der Ziffer 15 A II Nr. 1 vorgeschriebenen Vermerke nicht bedarf. Sollen die Angaben zu Protokoll erklärt werden, so ist hierzu das vorgeschriebene Formular zu benutzen und hinter der Versicherung von dem betreffenden Beamten ein von dem Steuerpflichtigen zu unterschreibender Vermerk über die Protokollirung aufzunehmen, z. B.

Vorstehende, zu Protoll erklärte Angaben nach Vorlesung g. u. u.

Namensunterschrift des Steuerpflichtigen.
Stand und Wohnort desselben.
Datum.

Amtsstelle.
Name des Beamten.

Die durch die Post eingesendeten Verzeichnisse sind dem Steuerpflichtigen, wenn er nicht die amtliche Aufbewahrung beantragt hat, binnen 3 Tagen mit den entwertheten Stempelzeichen ohne Anschreiben mittelst eingeschriebenen unfrankirten Briefes wieder zuzustellen, nachdem über die stattgefundene Entwerthung ein Vermerk zu den Akten gemacht ist. Wird die amtliche Aufbewahrung verlangt, so ist der Antragsteller von der Entwerthung zu benachrichtigen.

49) Die den Haupt- und Unterämtern zur Aufbewahrung übergebenen Verzeichnisse sind in übersichtlicher Weise und in einer sich entweder aus den Namen der Verpächter, Vermiether u. s. w. oder aus der ortsüblichen Bezeichnung der Grundstücke (Straße, Hausnummer rc.) ergebenden Reihenfolge oder in irgend einer anderen bestimmten Ordnung aufzubewahren, sodaß jedes einzelne Verzeichniß ohne Schwierigkeit und Zeitverlust aufgefunden werden kann. Ueber die Hinterlegung der Verzeichnisse ist den Steuerpflichtigen auf Verlangen eine Empfangsbescheinigung auszustellen.

Zur Tarifstelle 54.

50) Wenn die Anrechnung des zu einer Punktation verwendeten Werthstempels auf denjenigen Stempel verlangt wird, welchem eine auf Grund der Punktation aufgenommene, mit ihr im wesentlichen übereinstimmende Vertragsurkunde unterliegt, so ist von dem Steuerpflichtigen bei der Versteuerung dieser Vertragsurkunde die mit dem Werthstempel versehene Punktation (bei notariellen Punktationen die mit der Bescheinigung des zur Urschrift verwendeten Stempels versehene Ausfertigung) vorzulegen. Auf das weitere Verfahren finden die Vorschriften der Ziffern 28 Absatz 2 und 32 dieser Bekanntmachung entsprechende Anwendung. Da die Anrechnung sich nur auf den zur Punktation verwendeten Werthstempel bezieht, so bleiben die festen Stempel, welche die Punktation, wenn sie nicht mit dem Werthstempel versteuert wäre, mit Rücksicht auf die besondere Form ihrer Errichtung erfordern würde (Notariats-

urkundenstempel u. s. w.) oder welche zu ihr wegen der darin enthaltenen Nebenverträge (vergl. Tarifstelle 71 Ziffer 2 Absatz 1 des Gesetzes) noch besonders verwendet worden sind, von der Anrechnung ausgeschlossen.

Zur Tarifstelle 58.

51) Die zu Gunsten von Kommunalverbänden, Kommunen oder Korporationen ländlicher oder städtischer Grundbesitzer oder Grundkredit- und Hypothekenbanken ausgestellten Schuldverschreibungen, welche auf Grund der demnächstigen Ausreichung reichsstempelpflichtiger Renten- und Schuldverschreibungen nach der Befreiung d unter I dieser Tarifstelle von der Entrichtung des landesgesetzlichen Schuldverschreibungsstempels frei sind, müssen mit einem den Grund der Stempelfreiheit erkennen lassenden Vermerk versehen sein, z. B.

Stempelfrei, da auf Grund dieser Verschreibung reichsstempelpflichtige Pfandbriefe neu ausgegeben werden.

Ort. Datum.

Unterschrift.

Dieser Vermerk ist von dem Verbande oder der Bank, zu deren Gunsten die Urkunde lautet, unterschriftlich zu vollziehen. Ist die Schuldurkunde von Behörden oder Notaren aufgenommen, so kann der Vermerk auch von diesen auf die Urkunde gesetzt werden.

52) Wegen der Versteuerung der Anträge auf Eintragung einer Hypothek oder Grundschuld oder wiederkehrenden Geldleistung sowie wegen der Anrechnung der zu diesen Anträgen entrichteten Stempel auf diejenigen

Stempel, welchen die nachträglich über das zu Grunde liegende Geschäft errichteten Urkunden unterliegen, finden die Vorschriften der Ziffern 28 und 32 dieser Bekanntmachung Anwendung.

Zur Tarifstelle 73.

53) Wenn zum Gebrauch im Verwaltungsstreitverfahren und im Verfahren vor den Gewerbegerichten bestimmte Vollmachten ohne den vorgeschriebenen Stempel bei den genannten Behörden eingereicht werden, so haben die Behörden denselben einzuziehen und zu den Akten zu entwerthen. Die Aussteller der Vollmachten sind von Stempelstrafe frei, wenn die Urkunden innerhalb der Stempelverwendungsfristen des § 16 des Gesetzes eingereicht sind. Ist diese Frist bei der Einreichung bereits überschritten, so haben die Verwaltungs- bezw. Gewerbegerichte das zuständige Hauptamt von der vorgekommenen Zuwiderhandlung zu benachrichtigen.

Berlin, den 13. Februar 1896.

Der Finanz-Minister.
Miquel.

Muster a.

(zu §§. 14 und 32 des Gesetzes und Ziffer 14 C Nr. 2 der Bekanntmachung).

Anmeldung zur Abstempelung von Formularen oder beschriebenen Bogen.

Laufende Nr.	Bezeichnung der abzustempelnden Formulare oder Bogen	Stückzahl der abzustempelnden Formulare oder Bogen	Stückzahl der überschüssigen Formulare oder Bogen	Stempelbetrag für das einzelne Stück		Stempelbetrag im Ganzen		Bemerkungen (insbesondere über die Herstellung eines Aufdrucks oder Vordrucks auf den abzustempelnden Formularen oder Bogen)
				M.	Pf.	M.	Pf.	
1.	2.	3.	4.	5.		6.		7.

Muster b.

(zu §§. 14 und 32 des Gesetzes und Ziffer 15 B Nr. 2 der Bekanntmachung).

Stempelsteuerbuch de .... in ....
betreffend die Verwendung von Stempelmarken ohne amtliche Ueberwachung.

Laufende Nr.	Namen, Stand und Wohnort der Steuerpflichtigen	Art des beurkundeten Geschäfts	Bezeichnung der Tarifstelle (Nummer, Ziffer, Buchstabe)	Werth des Gegenstandes		Verwendeter Stempel		Datum der Entwerthung
				M.	Pf.	M.	Pf.	
1.	2.	3.	4.	5.		6.		7.

Beilage 1.

(Zu § 31 des Ges. und Ziffer 25 der Bekanntmachung.)

Geschäftsbezirke der Stempel- und Erbschaftssteuerämter.

Für die Stempel- und Erbschaftssteuerämter bestehen die nachstehend angegebenen Geschäftsbezirke:

I. Provinz Ostpreußen:

1) das Stempel- und Erbschaftssteueramt I in Königsberg für den Regierungsbezirk Königsberg mit Ausnahme der Kreise Memel, Labiau, Wehlau und Gerdauen;

2) das Stempel- und Erbschaftssteueramt II in Königsberg für den Regierungsbezirk Gumbinnen und die zu 1 genannten 4 Kreise des Regierungsbezirks Königsberg.

II. Provinz Westpreußen:

1) das Stempel- und Erbschaftssteueramt I in Danzig für den rechts der Weichsel gelegenen Theil der Provinz, soweit er nicht zum Bezirke des Königlichen Landgerichts zu Danzig gehört, mit Einschluß des auf dem linken Weichselufer gelegenen Theiles des Kreises Thorn;

2) das Stempel- und Erbschaftssteueramt II in Danzig für den übrigen Theil der Provinz.

III. Provinz Brandenburg:

das Stempel- und Erbschaftssteueramt Abtheilung I, II, III, IV und V in Berlin
für den Stadtkreis Berlin und die Provinz Brandenburg.

IV. Provinz Pommern:

1) das Stempel- und Erbschaftssteueramt I in Stettin
für den rechts der Oder gelegenen Theil der Provinz mit Einschluß der Inseln Usedom und Wollin;
2) das Stempel- und Erbschaftssteueramt II in Stettin
für den übrigen Theil der Provinz mit Einschluß von Stettin und Alt-Damm.

V. Provinz Posen:

1) das Stempel- und Erbschaftssteueramt I in Posen
für den Regierungsbezirk Posen mit Ausnahme der Kreise Obornik, Samter, Birnbaum, Meseritz und Schwerin a. W.;
2) das Stempel- und Erbschaftssteueramt II in Posen
für den übrigen Theil der Provinz.

VI. Provinz Schlesien:

das Stempel- und Erbschaftssteueramt Abtheilung I, II III in Breslau
für die Provinz Schlesien.

VII. Provinz Sachsen:

1) das Stempel- und Erbschaftssteueramt I in Magdeburg
für den Regierungsbezirk Magdeburg mit Aus-

schluß der Kreise Wanzleben, Aschersleben, Kalbe a. S., Jerichow I und Jerichow II, ferner den Bezirk des bisherigen Amts Elbingerode im Kreise Ilfeld in der Provinz Hannover und die Revisionsstellen in Braunschweig;

2) das Stempel- und Erbschaftssteueramt II in Magdeburg für den Regierungsbezirk Merseburg mit Ausschluß der Kreise Sangerhausen, Mansfelder Gebirgs- und Seekreis und für die Revisionsstellen in Anhalt, Altenburg und Gera;

3) das Stempel- und Erbschaftssteueramt III in Magdeburg für den Regierungsbezirk Erfurt, ferner für die Kreise Wanzleben, Aschersleben, Kalbe a. S., Jerichow I und Jerichow II des Regierungsbezirks Magdeburg, den Kreis Sangerhausen und den Mansfelder Gebirgs- und Seekreis des Regierungsbezirks Merseburg, sowie für die zu den Provinzen Hessen-Nassau bezw. Hannover gehörigen Kreise Schmalkalden und Ilfeld mit Ausschluß des Bezirks des bisherigen Amts Elbingerode, außerdem für die Revisionsstellen in Coburg, Gotha, Hildburghausen, Meiningen, Rudolstadt, Sondershausen und Weimar.

VIII. Provinz Schleswig-Holstein:

das Stempel- und Erbschaftssteueramt in Altona für die Provinz Schleswig-Holstein.

IX. Provinz Hannover:

1) das Stempel- und Erbschaftssteueramt I in Hannover

für die Regierungsbezirke Hannover, Osnabrück und die Kreise Osterode a. H., Duderstadt, Göttingen (Stadt- und Landkreis), Münden, Uslar, Einbeck, Northeim und Zellerfeld des Regierungsbezirks Hildesheim;

2) das Stempel- und Erbschaftssteueramt II in Hannover für die Regierungsbezirke Lüneburg, Stade, Aurich und die Kreise Peine, Hildesheim (Stadt- und Landkreis), Marienburg, Gronau, Alfeld und Goslar des Regierungsbezirks Hildesheim.

X. Provinz Westfalen:

1) das Stempel- und Erbschaftssteueramt I in Münster für die Regierungsbezirke Münster und Minden und den zur Provinz Hessen-Nassau gehörigen Kreis Rinteln;

2) das Stempel- und Erbschaftssteueramt II in Münster für den Regierungsbezirk Arnsberg.

XI. Provinz Hessen-Nassau:

1) das Stempel- und Erbschaftssteueramt in Cassel für den Regierungsbezirk Cassel mit Ausschluß der dem Stempel- und Erbschaftssteueramt III in Magdeburg bezw. I in Münster unterstellten Kreise Schmalkalden und Rinteln;

2) das Stempel- und Erbschaftssteueramt in Frankfurt a. M. für den Regierungsbezirk Wiesbaden und den zur Rheinprovinz gehörigen Kreis Wetzlar.

XII. Rheinprovinz:

1) das Stempel- und Erbschaftssteueramt in Aachen
für den Regierungsbezirk Aachen und die Kreise München-Gladbach (Stadt- und Landkreis), Grevenbroich und Kempen des Regierungsbezirks Düsseldorf;

2) das Stempel- und Erbschaftssteueramt in Koblenz
für den Regierungsbezirk Koblenz mit Ausschluß des dem Stempel- und Erbschaftssteueramt in Frankfurt a. M. unterstellten Kreises Wetzlar.

3) das Stempel- und Erbschaftssteueramt in Köln
für die Kreise Köln (Stadt- und Landkreis), Bergheim, Bonn, Euskirchen, Mülheim a. Rhein, Rheinbach und Steg-Kreis;

4) das Stempel- und Erbschaftssteueramt in Düsseldorf
für die Stadtkreise Krefeld, Düsseldorf und Duisburg, die Landkreise Krefeld und Düsseldorf, die Kreise Kleve, Geldern, Mörs, Neuß, Rees und Ruhrort, sowie für den preußischen Gerichtsbezirk der ehemaligen Bundesfestung Mainz;

5) das Stempel- und Erbschaftssteueramt in Elberfeld
für die Stadtkreise Barmen, Elberfeld, Essen und Remscheid, den Landkreis Essen und die Kreise Lennep, Mettmann, Mülheim a. d. Ruhr und Solingen des Regierungsbezirks Düsseldorf, sowie die Kreise Gummersbach, Waldbröl und Wipperfürth des Regierungsbezirks Köln;

6) das Stempel- und Erbschaftssteueramt in Trier
für den Regierungsbezirk Trier.

Beilage 2.

(Tarifstelle 48 des Ges. und Ziffer 45 der Bekanntmachung.)

Pacht- (Mieth-, Antichrese-) Verzeichniß

betreffend d . . . Grundstück

in . . . . . . Nummer . . . d . . Straße (Platzes)

" . . . . " . . . " . . " "

" . . . . " . . . " . . " "

" . . . . " . . . " . . " "

" . . . . " . . . " . . " "

Bemerkungen.

1) Der Eintragung in das Verzeichniß unterliegen alle Pacht- und Afterpachtverträge, Mieth- und Aftermiethverträge, sowie antichretische Verträge, welche innerhalb eines Kalenderjahres in Geltung gewesen sind auf Grund

eines förmlichen schriftlichen Vertrags,

eines durch Briefwechsel zu Stande gekommenen Vertrags,

einer in einem Vertrage der vorbezeichneten Art enthaltenen Bestimmung:

daß das Pacht-, Afterpacht-, Mieth- u. s. w. Verhältniß unter gewissen Voraussetzungen (z. B. im Falle einer innerhalb einer bestimmten Frist nicht erfolgten Kündigung) als verlängert gelten soll,

sofern der Zins (bezw. Nutzung), wenn er nach der Dauer eines Jahres berechnet wird, mehr als 300 M.

beträgt. Trifft letztere Voraussetzung zu, so sind die Verträge auch alsdann steuerpflichtig, wenn der auf die Geltungsdauer des Vertrags während des betreffenden Kalenderjahres entfallende Zins- oder Nutzungsbetrag 150 M. oder weniger (vergl. § 4a des Stempelsteuergesetzes vom 31. Juli 1895) beträgt, so daß z. B. ein während der Dauer eines halben Monats in Geltung gewesener Miethvertrag, in dem der monatliche Miethzins auf 30 M. verabredet ist, der Eintragung in das Verzeichniß und der Versteuerung (mit 0,50 M.) bedarf, während andererseits ein 10 Monate in Geltung gewesener Miethvertrag, in dem der monatliche Miethzins auf 25 M. festgesetzt ist, steuerfrei bleibt.

Mündlich geschlossene Pacht-, Mieth- u. s. w. Verträge sind nicht steuerpflichtig und deshalb in das Verzeichniß nicht aufzunehmen.

2) Derjenige Zeitraum, hinsichtlich dessen eine Versteuerung der Pacht-, Mieth- u. s. w. Verträge, welche vor dem 1. April 1896 geschlossen worden sind, bereits stattgefunden hat, bleibt für die Eintragung in das Verzeichniß außer Betracht.

3) Wenn Verträge der unter Ziffer 1 bezeichneten Art vor Ablauf der vertragsmäßig festgesetzten Zeit ihr Ende erreichen, so ist der Stempel nur für die Zeit bis zur Beendigung der Verträge zu entrichten, so daß beispielsweise ein für die Zeit vom 1. Januar bis Ende Dezember 1897 zu einem Jahresmiethzinse von 6000 M.

geschlossener Miethvertrag, welcher aber nur bis zum 1. Juli 1897 bestanden hat, nur in Höhe von 3000 M. (also mit 3 M.) zu versteuern ist.

4) Die Entrichtung des gesetzlichen Stempels ist nicht auf das betreffende Kalenderjahr beschränkt, sondern es ist nach dem Belieben des Steuerpflichtigen eine Vorausversteuerung auf mehrere Jahre zulässig. Wegen der Berechnung des Stempels bei Vorausbesteuerungen vergl. den zweiten Absatz der folgenden Ziffer.

5) Die Stempelabgabe beträgt $^{1}/_{10}$ vom Hundert des Pachtzinses (Miethzinses, der antichretischen Nutzung) und der Mindestbetrag derselben 50 Pf. Die Stempelabgabe steigt in Abstufungen von je 50 Pf., wobei überschießende Steuerbeträge auf je 50 Pf. abgerundet werden, so daß also bei einem Zinse bezw. einer Nutzung

bis zu 500 M. der Stempel beträgt 0,50 M.

von mehr als

500 bis 1000 M. der Stempel beträgt 1,— M.

von mehr als

1000 bis 1500 M. der Stempel beträgt 1,50 M.

u. s. w.

Bei Vorausversteuerungen für eine längere Vertragsdauer als das abgelaufene Kalenderjahr berechnet sich der Stempel nicht nach der Gesammtsumme der für den betreffenden Zeitraum zu zahlenden Pacht, Miethe u. s. w., sondern er stellt sich in der Gesammtsumme der Stempelbeträge dar, die sich für die einzelnen Kalenderjahre ergeben. Soll z. B. ein für die Zeit vom 1. Oktober 1897 bis Ende 1898 über eine Jahresmiethe von 400 M. geschlossener Miethvertrag im Januar 1898 im Voraus für das Jahr 1898 versteuert werden, so beträgt der Stempel nicht $^{1}/_{10}$ vom Hundert der im Ganzen zu zahlenden Miethe von (100 + 400) = 500 M., also nicht 0,50 M., sondern er beträgt 1 M., nämlich 0,50 M. für die auf das abgelaufene Kalenderjahr entrichtete Miethe von 100 M. und 0,50 M. für die auf das Kalenderjahr 1898 zu zahlende Miethe von 400 M.

Die Nebenausfertigungen (Nebenexemplare) unterliegen einem besonderen Stempel nicht, wenn nicht etwa ein solcher in Folge der nach Ziffer 14 erforderlichen besonderen Versteuerung der Hauptausfertigung fällig ist.

6) Die Aufstellung und Versteuerung der Verzeichnisse durch Beauftragte oder Vertreter ist zulässig, doch bleiben die eigentlich Verpflichteten für die gesetzlichen Stempelabgaben sowie für die verwirkten Strafen persönlich verhaftet.

7) Alle von einem Verpächter, Vermiether u. s. w. für ein Kalenderjahr oder im voraus zu versteuernden Verträge sind in ein Verzeichniß einzutragen, auch wenn die Verträge sich auf mehrere Grundstücke beziehen, sofern nur diese Grundstücke zu demselben Hauptamtsbezirk gehören. Jedoch kann auch über jedes einzelne Grundstück ein besonderes Verzeichniß geführt werden. Sind die mehreren Grundstücke in verschiedenen Hauptamtsbezirken gelegen, so ist für jeden Bezirk ein besonderes Verzeichniß zu führen.

Werden in einem Verzeichniß die Verträge über mehrere Grundstücke nachgewiesen, so sind die mehreren Verträge, die ein und dasselbe Grundstück betreffen, zusammenhängend je in besonderen Abschnitten einzutragen. Die einzelnen Grundstücke sind in der Ueberschrift des Näheren zu bezeichnen. Es steht den Steuerpflichtigen frei, für jedes Kalenderjahr ein besonderes Verzeichniß zu führen oder die Versteuerungen für die einzelnen auf einander folgenden Kalenderjahre in demselben Verzeichniß zu bewirken.

8) Das Verzeichniß ist von dem Verpächter, Vermiether u. s. w. oder seinem Beauftragten mit folgender Bescheinigung zu versehen:

> daß andere, unter die Tarifstelle Nr. 48 Buchstabe a des Stempelsteuergesetzes vom 31. Juli 1895 fallende Verträge als die vorstehend eingetragenen in dieses Verzeichniß nicht aufzunehmen waren, versichere ich.
>
> . . . . den . . . . 189 . .
>
> (Vor- und Zuname, sowie Stand des Verpächters, Vermiethers u. s. w. oder seines Beauftragten).

9) Die Versteuerung des Verzeichnisses muß bis zum Ablauf des Januar, der auf das Kalenderjahr folgt, für welches die Versteuerung geschehen soll, bewirkt werden, und zwar bei demjenigen Hauptamt oder Steueramt bezw. Neben-Zollamt, in dessen Geschäftsbezirk die betreffenden Grundstücke belegen sind, oder bei einem

benachbarten Stempelvertheiler. Gehören die Grundstücke zu den Geschäftsbezirken verschiedener Unterämter, so hat der Steuerpflichtige die Wahl, welchem dieser Aemter er das Verzeichniß vorlegen will (vergl. Ziffer 7).

10) Die Stempelpflicht wird dadurch erfüllt, daß der zur Führung des Verzeichnisses Verpflichtete oder dessen Beauftragter einer der in der Ziffer 9 bezeichneten Steuerstellen das Verzeichniß ausgefüllt und mit der in der Ziffer 8 angegebenen Versicherung versehen unter Zahlung des Stempelbetrags entweder einreicht oder durch die Post mittels eingeschriebenen Briefes einsendet oder daß er die in dem Verzeichniß zu machenden Angaben vor der Steuerbehörde unter Entrichtung des Stempelbetrags zu Protokoll erklärt.

11) Die zur Führung der Verzeichnisse Verpflichteten haben die Verzeichnisse fünf Jahre lang aufzubewahren. Auf Verlangen erfolgt die Aufbewahrung durch die Steuerbehörde.

12) Alle Verpächter, Vermiether u. s. w. sind verbunden, die von ihnen zu führenden Verzeichnisse den Vorständen der Stempelsteuerämter auf Verlangen einzureichen oder, wenn sie Verzeichnisse nicht eingereicht haben, auf Aufforderung der Steuerbehörde anzuzeigen, daß von ihnen während des vorangegangenen Kalenderjahres Verträge der erwähnten Art, deren Eintragung in das Verzeichniß gesetzlich erforderlich ist, nicht errichtet worden sind.

13) Wer den Vorschriften bezüglich der Verpflichtung zur Entrichtung der Stempelsteuer für Pacht-, Mieth- u. s. w. Verträge zuwiderhandelt, hat eine Geldstrafe verwirkt, welche dem zehnfachen Betrage des hinterzogenen Stempels gleichkommt, mindestens aber 30 M. beträgt. Ergiebt sich aus den Umständen, daß eine Steuerhinterziehung nicht hat verübt werden können oder nicht beabsichtigt worden ist, so tritt eine Ordnungsstrafe bis zu 300 M. ein. Eine Strafe bis zu einem gleichen Betrage ist verwirkt, wenn den Vorschriften bezüglich der Aufbewahrung der Verzeichnisse zuwidergehandelt wird oder die unter Ziffer 12 erwähnten Aufforderungen unbeachtet bleiben.

14) Durch die Versteuerung der Pacht-, Mieth- 2c. Verzeichnisse gelten die Verträge nur insoweit als versteuert, als in ihnen die Pacht-, Mieth- 2c. Abkommen beurkundet sind, nicht aber auch hinsichtlich anderer, in ihnen etwa noch enthaltener, besonders stempelpflichtiger Rechtsgeschäfte. Insbesondere gelten nicht als mitversteuert die von den Pacht-, Mieth- 2c. Abkommen unabhängigen Nebenverträge, also beispielsweise die Verabredung, daß die Entscheidung entstehender Streitigkeiten einem Schiedsgericht oder einem an sich unzuständigen Gericht übertragen werden solle, oder die Vereinbarung eines Vorkaufsrechts für den Pächter, Miether u. s. w. Derartige Nebenabreden sind nach § 14 und der Tarifstelle 71 Ziffer 2 Abs. 1 des Gesetzes in der Weise zu versteuern, daß die erforderlichen Stempel-

(Fortsetzung des Textes auf S. 256.)

Laufende Nr.	Name des Pächters (Miethers, Pfandinhabers)	Bezeichnung des Vertrages	
		Datum	Art
1.	2.	3.	
1	*Friedrich Rücker*	*15. 3. 97*	*Miethe*
2	*Johann Beständig*	*20. 3. 97*	„
3	*Ernst Unverzogen*	*31. 1. 97*	„
4	*Heinrich Habermann* . .	*15. 7. 97*	*Pacht*

Daß andere unter die Tarifstelle Nr. 48 Buchstabe a Verträge, als die vorstehend eingetragenen, in dieses

Ort, Datum. Vor- und Zuname, sowie

Vertragsdauer im abgelaufenen Kalenderjahr; bei Vorausversteuerungen Angabe des zu versteuernden Zeitraumes im Ganzen und nach Kalenderjahren	Betrag der Pacht, Miethe oder des Nutzertrages				Betrag der nach den Spalten 4 und 5 zu versteuernden Pacht, Miethe oder des Nutzertrages		Betrag des Stempels	
	jährlich		monatlich					
	M.	Pf.	M.	Pf.	M.	Pf.	M.	Pf.
4.	5.				6.		7.	
1. 4. 97 bis 15. 4. 97	—	—	*30*	—	*15*	—	—	*50*
1. 4. 97 bis 30. 11. 97	*6000*	—	—	—	*4000*	—	*4*	—
1. 4. 97 bis 31. 3. 99 und zwar								
1. 4. 97 bis 31. 12. 97	*3000*	—	—	—	*2250*	—	*2*	*50*
1. 1. 98 bis 31. 12. 98			—	—	*3000*	—	*3*	—
1. 1. 99 bis 31. 3. 99			—	—	*750*	—	*1*	—
1. 10. 97 bis 30. 9. 17 und zwar								
1. 10. 97 bis 31. 12. 97	*3600*	—	—	—	*900*	—	*1*	—
1. 1. 98 bis 31. 12. 11			—	—	*14 mal je 3600*	—	*56*	—
1. 1. 12 bis 31. 12. 16	*4800*	—	—	—	*5 mal je 4800*	—	*25*	—
1. 1. 17 bis 30. 9. 17			—	—	*3600*	—	*4*	—

des Stempelsteuergesetzes vom 31. Juli 1895 fallende Verzeichniß nicht aufzunehmen waren, versichere ich.

Stand des Vermiethers, Verpächters u. s. w.

materialien zu der Urkunde selbst durch eine Steuerstelle innerhalb der im § 16 des Gesetzes bestimmten Frist von 2 Wochen entwerthet werden.

Als besonders stempelpflichtiger Nebenvertrag ist aber nicht anzusehen die Verabredung, wonach der Vermiether, wenn er sein Zurückbehaltungsrecht wegen rückständiger Miethe ausübt, nach fruchtloser schriftlicher Zahlungsaufforderung berechtigt sein soll, die zurückbehaltenen Gegenstände freihändig zu veräußern und sich aus dem Erlöse zu befriedigen, ohne daß Miether Schadensersatzansprüche geltend machen kann, und ferner die Vereinbarung, wonach der Miether die eingebrachten Sachen an den Vermiether während der Dauer des Vertrages für den richtigen Eingang der Miethe, sowie für die sonstigen Ansprüche aus dem Miethvertrag verpfändet.

15) Die Führung des Verzeichnisses erfolgt nach dem vorstehend abgedruckten Muster. In demselben ist eine jährliche oder monatliche Pacht, Miethe u. s. w. vorausgesetzt; in den Fällen, in denen die Pacht, Miethe u. s. w. nach Wochen oder Tagen vereinbart ist, wird das Formular entsprechend abzuändern sein.

B. Dienstvorschriften
betreffend
die Ausführung des Stempelsteuergesetzes.

Vom 14. Februar 1896.

(Centr.Bl. S. 93 ff.)

[Die Muster a bis e, die Beilagen 3 bis 9 und die Muster A bis J sind, als entbehrlich für die Zwecke dieses Buches, hier nicht mit abgedruckt.]

Zur Ausführung des am 1. April 1896 in Kraft tretenden Stempelsteuergesetzes vom 31. Juli 1895 (Gesetz-Samml. S. 413) wird vom Finanz-Minister im Einverständniß mit den Ministern für Handel und Gewerbe, der öffentlichen Arbeiten, der geistlichen, Unterrichts- und Medizinal-Angelegenheiten, der Justiz und des Innern Folgendes bestimmt:*)

I. Abschnitt.

Von der Pflicht zur Entrichtung der Stempelsteuer.

Zu § 5 des Gesetzes.

1. Jeder Provinzial-Steuerdirektor und jedes Stempelsteueramt führt über diejenigen Stiftungen ein Verzeichniß, welche als milde Stiftungen anerkannt sind.

*) Anmerkung. Die Dienstvorschriften für die Gerichte sind in eine besondere allgemeine Verfügung des Finanzministers und des Justizministers aufgenommen. Die hier gegebenen Vorschriften kommen daher für die Gerichte nur insoweit in Betracht, als sie ausdrückliche Anordnungen für diese enthalten.

Zu § 6 des Gesetzes und Ziffer 6 der Bekanntmachung.

2. Wegen der Stempelerstattungen des zweiten Absatzes kommt die Ziffer 17 dieser Vorschriften zur Anwendung.

Zu § 7 des Gesetzes.

3. Die zwischen den Steuerbehörden bezw. Beamten und den Steuerpflichtigen über den Werth des Gegenstandes zu treffenden Einigungen sind nur unter dem ausdrücklichen Vorbehalt der Abänderung durch die vorgesetzten Dienstbehörden zu treffen.

Zu § 9 des Gesetzes.

4. Wird den Steuerbehörden eine stempelpflichtige Verhandlung mit dem Antrage vorgelegt, dieselbe als Nebenausfertigung (Duplikat, Nebenexemplar) zu versteuern, so ist diesem Antrage nur dann zu entsprechen, wenn das Vorhandensein einer als Hauptausfertigung vorschriftsmäßig versteuerten Urkunde nachgewiesen ist. Kann ein solcher Nachweis nicht geführt werden, so ist die vorgelegte Verhandlung als die vorhandene einzige Ausfertigung anzusehen und zur Versteuerung zu ziehen. Der verwendete Stempel wird jedoch bis auf den zur Nebenausfertigung erforderlichen Betrag zurückgezahlt, sobald später die vorschriftsmäßig versteuerte Hauptausfertigung vorgelegt werden kann. Der Erstattungsantrag ist an das zuständige Stempelsteueramt zu richten, welches das Erforderliche nach den Bestimmungen der Ziffer 17 dieser Vorschriften zu veranlassen hat.

Zu § 11 des Gesetzes.

5. Von der Bestimmung des Gesetzes, daß die Stempelabgabe mindestens 0,50 M. beträgt und in Abstufungen von je 0,50 M. steigt, enthält der Tarif in der Tarifstelle 58 „Schuldverschreibungen I (Ermäßigungen Buchstabe b) und II“ sowie in der Tarifstelle 70 „Versicherungsverträge“ Ausnahmen, indem der Mindestbetrag der dort bezeichneten Abgaben sich auf nur 0,20 bezw. 0,10 M. beläuft und in Abstufungen von gleichen Beträgen ansteigt. Auf die in der Tarifstelle 22 „Erlaubnißertheilungen“ unter den Buchstaben c, d und m aufgeführten Viertel und Hälften der Steuersätze findet die allgemeine Regel Anwendung.

II. Abschnitt.

Von der Erfüllung der Stempelpflicht und den Folgen der Nichterfüllung.

Zu §§ 14 und 15 des Gesetzes und Ziffer 14 und 15 der Bekanntmachung.

6. Behörden und Beamte, einschließlich der Notare, haben sich der Verauslagung der Stempelgebühren thunlichst zu enthalten, weil ihnen nach § 25 Buchstabe b des Gesetzes wegen dieser Auslagen ein Erstattungsanspruch gegen die Staatskasse zusteht und diese Ausfälle erleiden würde, wenn inzwischen die zur Zahlung verpflichteten Personen zahlungsunfähig geworden sind.

7. Alle Behörden und Beamten haben die Pflicht, die Verwendung der Stempel, mit welchen die von ihnen ausgefertigten Schriftstücke versehen sind, auf den Urschriften, Abschriften ꝛc. oder, wo dergleichen Urkunden nicht vorhanden sind, durch einen besonderen Vermerk in den Akten zu bescheinigen. Diese Pflicht erstreckt sich nicht auf die in der Ziffer 14 C Nr. 1 Buchstabe a bis d der Bekanntmachung erwähnten Gewerbelegitimationskarten, Pässe, Paßkarten und Befähigungszeugnisse ꝛc. für Seeschiffer, Seesteuerleute und Maschinisten.

Notaren liegt es auch ob, auf den bei den Notariatsakten verbleibenden Verhandlungen den Betrag des Stempels zu vermerken, mit welchem die bei der Aufnahme der Notariatsverhandlungen vorgelegten Urkunden versehen sind. Dies gilt insbesondere von Vollmachten, welche zu den von den Notaren über den Hergang in Generalversammlungen aufgenommenen Verhandlungen von den Betheiligten vorgelegt werden.

Sofern sich der erforderliche Stempel nicht ohne Weiteres aus der Urkunde berechnen läßt, sind Behörden und Beamte, einschließlich der Notare, verpflichtet, auf den Urschriften oder Abschriften der ausgefertigten Verhandlungen ꝛc. oder, wenn solche Urkunden nicht vorhanden sind, an der betreffenden Stelle der Akten eine kurze Stempelberechnung aufzustellen, auch die Berechnung auf den Ausfertigungen ꝛc. zu vermerken. Bei Stempelbefreiungen und Stempelermäßigungen sind die Befreiungsgründe sowie die Gründe für die

Anwendung eines geringeren als des höchsten Steuersatzes sowohl an gehöriger Stelle in den Akten, als auch auf den Ausfertigungen ꝛc. zu vermerken.

8. Sind die Stempelgebühren nicht innerhalb der gesetzlichen Fristen (§ 15 des Gesetzes) gezahlt, so ist die zwangsweise Einziehung der Stempelbeträge in Gemäßheit der Verordnung, betreffend das Verwaltungszwangsverfahren wegen Beitreibung von Geldbeträgen vom 7. September 1879 (Gesetz Samml. S. 591), und der dazu erlassenen Ausführungsanweisung vom 15. September 1879 (Centralblatt der Abgaben- ꝛc. Verwaltung S. 287) zu veranlassen. Notare sowie diejenigen Behörden oder Beamten, welchen die Einziehung der der Beitreibung im Verwaltungszwangsverfahren unterliegenden Geldbeträge nicht zusteht, haben den Antrag auf zwangsweise Einziehung des Stempels, für jeden stempelpflichtigen Akt besonders, dem Hauptamte ihres Wohnsitzes bezw. ihrer Amtsstelle einzureichen. Der Antrag muß die Parteien unter der Angabe, ob sie im eigenen Namen oder als Vertreter Anderer (z. B. als Vormünder) betheiligt sind, genau bezeichnen, ferner das Datum, die Nummer und die Gattung der Urkunde sowie den Betrag des Stempels enthalten. Beläge zur Prüfung und Begründung des Antrages brauchen nicht beigefügt zu werden.

Mit der zwangsweisen Einziehung von Stempeln, für deren Nachbringung die Notare von Amtswegen zu sorgen haben, sind die Gerichtsvollzieher zu beauftragen.

Um den Schuldnern der Stempelgebühren die erheblichen Kosten zu ersparen, welche ihnen im Falle der Einklagung der durch die Anträge auf zwangsweise Einziehung entstehenden Schreibgebühren der Notare erwachsen würden (§ 21 der Gebührenordnung für Notare vom 25. Juni 1895), kann die Schreibgebühr, wenn sie von den Notaren bei Stellung der Anträge auf zwangsweise Einziehung der Stempelbeträge in Rechnung gestellt wird, im Verwaltungszwangsverfahren zugleich mit den Stempeln beigetrieben werden. Bei unzureichendem Ausfall der Beitreibung sind die eingegangenen Gelder zunächst zur Deckung der Zwangsvollstreckungskosten und Gebühren der Zwangsvollstreckungsbehörden, demnächst der Schreibgebühr der Notare und alsdann der Stempelgebühren zu verwenden.

9. Die Notare sind verbunden, in allen Fällen, in welchen sich der Werth des Gegenstandes nicht aus den mit den Parteien aufgenommenen schriftlichen Verhandlungen von selbst ergiebt, die Parteien darüber zu vernehmen und die Erklärungen derselben zu vermerken sowie überhaupt die zur Beurtheilung der Höhe des Stempels erforderlichen Angaben zu beschaffen. Diese Verpflichtung hat aber zur Voraussetzung, daß die thatsächlichen Verhältnisse, welche für die Werthfestsetzung und die davon abhängige Stempelberechnung bestimmend sind, zur Zeit der notariellen Aufnahme bezw. Beglaubigung der Urkunde bereits bestanden haben oder binnen zwei Wochen nach dem Tage der Ausstellung

der Urkunden eingetreten sind. Bestimmt sich der Werth des Gegenstandes nach dem Eintritt späterer Ereignisse — beispielsweise der in einem Lieferungsvertrage vereinbarte Preis nach künftigen Marktpreisen —, so liegt den Notaren die Beschaffung der für die Berechnung des Stempels erforderlichen Angaben nicht mehr ob. Doch sind sie in Fällen dieser Art verpflichtet, dem Hauptamt ihres Wohnorts oder ihrer Amtsstelle von dem Sachverhalt Kenntniß zu geben, und zwar unter Angabe des Grundes, weshalb der Stempel nicht oder nicht in dem erforderlichen Betrage verwendet ist, und unter Mittheilung einer Abschrift der betreffenden Verhandlung oder des in Betracht kommenden Theils derselben. Auf der Ausfertigung der Notariatsverhandlung vermerkt der Notar den Grund, weshalb der Stempel zur Urschrift nicht oder nicht ausreichend oder nur in Höhe des Notariatsurkundenstempels mit 1,50 M. verwendet ist, sowie den Tag der Mittheilung an das Hauptamt. Letzteres hat für die Einziehung des Stempels Sorge zu tragen, ihn auf der Anzeige des Notars in der vorgeschriebenen Weise zu verwenden und den Notar von der stattgefundenen Verwendung zu benachrichtigen. Dieses Benachrichtigungsschreiben ist vom Notar als Belag den Notariatsakten beizuheften.

10. Den Schiedsmännern wird empfohlen, bei der Aufnahme von Verhandlungen, bei welchen die Zahlung eines Stempels in Frage kommen kann, die Parteien, namentlich wenn dieselben geschäftsunkundige Personen sind, auf die ihnen nach § 15 Abs. 3 des Gesetzes hinsichtlich der Beibringung des Stempels obliegende Verpflichtung hinzuweisen.

Die Vorschrift des § 13 Buchstabe a des Gesetzes, wonach die Schiedsmänner für die Verwendung des Stempels zu den von ihnen aufgenommenen Urkunden nicht zu haften haben, wird durch die von ihnen vorgenommene Entwerthung der Stempelzeichen nicht berührt. Auch ist aus derselben eine Verantwortlichkeit der Schiedsmänner für die Richtigkeit der Stempelberechnung nicht herzuleiten.

Zu § 16 des Gesetzes.

11. Die Stempelsteuer für Verträge oder andere stempelpflichtige Verhandlungen muß innerhalb der im Gesetz bestimmten Fristen zum vollen Betrage von den Steuerpflichtigen eingezahlt werden. Stundungen oder Abtragungen der Stempelsteuerschuld durch Theilzahlungen sind nur ausnahmsweise beim Vorhandensein besonderer Gründe, und zwar in der Regel nur in den Fällen nachträglich und unverschuldet eingetretener Zahlungsunfähigkeit, zulässig und stets an die Bedingung zu knüpfen, daß

a) die Steuerschuldner sich auf Erfordern zur Verzinsung und zur Bestellung einer angemessenen Sicherheit verpflichten;

b) beim Ausbleiben einer Theilzahlung die zwangsweise Beitreibung des ganzen Restes erfolgen wird;

c) die eingehenden Beträge zunächst auf die rückständige Stempelsteuer, sodann auf die Kosten und zuletzt auf die Geldstrafen verrechnet werden.

Zur Bewilligung von Stundungen und Theilzahlungen fälliger Stempelsteuern bis zum Schluß desjenigen Rechnungsjahres, in welchem die Steuerforderung entstanden ist, sind die Provinzial-Steuerdirektoren befugt. Außerdem dürfen die Provinzial-Steuerdirektoren über den Schluß des Rechnungsjahres hinaus selbständig Fristen oder Theilzahlungen gewähren in allen Stempelsteueruntersuchungen, welche auf dem Verwaltungswege oder gerichtlich entschieden worden sind (und zwar einschließlich der Straf- und Kostenbeträge), und ferner in Ansehung der Steuer- und Kostenbeträge in allen denjenigen Fällen, in welchen mit Rücksicht auf die obwaltenden Verhältnisse von einer Bestrafung Abstand genommen worden ist. In allen übrigen Fällen erfolgt die Genehmigung von Stundungen oder Theilzahlungen durch den Finanzminister.

12. Eine Aussetzung der Versteuerung findet nach dem Gesetz in folgenden Fällen statt:

a) bei gewissen Schenkungsbeurkundungen (Tarifstelle 56 Abs. 3);

b) bei unbestimmtem Werth des Gegenstandes eines Geschäfts (§ 8 des Gesetzes);

c) bei Fideikommißstiftungen rücksichtlich des von dem Stifter vorgesehenen weiteren Anwachsens des Stiftungsvermögens (Tarifstelle 24 Abs. 4);

d) bei Gesellschaftsverträgen hinsichtlich des nicht sofort voll eingezahlten Kapitals (Tarifstelle 25 Buchstabe a letzter Absatz).

In Fällen dieser Art (abgesehen von der nachträglichen Versteuerung der Urkunden über Fideikommißstiftungen) sind die Stempel, welche an sich bei den Gerichtskosten zu vereinnahmen wären, von den Steuerbehörden einzuziehen und zu den Urkunden zu verwenden (§ 30 Abs. 2 des Gerichtskostengesetzes vom 25. Juni 1895; § 12 Ziffer 10 der allgemeinen Verfügung des Justizministers vom 18. September 1895. — Just.-Min.-Bl. S. 278 —).

Im Einzelnen ist nach folgenden Bestimmungen zu verfahren:

A. Bei Schenkungen.

a) Wenn eine Schenkung von dem Eintritt einer aufschiebenden Bedingung oder von einem hinsichtlich des Zeitpunktes seines Eintritts ungewissen Ereigniß abhängig ist, so ist die Besteuerung erst beim Eintritt der Bedingung oder des Ereignisses vorzunehmen (§§ 22 und 24 des Erbschaftssteuergesetzes vom $\frac{\text{30. Mai 1873}}{\text{19. Mai 1891}}$).

b) Wird der Werth einer Schenkung durch eine auf ihr ruhende Last vermindert, deren Fortdauer von einer auflösenden Bedingung oder von einem nur hinsichtlich des Zeitpunktes seines Eintritts ungewissen Ereigniß abhängig ist, so wird die Last wie eine unbedingte in Abzug gebracht.

Beim Eintritt der Bedingung oder des zeitlich ungewissen Ereignisses ist derjenige Stempelbetrag nachzuerheben, welcher mehr zu entrichten gewesen sein würde, wenn der Zeitpunkt des Eintritts der Bedingung oder des Ereignisses bei Berechnung des Stempels bekannt gewesen wäre. Ausgenommen sind die Lasten von unbestimmter Dauer, deren abzuziehender Werth sich nach den Bestimmungen in den §§ 15 bis 18 des Erbschaftssteuergesetzes und in dem Artikel 1 Ziffer 2 des Gesetzes vom 31. Juli 1895 (Gesetz-Samml. S. 412) berechnet (§§ 23 und 24 des Erbschaftssteuergesetzes).

c) Wenn unsichere Forderungen und andere zur sofortigen Werthermittelung nicht geeignete Gegenstände geschenkt werden und eine Einigung über den muthmaßlichen Werth der Schenkung zwischen der Steuerbehörde und dem Steuerpflichtigen nicht stattfindet, so kann die Steuerbehörde von dem Werthe, den der Steuerpflichtige als den muthmaßlichen in Vorschlag bringt, den Stempel einziehen und die Berichtigung des Werthansatzes sowie die entsprechende Nachforderung des Stempels bis zum Ausgange derjenigen Verhandlungen vorbehalten, von welchen die Bezahlung der Forderung beziehungsweise die Werthermittelung abhängt (§ 25 a. a. O.).

d) Wird Jemandem Vermögen geschenkt, dessen Nutzung einem Dritten zusteht, so erfolgt, wenn die Aussetzung der Versteuerung der Substanz bis zur Vereinigung der Nutzung mit der Substanz beantragt wird, die Erhebung des Schenkungsstempels erst bei Beendigung der Nutznießung des Dritten nach Maßgabe der alsdann obwaltenden Verhältnisse (§ 27 Abs. 1 a. a. O.).

In Fällen dieser Art sind privatschriftliche und notarielle Schenkungsurkunden vor Ablauf der für die Verwendung des Urkundenstempels sonst vorgeschriebenen Frist (§ 16 des Gesetzes) demjenigen Stempelsteueramt vorzulegen, in dessen Verwaltungsbezirk der Schenkgeber seinen ordentlichen Wohnsitz hat, oder, falls er keinen Wohnsitz in dem Geltungsbereiche des Gesetzes haben sollte, in welchem der geschenkte Gegenstand oder ein Theil davon sich befindet, oder, wenn auch dies im Geltungsbereich des Gesetzes nicht der Fall ist, in welchem der Beschenkte seinen ordentlichen Wohnsitz hat, oder, falls dieser auch keinen Wohnsitz in dem Geltungsbereich des Gesetzes haben sollte, bei irgend einem von den Betheiligten selbst auszuwählenden Stempelsteueramte.

Hinsichtlich der Stundung und späteren Einziehung der Stempel sowie der Bestellung der Sicherheit ist nach folgenden Bestimmungen zu verfahren.

I. Privatschriftliche Urkunden.

Bei Vorlegung privatschriftlicher Urkunden — zu welchen auch die der Unterschrift nach gerichtlich beglaubigten Schenkungen sowie diejenigen Urkunden gehören, bei denen die Notare die Unterschriften beglaubigt, die Entwürfe aber nicht selbst gefertigt haben — sind durch Aufnahme einer Verhandlung mit dem Vorzeiger der Urkunden und nöthigenfalls durch Befragen der übrigen Steuerpflichtigen diejenigen aus dem Urkundeninhalt nicht ersichtlichen Umstände festzustellen, welche für die Berechnung des Stempels, den Eintritt seiner Fälligkeit und die spätere Einziehung sowie für die Sicherheitsbestellung in Betracht kommen (z. B. Werth der Schenkung, Verwandschaftsverhältniß zwischen Schenker und Beschenkten, Alter des letzteren u. s. w.). Auf Grund dieser Feststellungen ist der später fällig werdende Stempel zu berechnen, der Stundungsfall in ein mit der Feder nach dem anliegenden Muster a anzulegendes, unter fortlaufender Nummer zu führendes Stundungsverzeichniß einzutragen, von der eingereichten Urkunde, insoweit ihr Inhalt für die Stempelpflichtigkeit von Belang ist, beglaubigte Abschrift zu fertigen und auf der Urkunde der Tag der Vorlegung, die Nummer des Stundungsverzeichnisses, die Höhe des gestundeten Stempels und der Zeitpunkt, zu welchem die Urkunde unter Beifügung des entwertheten Stempelmaterials wieder einzureichen ist, zu vermerken. Ein solcher Vermerk wird beispielsweise zu lauten haben:

Vorgelegt am .... 189.....
(St. V. Nr. ....). Wiedereinzureichen mit .... M. entwerthetem Stempelmaterial innerhalb 14 Tagen nach dem Tode des rc.

......................, den ten .... 189......
(Amtsstelle. Unterschrift.)

Demnächst ist die Urkunde dem Vorzeiger unter Hinweis auf die Strafbestimmungen der §§ 17 und 18 des Gesetzes wieder zuzustellen und, wenn Sicherheitsbestellung für erforderlich erachtet wird, der Steuerpflichtige zur Erklärung aufzufordern, in welcher Weise er die Sicherheit leisten wolle.

Für die Forderung der Sicherheit kommen die für die Sicherstellung später fällig werdender Erbschaftssteuern im Allgemeinen geltenden Vorschriften zur Anwendung.

Die Annehmbarkeit der angebotenen Sicherheit ist von dem Stempelsteueramte zu prüfen und von dem Ergebniß der Prüfung der Steuerpflichtige zu benachrichtigen mit der Aufforderung, die Sicherheit innerhalb einer bestimmten Frist an das namhaft zu machende Hauptamt abzuliefern. Das betreffende Hauptamt, welches Abschrift dieser Verfügung erhält, hat die Nummer, unter welcher die bestellte Sicherheit im Dokumenten-Journal und Dokumenten-Manual bezw. im Depositen-Manual gebucht ist, dem Stempelsteueramte behufs Vermerkung im Stundungsverzeichnisse mitzutheilen.

Das Stempelsteueramt überwacht den rechtzeitigen Eingang der gestundeten Stempelbeträge und veranlaßt erforderlichenfalls die zwangsweise Einziehung derselben bei Eintritt der Fälligkeit.

Nach erfolgter Versteuerung hat das Stempelsteueramt die Rückgabe der hinterlegten Sicherheit zu veranlassen, auch zu prüfen, ob etwa ein Strafverfahren einzuleiten sein wird. Sobald dem Stempelsteueramte von dem Hauptamte die Rückgabe der Sicherheit mitgetheilt ist, hat es die völlige Erledigung des Stundungsfalles im Stundungsverzeichniß durch wagerechte Durchstreichung der laufenden Nummer augenfällig zu machen.

Die entstandenen Verhandlungen sind als Beläge zum Stundungs-Verzeichniß in den für jeden einzelnen Fall besonders anzulegenden Aktenstücken unterzubringen.

II. Notarielle Urkunden.

Die Notare haben die Ausfertigung der von ihnen aufgenommenen oder vor ihnen dem Inhalte nach anerkannten, zur sofortigen Versteuerung nicht geeigneten Schenkungsverhandlungen sowie diejenigen Schenkungsurkunden, bei denen sie die Entwürfe selbst angefertigt und die Unterschriften beglaubigt haben (§ 15 Abs. 1 letzter Satz des Gesetzes), einem der unter A Abs. 2 bezeichneten Stempelsteuerämter zu übersenden. Auf den Urschriften bezw. den beglaubigten Abschriften der gedachten Urkunden ist zu vermerken, wann und bei welchem Stempelsteueramt die Vorlegung bewirkt ist. Die entstehenden Schreibgebühren und Portokosten fallen den Parteien zur Last. Den Notaren wird empfohlen, thunlichst bei Aufnahme der Urkunden die Parteien über die die Berechnung und Ueberwachung der zu stundenden Stempel bedingenden Umstände zu hören, insbesondere über das Verwandtschaftsverhältniß zwischen Schenker und Beschenkten, das Alter des Beschenkten, den Werth der Schenkung und die Art der Sicherstellung. Diese Angaben sind den Stempelsteuerämtern ebenfalls mitzutheilen. Können die Angaben von den Notaren nicht gemacht werden, so liegt die Feststellung der bezüglichen Umstände den Steuerbehörden ob. Die Stempelsteuerämter haben den Notaren den Eingang der vorerwähnten Urkunden zu bescheinigen und die Verhandlungen, nachdem sie mit dem vorgeschriebenen Vermerk versehen sind, an die Partei gelangen zu lassen, sofern nicht der Notar um deren Rückgabe gebeten hat.

Die weitere stempelsteuerliche Behandlung der notariellen Urkunden richtet sich nach den für privatschriftliche Urkunden unter I gegebenen Vorschriften. Von der erfolgten Verwendung des Stempels hat das Stempelsteueramt den Notar in Kenntniß zu setzen, von welchem auf Grund dieser Mittheilung die Höhe des entrichteten Stempels zu der Urschrift (bezw. zur beglaubigten Abschrift) der Schenkungsverhandlung zu vermerken ist.

III. Gerichtliche Urkunden.

Der Gerichtsschreiber wird die Ausfertigung der von dem Gerichte aufgenommenen Schenkungsurkunde oder, sofern es sich um eine Urkunde handelt, welche dem Gericht zum Zwecke der Anerkennung des Inhalts eingereicht worden ist, diese Urkunde selbst demjenigen

Stempelsteueramt, in dessen Geschäftsbezirk die Gerichtsbehörde ihren Sitz hat, übersenden und, daß dies geschehen, auf der Urschrift bezw. auf der Verhandlung über die Inhaltsanerkennung vermerken.

Die entstehenden Schreibgebühren und Portokosten fallen der Staatskasse zur Last. Zur Vermeidung unnöthigen späteren Schreibwerks werden die Gerichte thunlichst bei Aufnahme der Urkunden die Parteien über die vorstehend unter II dieser Ziffer bezeichneten Umstände näher hören. Diese Angaben werden dem Stempelsteueramt ebenfalls mitgetheilt. Können die Angaben von den Gerichten nicht gemacht werden, so liegt die Feststellung der bezüglichen Umstände den Steuerbehörden ob. Die Stempelsteuerämter haben den Gerichtsschreibern den Eingang der Ausfertigungen der gerichtlichen Schenkungsurkunden bezw. der nach dem Inhalt gerichtlich anerkannten Schenkungsurkunden zu bescheinigen und die gedachten Verhandlungen, nachdem sie mit dem vorgeschriebenen Vermerk versehen worden sind, an die Partei gelangen zu lassen, sofern nicht der Gerichtsschreiber um die Rückgabe gebeten hat.

Die weitere stempelsteuerliche Behandlung der gerichtlichen Schenkungsurkunden richtet sich nach den für privatschriftliche Urkunden unter I gegebenen Vorschriften. Von der erfolgten Einziehung des Stempels hat das Stempelsteueramt den Gerichtsschreiber in Kenntniß zu setzen, von welchem auf Grund dieser Mittheilung die Höhe des entrichteten Stempels zu der

Urschrift der Schenkungsurkunde bezw. Verhandlung über die Inhaltsanerkennung vermerkt werden wird.

Zum Zwecke der Ueberwachung der späteren Verwendung der gestundeten Stempel ist, wenn die Steuer nach Ablauf einer bestimmten Frist fällig wird, die Wiedervorlegung der Belagsakten zu dem betreffenden Zeitpunkte zu verfügen und alsdann die Einziehung des Stempels zu bewirken. Ist dagegen der Eintritt oder der Fortfall der Bedingung oder des Ereignisses, von denen die Fälligkeit des Stempels abhängt, der Zeit nach ungewiß, so sind von Zeit zu Zeit — etwa alle zwei Jahre — in den im Stundungsverzeichniß aufgeführten noch unerledigten Fällen Ermittelungen darüber anzustellen, ob der Grund der Stundung noch fortdauert.

B. Bei unbestimmtem Werth des Gegenstandes.

Wenn in Folge der Unbestimmtheit des Werthes des Gegenstandes eine Aussetzung der Versteuerung stattfinden muß, so ist die bezügliche Urkunde, insoweit es sich nicht um Verträge handelt, bei denen eine unmittelbare oder mittelbare Staatsbehörde betheiligt ist (vergl. Ziffer 8 Abs. 3 der Bekanntmachung), vor Ablauf der für die Verwendung des Urkundenstempels sonst vorgeschriebenen Frist demjenigen Stempelsteueramte einzureichen, in dessen Verwaltungsbezirk die Errichtung stattgefunden hat, oder, wenn die Urkunde im Auslande ausgestellt ist, in dessen Verwaltungsbezirk sich der Gegenstand des Geschäfts befindet oder der Vertrag zu erfüllen ist. Gerichtliche Urkunden übersenden die Gerichtsschreiber demjenigen Stempelsteueramt, in dessen Geschäftsbezirk die Gerichtsbehörde ihren Sitz hat. Hinsichtlich der Vorlegung privatschriftlicher Urkunden, der Mittheilung notarieller oder gerichtlicher Urkunden, der Bestellung der Sicherheit, der Stundung und der späteren Versteuerung finden die Vorschriften unter A sinngemäße Anwendung.

Die Versteuerung ist je nach Umständen entweder bis zur völligen oder theilweisen Ausführung des Geschäfts auszusetzen oder bei wiederkehrenden Leistungen von Zeit zu Zeit — etwa von Jahr zu Jahr — vorzunehmen und in beiden Fällen in gleicher Weise zu überwachen, wie es für Schenkungsurkunden vorgeschrieben ist. Nach beendigter Versteuerung macht das Stempelsteueramt von dem Ergebniß den Notaren bezw. Gerichtsschreibern Mittheilung, welche dasselbe zu den Urschriften ꝛc. vermerken.

C. Bei Fideikommißstiftungen.

Urkunden über Fideikommißstiftungen, zu welchen der Stempel in Stempelmaterialien beizubringen und in denen ein weiteres, der allmählichen Versteuerung unterliegendes Anwachsen des Stiftungsvermögens vorgesehen ist, sind vor Ablauf der für die Verwendung des Urkundenstempels sonst vorgeschriebenen Frist in beglaubigter Abschrift bezw. in einem beglaubigten Auszuge demjenigen Provinzial-Steuerdirektor, in dessen Bezirk das Fideikommiß belegen oder die Urkunde errichtet ist, mitzutheilen, welcher nach Prüfung der in Betracht kommenden Umstände das zuständige Stempelsteueramt mit Anweisung darüber versieht, in welcher Weise die allmähliche Versteuerung des Zuwachses erfolgen soll. Wegen der Ueberwachung, Eintragung in das Stundungsverzeichniß u. s. w. kommen die Vorschriften unter A zur entsprechenden Anwendung, jedoch mit der Maßgabe, daß eine Sicherstellung nicht stattfindet.

D. Bei Gesellschaftsverträgen.

Die Nachversteuerung von Gesellschaftsverträgen und Gesellschaftsbeschlüssen, bei denen das Kapital nicht sofort eingezahlt ist und deshalb nur eine Versteuerung der Theilzahlung stattgefunden hat, richtet sich im Allgemeinen nach den unter A gegebenen Vorschriften, jedoch mit der Abweichung, daß es einer Sicherstellung nicht bedarf.

Die betreffenden Urkunden sind vor Ablauf der für die Verwendung des Stempels sonst vorgeschriebenen Frist in beglaubigter Abschrift oder in beglaubigtem Auszuge demjenigen Stempelsteueramte, in dessen Bezirk sie errichtet sind oder die Gesellschaft ihren Sitz hat, einzureichen, welches das Erforderliche wegen der Eintragung in das Stundungsverzeichniß und der späteren Verwendung der nachträglich fällig werdenden Stempel veranlaßt. Hinsichtlich der Uebersendung gerichtlicher Urkunden durch die Gerichtsschreiber kommt die Vorschrift unter B dieser Ziffer zur Anwendung.

Zu § 19 des Gesetzes.

13. Die durch die Aufsichtsbehörden gegen Beamte und Notare festzusetzenden Strafen sind nicht Disziplinar-, sondern eigentliche Stempelsteuerstrafen. Die Strafbescheide müssen daher die strafbare Handlung, das angewendete Strafgesetz und die Beweismittel bezeichnen, auch die Entscheidungsgründe und die Eröffnung enthalten, daß der Beschuldigte, sofern er nicht eine nach den Gesetzen zugelassene Beschwerde an die höhere Verwaltungsbehörde ergreife, gegen den Strafbescheid binnen einer Woche nach der Bekanntmachung bei der Verwaltungsbehörde, welche denselben erlassen, oder bei derjenigen, welche ihn bekannt gemacht hat, auf gerichtliche Entscheidung antragen könne (§ 459 der Strafprozeßordnung). Dem Beschuldigten steht der Weg des Rekurses innerhalb der gesetzlichen zehntägigen Frist in eben der Art offen, wie es wegen der Strafbescheide in Zollsachen vorgeschrieben ist, jedoch mit der Maßgabe, daß über das Rekursgesuch nicht von der Steuerbehörde, sondern von der höheren Aufsichtsbehörde entschieden wird (vergl. § 21 des Gesetzes).

Die zur Festsetzung von Stempelstrafen gegen Beamte befugten Aufsichtsbehörden sind verbunden, nach dem anliegenden Muster b Stempelstrafverzeichnisse zu führen, welche in 7 Spalten zu enthalten haben:

a) die fortlaufende Nummer,

b) den Namen, Dienststellung und Wohnort des Beamten,

c) den Gegenstand der Stempelsteuerhinterziehung (z. B. Nichtversteuerung der Genehmigung einer Lustbarkeit),

d) die Nummer der zur Anwendung kommenden Tarifstelle,

e) das Datum des Strafbescheides,

f) den Betrag der Ordnungsstrafe,

g) Bemerkungen (z. B. über den ergriffenen Rekurs, die Gründe etwaiger Rückstände u. s. w.).

Aus diesen Verzeichnissen haben die Behörden Auszüge über die innerhalb jeden Vierteljahrs vorgekommenen Straffälle zu fertigen und sie in beglaubigter Form nach Ablauf eines jeden Vierteljahrs an den Provinzial-Steuerdirektor einzusenden. Wenn im Laufe eines Vierteljahres keine Stempelstrafen festgesetzt worden sind, so ist eine Anzeige hierüber an den Provinzial-Steuerdirektor nicht erforderlich, jedoch ist unter dem nächsten einzusendenden Auszuge zu bescheinigen, daß in den früheren Vierteljahren keine Stempelstrafen einzuziehen gewesen sind. Im Interesse einer möglichst gleichmäßigen Handhabung des Strafverfahrens hat der Provinzial-Steuerdirektor zu prüfen, ob bei den einzelnen Straffestsetzungen überall nach den bestehenden Bestimmungen verfahren ist und, wo es ihm zur Aufklärung des Sach- und Rechtsverhältnisses nothwendig erscheint, die über die Untersuchung geführten Verhandlungen einzufordern. Der Justiziarius bezw. das die Stempelsteuersachen bearbeitende Mitglied der Provinzial-Steuerdirektion hat auf jedem Auszuge zu vermerken, daß derselbe von ihm nach den gesetzlichen Bestimmungen geprüft worden ist. Nach bewirkter Prüfung bezw. nach Erledigung der gezogenen Erinnerungen weist der Provinzial-Steuerdirektor dasjenige Hauptamt, in dessen Bezirk die Behörde, von welcher der Stempel eingezogen ist, ihren Sitz hat, zur Vereinnahmung des Betrages an und läßt der betreffenden Behörde Abschrift dieser Anweisung zugehen. Die Behörde hat den angewiesenen Betrag binnen zwei Wochen nach dem Eingang der Verfügungsabschrift an das zuständige Hauptamt abzuführen.

Die gegen Beamte der Justizverwaltung festgesetzten Ordnungsstrafen werden von den Gerichtskassen vereinnahmt, so daß hinsichtlich dieser Strafen die vorstehenden Bestimmungen über Führung von Stempelstrafverzeichnissen und Einreichung von Auszügen aus denselben nicht zur Anwendung kommen.

Zu § 21 des Gesetzes.

14. Die Verpflichtung zur Zahlung der Stempelsteuer ist in den Strafbescheiden nicht auszusprechen, weil sie nicht Gegenstand des Strafverfahrens ist. Durch die Einleitung eines Strafverfahrens darf daher die Einziehung fälliger Stempelsteuern nicht aufgehalten werden, vielmehr sind dieselben ohne Rücksicht auf den Gang der Untersuchung unverzüglich beizutreiben oder, wenn die versuchte Beitreibung ergebnißlos ist, die zur Sicherung des Stempels erforderlichen Maßnahmen unverweilt zu treffen. Die Provinzial-Steuerdirektoren haben mit Nachdruck darauf zu halten, daß nach dieser Anordnung verfahren wird.

Die Hauptämter sind zur Festsetzung von Ordnungsstrafen aus § 18 des Gesetzes auch in denjenigen Fällen zuständig, in welchen die Strafe nach § 17 des Gesetzes mehr als 300 M. betragen haben würde.

Hinsichtlich der Befugniß der Provinzial-Steuerdirektoren, in den im Verwaltungswege zu erledigenden Strafverfahren von der Festsetzung einer Strafe abzusehen oder die von den Hauptämtern festgesetzten Strafen im Falle des Rekurses niederzuschlagen, sowie in Betreff der Befugniß der Vorstände der Hauptämter zur Niederschlagung von Untersuchungen kommen die für die Vergehen gegen die Zollgesetze bestehenden Vorschriften zur Anwendung.

Die Vorstände der Hauptämter haben die Fälle, in denen die Strafe nach § 17 des Gesetzes mehr als 300 M. betragen haben würde, an Stelle dieser Strafe aber eine Ordnungsstrafe aus § 18 des Gesetzes festgesetzt ist, sowie die Fälle der Niederschlagung von Untersuchungen in einer besonderen Nachweisung unter kurzer Angabe des Thatbestandes der Zuwiderhandlung und der Gründe für die Verhängung der Ordnungsstrafe oder die Abstandnahme von der Strafverfolgung einzutragen und diese Nachweisung halbjährlich ohne Akten dem Provinzial-Steuerdirektor vorzulegen. Der Provinzial-Steuerdirektor hat die Nachweisungen einer sorgfältigen Prüfung zu unterwerfen und, wo es ihm nothwendig erscheint, die Belagsakten einzufordern. Bei der Prüfung ist insbesondere darauf zu achten, daß in den einzelnen Hauptamtsbezirken nicht offenbare Ungleichheiten Platz greifen, indem in dem einen Bezirk ein sehr ausgedehnter, in dem anderen ein sehr beschränkter Gebrauch von den in Rede stehenden Befugnissen unter gleichartigen Verhältnissen gemacht wird. Die Nachweisungen sind von dem Justiziarius bezw. dem die Stempelsteuersachen bearbeitenden Mitgliede der Provinzial-Steuerdirektion mit der Bescheinigung der stattgefundenen Prüfung zu versehen.

Von allen in Untersuchungssachen wegen Zuwiderhandlungen gegen das Stempelsteuergesetz in der Revisionsinstanz ergehenden gerichtlichen Urtheilen ist unter Darstellung des Sachverhältnisses und der Streitpunkte, welche dadurch entschieden sind, Abschrift an den Finanzminister einzureichen.

Zu § 22 des Gesetzes.

15. Die Ausführung der Strafvollstreckung im Verwaltungsstrafverfahren erfolgt nach den für die Strafvollstreckung in Zollsachen geltenden Bestimmungen (vergl. auch die Verordnung, betreffend das Verwaltungszwangsverfahren wegen Beitreibung von Geldbeträgen vom 7. September 1879 — Ges.-Samml. S. 591 —, und die Anweisung zur Ausführung dieser Verordnung vom 15. September 1879, Central-Blatt der Abgaben- rc. Verwaltung S. 287).

Die Vollstreckung gerichtlich oder im Verwaltungsstrafverfahren festgesetzter Strafen ist auszusetzen, sobald der Nachweis der Absendung eines Gesuches wegen gnadenweisen Erlasses oder gnadenweiser Ermäßigung einer solchen Strafe geführt ist. Die Steuerbehörden haben nach Eingang des Gnadengesuches das Erforderliche wegen Aussetzung der Strafvollstreckung bis nach erfolgter Entscheidung über das Gnadengesuch unverzüglich zu veranlassen und, wenn es sich um gerichtliche Stempelstrafen handelt, an die zuständige Gerichtsbehörde (Staatsanwaltschaft, Amtsrichter) das Ersuchen um vorläufige Abstandnahme von der Strafvollstreckung zu richten. In Fällen, in denen das Steuerinteresse gefährdet erscheint, sind daneben die erforderlichen Maßnahmen zur Sicherheit der Stempelsteuer, Strafe und Kosten zu treffen. Die Gerichtsbehörden sind verpflichtet, dem Ersuchen der Steuerbehörde um Aussetzung der Strafvollstreckung zu entsprechen.

III Abschnitt.

Besondere Bestimmungen.

Zu § 24 des Gesetzes und Ziffer 17 der Bekanntmachung.

16. Die Hauptämter reichen die ihnen zugehenden Anträge auf Ersatz für die vor dem Verbrauch verdorbenen Stempelzeichen mit den Belägen dem Provinzial-Steuerdirektor ein, welcher den zu ersetzenden Betrag, nachdem die Richtigkeit desselben durch einen Rechnungsbeamten bescheinigt ist, festsetzt und dem Hauptamt die Anweisung zur Zahlung ertheilt. Wenn und soweit die Ersatzleistung unzulässig ist, lehnt der Provinzial-Steuerdirektor den Ersatzanspruch ab. Die verdorbenen

Stempelmarken sowie die aus den Bogen und Formularen herausgeschnittenen Stempelzeichen werden bei der Provinzial-Steuerdirektion in Gegenwart zweier Beamten durch Verbrennen vernichtet; die stattgefundene Vernichtung ist von den beiden Beamten auf der Urschrift der die Zahlungsanweisung enthaltenden Verfügung zu bescheinigen. Hauptämter, bei denen zahlreiche Ersatzanträge einzugehen pflegen, können vom Provinzial-Steuerdirektor ermächtigt werden, solche zu sammeln und dem Provinzial-Steuerdirektor am Schlusse jedes Vierteljahres vorzulegen. Die eingegangenen Anmeldungen sind in einer Uebersicht zusammenzustellen, welche unter laufender Nummer die Antragsteller, ferner die Gattung der verdorbenen Materialien und die zu erstattenden Beträge enthält. Die Beläge werden nach der Reihenfolge geordnet beigefügt.

Die vorstehenden Bestimmungen finden auch Anwendung auf die Ersatzleistung für Stempelmaterialien, welche vom 1. April 1896 ab außer Gebrauch treten, sowie für Stempel zu Polizen, die zwar mit der Prämienquittung versehen, in Folge verweigerter Zahlung der Prämie dem Versicherungssuchenden aber nicht ausgehändigt worden sind.

Zu § 25 des Gesetzes und Ziffer 18 und 19 der Bekanntmachung.

17. Die Vorstände der Stempelsteuerämter haben die bei ihnen eingegangenen Anträge auf Erstattung verwendeter Stempel zu prüfen und sie unter Beifügung einer mit Gründen versehenen Erstattungs-Nachweisung in doppelter Ausfertigung über diejenigen Beträge, deren Erstattung sie für zulässig halten, dem Provinzial-Steuerdirektor vorzulegen. Sind die Anträge in der Form von die Erstattungsgründe bereits enthaltenden Nachweisungen eingereicht, so sind sie von den Vorständen, soweit keine Bedenken obwalten, mit der Richtigkeitsbescheinigung zu versehen.

Der Provinzial-Steuerdirektor ertheilt unter einer der Ausfertigungen die Anweisung zur Zahlung des festgestellten Betrages auf das dem Antragsteller zunächst belegene Hauptamt. Der Zahlungsanweisung sind die dem Antragsteller wieder zurückzugebenden Urkunden beizufügen, nachdem die auf ihnen befindlichen Stempelwerthzeichen von einem Beamten der Provinzial-Steuerdirektion mit einem Vermerk in blauer Tinte über die Höhe des zur Erstattung angewiesenen Stempels durchschrieben sind. Der Vermerk hat beispielsweise zu lauten:

Dreihundertundfünfzig Mark
am 1. Juli 1896 Nr. 17189 erstattet.
Unterschrift des Beamten. Amtsbezeichnung.

In der Zahlungsanweisung ist zu erwähnen, daß die Erstattung auf den Urkunden in der vorgeschriebenen Art vermerkt ist.

Auf zum Theil oder gänzlich unzulässige Erstattungsanträge sind die Betheiligten unter Angabe der Gründe durch den Provinzial-Steuerdirektor entsprechend zu bescheiden.

18. Die fristzeitig eingegangenen Anträge auf Erstattung von Stempeln aus Billigkeitsgründen bei unterbliebener Ausführung des Geschäfts sind von den Provinzial-Steuerdirektoren dem Finanzminister einzureichen, welcher über die Erstattung Entscheidung trifft.

Zu § 26 des Gesetzes.

19. Ob in einem gegebenen Falle die Einlassung auf einen Rechtsstreit oder die Fortführung desselben in den höheren Instanzen rathsam erscheint oder nicht, bleibt dem verantwortlichen Ermessen der Provinzial-Steuerdirektoren überlassen, welche darauf Bedacht zu nehmen haben, daß einerseits das fiskalische Interesse gewahrt, andererseits aber die Anstrengung unnöthiger Prozesse vermieden wird. Dabei ist nicht ausgeschlossen, daß in den selteneren Fällen an den Finanzminister berichtet wird, in denen ein für die Staatskasse wichtiger, noch nicht entschiedener Grundsatz in Frage kommt. Zur Aufrechterhaltung der Einheitlichkeit in der Anwendung der stempelsteuergesetzlichen Vorschriften werden sich im Falle der Klage gegen den Justizfiskus die denselben vertretenden Behörden (Oberstaatsanwälte), bevor sie sich auf einen Prozeß wegen Stempelabgaben einlassen, mit den Provinzial-Steuerdirektoren bezüglich der Streitfrage und der weiteren Behandlung der Prozesse in Verbindung setzen, ihnen auch Abschriften der rechtskräftig gewordenen gerichtlichen Urtheile mittheilen.

Von jeder in die Rechtskraft übergegangenen gerichtlichen Entscheidung eines gegen den Steuer- oder

Justizfiskus angestrengten Prozesses haben die Provinzial-Steuerdirektoren mittelst eines den Gegenstand der Klage und die Rechtsfrage erörternden Berichts dem Finanzminister eine Abschrift einzureichen.

Die die Stempel- und Erbschaftssteuer betreffenden Civilprozesse sind in die durch die Verfügung des Finanzministers vom 28. April 1890 III 4796 angeordnete Nachweisung nicht mehr aufzunehmen. Statt dessen haben die Provinzial-Steuerdirektoren künftig eine nach dem beiliegenden Muster c aufzustellende Nachweisung über alle die Stempel- und Erbschaftssteuer betreffenden, im vergangenen Rechnungsjahre im Verwaltungsbezirk anhängig gewesenen Prozesse, bei welchen in Vertretung des Fiskus die Provinzial-Steuerbehörde oder die Justizbehörde als Partei betheiligt gewesen war, alljährlich im Juni dem Finanzminister einzureichen oder, wenn solche Prozesse nicht anhängig waren, eine entsprechende Mittheilung zu erstatten. Die Prozesse gegen den Justizfiskus sind in einem besonderen Abschnitte aufzuführen. Bei denjenigen Prozessen, die bereits früher Gegenstand besonderer Berichterstattungen gewesen sind, ist auf die betreffenden Berichte und die dazu ergangenen Entscheidungen hinzuweisen. In die im Juni 1897 fällige Nachweisung sind auch die im ersten Vierteljahre des Kalenderjahres 1896 geführten Prozesse mit aufzunehmen.

Wegen der Erstattung der Prozeßkosten an die obsiegenden Gegner kommt die allgemeine Verfügung des

Finanzministers vom 23. März 1883 III. 1859 (Centr.-Bl. der Abgaben- xc. Verwaltung S. 92) zur Anwendung.

Zu § 30 des Gesetzes und Ziffer 22 und 23 der Bekanntmachung.

20. Für die Anstellung und Geschäftsführung der Stempelvertheiler finden die Vorschriften der Beilage 1 und der zugehörigen Anlage Anwendung.

21. Von besonderer Wichtigkeit für die ordnungsmäßige Führung der Stempelsteuerverwaltung ist die gewissenhafte Erfüllung der den Behörden und Beamten mit richterlicher oder Polizeigewalt durch das Gesetz auferlegten Verpflichtung, auf Befolgung der Stempelgesetze zu halten und alle bei ihrer Amtsverwaltung bekannt gewordenen Zuwiderhandlungen behufs Einleitung des Strafverfahrens zur Anzeige zu bringen.

22. Auch den Gerichtsvollziehern liegt als Organen der Gerichte die Pflicht ob, die Besteuerung der aus dienstlichem Anlaß in ihre Hände gelangten Urkunden, insbesondere der zu ihren Handakten eingereichten Vollmachten, zu prüfen. Die Gerichtsvollzieher haben, wenn die Stempelverwendungsfrist noch nicht abgelaufen ist, denjenigen, welcher die Urkunde eingereicht hat, zur nachträglichen — innerhalb jener Frist zu bewirkenden — Beibringung der erforderlichen Stempelmarke aufzufordern und letztere im Falle rechtzeitiger Einreichung vorschriftsmäßig zu entwerthen. Die Aufforderung zur Beibringung der Stempelmarke unterbleibt, wenn davon wegen Kürze der Restfrist ein Erfolg nicht erwartet

werden kann. Wird die Stempelmarke nicht rechtzeitig eingereicht, so haben die Gerichtsvollzieher die Zuwiderhandlung dem Hauptamt unmittelbar anzuzeigen. Dasselbe gilt, wenn die Urkunde in die Hände des Gerichtsvollziehers gelangt ist, nachdem die Stempellösungsfrist bereits abgelaufen war. Die Mittheilung erfolgt portofrei unter Aversionirungsvermerk.

Zu § 31 des Gesetzes und Ziffer 25 und 26 der Bekanntmachung.

23. Die Vorstände der Stempel- und Erbschaftssteuerämter haben die Stempelsteuerverwaltung nach der in der Beilage 2 enthaltenen Anweisung zu führen.

24. Die im § 31 Abs. 2 des Gesetzes bezeichneten Revisionsstellen sind regelmäßig im Laufe von drei Jahren mindestens einmal der Revision zu unterwerfen und die Reichs- und Landesstempelrevisionen an ein und demselben Ort, sofern derselbe nicht der Amtssitz des Vorstandes des Stempelsteueramtes ist, gleichzeitig vorzunehmen. Hinsichtlich derjenigen Revisionsstellen, bei denen in Folge geringen Geschäftsverkehrs stempelpflichtige Schriftstücke nur vereinzelt vorkommen, wie es beispielsweise bei Schiedsmännern, Auktionatoren, kleineren Genossenschaften u. s. w. der Fall ist, darf der Provinzial-Steuerdirektor genehmigen, daß die Revisionen in längeren Zwischenräumen erfolgen oder, falls die zu revidirenden Stellen einverstanden sind, auf die Einforderung der Bilanzen, Verträge und sonstiger stempelpflichtiger Urkunden beschränkt werden oder ganz unter-

bleiben. Auch bleibt es dem Ermessen der Provinzial-Steuerdirektoren überlassen, zu bestimmen, ob und inwieweit bei den Lokalbehörden der Post-, Telegraphen- und Eisenbahnverwaltung Stempelrevisionen stattzufinden haben.

Eine Einsendung der Protokollbücher und der Belagsakten der Schiedsmänner an die Amtsgerichte zum Zwecke der Prüfung im Stempelinteresse findet nicht mehr statt.

25. Die über das Ergebniß der Revision aufzunehmende Verhandlung ist nach dem anliegenden Muster d anzulegen. In der Verhandlung sind die gezogenen Erinnerungen unter der Benennung des Aktenstückes (Aktenzeichen und Seite), der Bezeichnung der nicht vorschriftsmäßig besteuerten Urkunden und der Angabe der für die einzelnen Stempelnachforderungen maßgebenden Gründe zusammenzustellen.

Wenn Akten, in welchen sich entwerthete Stempelzeichen befinden, vernichtet bezw. verkauft werden sollen, so sind die Stempelzeichen vorher herauszuschneiden und von zwei Beamten des Stempelsteueramtes durch Verbrennen zu vernichten. Die stattgefundene Vernichtung der Stempelzeichen ist von den beiden Beamten in einer aufzunehmenden Verhandlung zu bescheinigen.

26. Die Vorstände der Stempelsteuerämter sind verpflichtet, auf eine schnelle und vollständige Erledigung der Revisionserinnerungen zu halten und zu diesem Behuf nöthigenfalls die Einwirkung der vorgesetzten

Behörde der revidirten Stelle in Anspruch zu nehmen oder in den nach gesetzlicher Vorschrift dazu geeigneten Fällen die zwangsweise Einziehung der nachgeforderten Beträge zu veranlassen.

27. Ueber die Vornahme der Revisionen bei den Gerichten ist in der allgemeinen Verfügung des Finanzministers und des Justizministers, betreffend das gerichtliche Stempelwesen, das Erforderliche bestimmt.

28. Nach dem Schlusse des Geschäftsjahres hat der Vorstand des Stempelsteueramts einen für das Finanzministerium bestimmten Jahresbericht an den Provinzial-Steuerdirektor einzureichen, worin eine Uebersicht über die Thätigkeit des Vorstandes und über die Ergebnisse derselben unter besonderer Hervorhebung der in dem betreffenden Jahre nach dem Geschäftsplane vorgenommenen Revisionen zu geben ist. In dem Jahresbericht können außerdem allgemeine Bemerkungen, Wahrnehmungen und Vorschläge in Betreff der Stempelgesetze und deren Ausführung niedergelegt werden. Einer besonderen Erörterung bedürfen die bezüglich der Versteuerung der Pacht-, Mieth- 2c. Verzeichnisse gesammelten Erfahrungen. Zu diesem Zweck ist anzuzeigen, wieviel Aufforderungen an die Verpächter, Vermiether u. s. w. in Gemäßheit der Ziffer 50 dieser Vorschriften erlassen und welche Wahrnehmungen dabei im Einzelnen und überhaupt hinsichtlich der Beachtung der bestehenden Vorschriften gemacht sind.

Den Jahresberichten ist

a) eine Uebersicht der zu revidirenden und revidirten Behörden, Anstalten und Personen,

b) eine Nachweisung der im letzten Jahre abgehaltenen Stempelrevisionen und der rückständigen Stempelnachforderungen aus den Vorjahren

beizufügen. Die Aufstellung dieser Verzeichnisse hat nach den beigefügten Mustern (Beilage 3 und 4) zu erfolgen.

In der Uebersicht (Beilage 3) ist ersichtlich zu machen, welche der Stempelrevision unterliegende Stellen im Bezirk des Stempelsteueramtes vorhanden sind, bei welchen Stellen in den letzten drei Jahren eine Revision stattgefunden hat und welche Stellen nicht revidirt worden sind. Die nicht revidirten Stellen sind in den betreffenden Spalten namhaft zu machen; in den Jahresberichten ist die unterbliebene Revision der Stellen zu erläutern.

In der Nachweisung (Beilage 4) sind unter I die revidirten Stellen einzeln, nach Gattungen geordnet, unter fortlaufenden Nummern aufzuführen und in den folgenden Spalten die auf jede revidirte Stelle bezüglichen Angaben einzutragen. Unter II sind sodann die aus früheren Jahren rückständig gebliebenen Stempelnachforderungen und die im laufenden Jahre ermittelten Beträge aus vorbehaltenen Nachforderungen früherer Jahre sowie die eingetretenen Veränderungen im Ganzen für jedes der betreffenden Jahre nachzuweisen. Die schließliche Zusammenrechnung läßt ersehen, wie hoch sich der Gesammtbetrag der für das verflossene Jahr zum Soll stehenden Stempelnachforderungen stellt, welche Beträge durch Nachbringung von Stempelmaterialien berichtigt, als Gerichtskosten gebucht, durch Niederschlagung gelöscht oder als Reste in das folgende Jahr zu übertragen sind. Die Ursachen, weshalb alte Rückstände noch nicht erledigt sind, bleiben in der Spalte „Bemerkungen" oder in dem Jahresbericht selbst anzuführen. Die auf auswärtige Revisionen verwendete Zeit sowie der Gesammtbetrag der beantragten Strafen ist auf dem Titelblatt nach Maßgabe der auf dem Muster ersichtlich gemachten Vermerke anzugeben.

29. Auf das Verfahren wegen Beschlagnahme oder Durchsuchungen bei Privatpersonen, welche im dringenden Verdacht der Verletzung eines Stempelgesetzes stehen, finden die §§ 94 u. fg. der Strafprozeßordnung Anwendung. Da die Aufforderung an die Privatperson zum Ausweis über die gehörige Beobachtung der Stempelgesetze und die Ausführung der Beschlagnahme oder Durchsuchung *unmittelbar* auf einander folgen müssen, so darf die Aufforderung nicht vorher in schriftlicher Form erfolgen, sondern sie ist mündlich an die betreffende Privatperson zu richten. Im Falle der Weigerung derselben, sich auszuweisen, muß unverzüglich mit der Ausführung der Beschlagnahme oder Durchsuchung begonnen werden. Derselben hat der Vorstand des Stempelsteueramts oder ein mit seiner Vertretung beauftragter Beamter der Steuerverwaltung beizuwohnen. Diese Beamten, welche dem Amtsgericht in dem einzureichenden Antrage namhaft zu machen sind, haben sich vorher mit den die Beschlagnahme oder Durchsuchung ausführenden Gerichtsbeamten über die nähere Art der Ausführung zu besprechen.

Stempeltarif.

Zur Tarifstelle 1.

30. Hinsichtlich der Angabe des die Stempelfreiheit der beglaubigten Abschriften bedingenden Zwecks auf der Abschrift und der mißbräuchlichen Benutzung stempelfrei ertheilter beglaubigter Abschriften finden die Bestimmungen des zweiten Absatzes der Ziffer 53 dieser Vorschriften sinngemäße Anwendung.

Auf jeder amtlich beglaubigten Abschrift muß nach § 9 Abs. 3 des Gesetzes vermerkt werden, welcher Stempel zu der Hauptausfertigung oder Urschrift verwendet worden ist. Der Vermerk wird beispielsweise lauten:

> **Beglaubigte Abschrift stempelfrei, weil wegen Zahlung eines Pensionsbetrages ertheilt. Zur Urschrift (bezw. Ausfertigung) 300 M. (in Worten) verwendet.**

Berlin, den 1. April 1896.

Amtsstelle.

Schwarzstempel. **Unterschrift.**

oder:

Zur beglaubigten Abschrift 1,50 M. entwerthet.
Zur Urschrift u. s. w. wie vor.

Zur Tarifstelle 8 und Ziffer 29, 30 und 31 der Bekanntmachung.

31. Ueber die Prüfung der Werthangaben bei Auflassungen auf Grund der Auszüge aus den Tagebüchern der Grundbuchführer ist in der allgemeinen Verfügung des Finanzministers und des Justizministers, betreffend das gerichtliche Stempelwesen, das Erforderliche vorgeschrieben.

In Orten, in welchen auf Grund des Kommunalabgabengesetzes vom 14. Juli 1893 bei dem Besitzwechsel von Grundstücken Umsatzsteuern zur Erhebung gelangen, werden die von den Staats- und Gemeindebehörden zu versteuernden Werthe in thunlichster Uebereinstimmung zu halten sein und zu diesem Behuf Erörterungen zwischen diesen Behörden stattfinden müssen. Wegen der Verwerthung der Ergebnisse der von den Katasterkontroleuren vorgenommenen, bei den Vorsitzenden der Veranlagungs-Kommissionen befindlichen Schätzungen der Grundstückswerthe ist nach der allgemeinen Verfügung des Finanzministers vom 31. Januar 1896 zu verfahren. Insoweit es in einzelnen Fällen nothwendig werden sollte, die Bezirks-Oberkontroleure zur Ermittelung von Grundstückswerthen heranzuziehen, haben dieselben thunlichst persönlich und an Ort und Stelle von den für die Feststellung der Werthe in Betracht kommenden Verhältnissen Ueberzeugung zu nehmen. Wenn Grundstücke in Folge räumlicher Verschiedenheit der hauptamtlichen und amtsgerichtlichen Geschäftsbezirke nicht zu dem Bezirk desjenigen Hauptamtes gehören, an welches der Tagebuchsauszug von dem Amtsgericht eingesendet ist, so hat sich dieses Hauptamt dennoch der Werthermittelung zu unterziehen, wobei es ihm überlassen bleibt, die Mitwirkung des anderen betheiligten Hauptamtes in Anspruch zu nehmen.

Den Provinzial-Steuerdirektoren bleibt es überlassen, etwa erforderlich erscheinende nähere Ausführungsbestimmungen im Einverständniß mit den Präsidenten der Oberlandesgerichte zu treffen. Von derartigen Bestimmungen haben die Provinzial-Steuerdirektoren eine Abschrift an den Finanzminister einzureichen.

Zur Tarifstelle 10 und 11 und Ziffer 33 der Bekanntmachung.

32. Wegen der Verpflichtung der Behörden und Beamten, auf jeder zweiten und weiteren Ausfertigung und jedem Auszuge aus einer stempelpflichtigen Urkunde den zu der Hauptausfertigung oder Urschrift verwendeten Stempel zu vermerken (vergl. § 9 Abs. 3 des Ges.) findet die Bestimmung des zweiten Absatzes der Ziffer 30 dieser Vorschriften entsprechende Anwendung.

Zur Tarifstelle 12.

33. Die Versteuerung der Bestallungen einschließlich der Offizierpatente erfolgt entweder durch Verwendung von Stempelbogen oder Stempelmarken seitens der

Behörden oder durch Abstempelung der Formulare oder beschriebenen Bogen seitens des Haupt-Stempel-Magazins.

Es ist auch zulässig, den Stempel statt zu der Ausfertigung zu den Akten zu verwenden.

Zur Tarifstelle 22b.

34. Die Ausstellung der Approbationsscheine erfolgt auf Formularen, deren Wortlaut durch Bekanntmachungen des Reichskanzlers vorgeschrieben ist, und zwar für

Apotheker durch Bek. vom 5. März 1875 (Reichscentralbl. S. 167)

Aerzte durch Bek. vom 2. Juni 1883 (Reichscentralbl. S. 191)

Zahnärzte durch Bek. vom 5. Juli 1889 (Reichscentralbl. S. 417)

Thierärzte durch Bek. vom 13. Juli 1889 (Reichscentralbl. S. 421).

Für die Versteuerung dieser Formulare kommt die Bestimmung des ersten Absatzes der Ziffer 33 dieser Vorschriften zur Anwendung.

Zur Tarifstelle 22c und Ziffer 36 der Bekanntmachung.

35. Die Ueberwachung der endgültigen Versteuerung der Erlaubnißscheine wird durch eine von Zeit zu Zeit — etwa alle Jahre — vorzunehmende Wiedervorlegung der Akten und Anfrage bei den Inhabern der Erlaubnißscheine erfolgen können; diejenigen Behörden, bei denen die bezüglichen Urkunden in größerer Anzahl — und zwar jährlich in einer etwa die Zahl 20 übersteigenden Menge — vorzukommen pflegen, haben die Ueberwachung durch Führung besonderer Verzeichnisse zu bewirken.

Werden Erlaubnißscheine für gemeinnützige Unternehmen stempelfrei ausgestellt, so müssen die Akten über die Gemeinnützigkeit Aufschluß geben. Walten bezüglich der Stempelfreiheit Zweifel ob, so ist die Entscheidung des zuständigen Provinzial-Steuerdirektors und erforderlichen Falles des Finanzministers einzuholen, welcher dieselbe im Einverständniß mit dem Ressortminister trifft.

Zur Tarifstelle 22d und Ziffer 37 der Bekanntmachung.

36. Wegen der Ueberwachung der Nachversteuerung gilt das im ersten Absatz der vorhergehenden Ziffer Gesagte.

Zur Tarifstelle 22e.

37. Für Genehmigungen der Anlegung von Dampfkesseln werden Formulare verwendet, welche durch den § 16 der Bekanntmachung des Ministers für Handel und Gewerbe vom 16. März 1892 — M. Bl. f. d. i. V. S. 119 — (vergl. auch Bekanntmachung vom 15. August 1891 M. Bl. f. d. i. V. S. 158) vorgeschrieben sind. Die Abstempelung dieser Formulare wird auf Verlangen durch das Haupt-Stempel-Magazin bewirkt. Für Genehmigungen zu Aenderungen sowie für Bewilligungen von Fristverlängerungen und Fristungen stempelt das Haupt-Stempel-Magazin auf Antrag und gegen Erstattung der Herstellungskosten Bogen zum Betrage von 1,50 M. ab und versieht dieselben mit einem entsprechenden Aufdruck — „Genehmigung der Aenderung einer Dampfkesselanlage (§ 25 der Reichs-Gewerbeordnung)" bezw. „Bewilligung der Fristver-

längerung für eine Dampfkesselanlage (§ 49 der Reichs-Gewerbeordnung)" bezw. „Bewilligung der Fristung für eine Dampfkesselanlage (§ 49 der Reichs-Gewerbeordnung)". —

Zur Tarifstelle 22 f.

38. Die Abstempelung von Erlaubnißertheilungen zum Betriebe des Pfandleihgeschäfts geschieht auf Verlangen und gegen Erstattung der Herstellungskosten in der Art, daß das Haupt-Stempel-Magazin Bogen zum Betrage von 15 M. abstempelt und sie außerdem mit dem Aufdruck: „Erlaubniß-Ertheilung zum Betriebe eines Pfandleihgeschäfts (§ 34 der Reichs-Gewerbeordnung)" versieht.

Zur Tarifstelle 22 i.

39. Die eines Stempels von 25 M. bedürfenden Genehmigungen zum Gewerbebetriebe der Auswanderungsunternehmer und Auswanderungsagenten auf die Dauer eines Jahres sowie Verlängerungen dieser Genehmigungen werden auf Antrag durch das Haupt-Stempel-Magazin abgestempelt. Auf Verlangen und gegen Erstattung der Herstellungskosten besorgt auch das Haupt-Stempel-Magazin den Vordruck für diese Genehmigungsurkunden, wie er in den Beilagen 5 und 6 dieser Vorschriften angegeben ist.

Zur Tarifstelle 22 l und Ziffer 39 der Bekanntmachung.

40. Wegen der Ueberwachung der endgültigen Versteuerung dieser Genehmigungen finden die Bestimmungen des ersten Absatzes der Ziffer 35 dieser Vorschriften entsprechende Anwendung.

Zur Tarifstelle 22 m und Ziffer 40 der Bekanntmachung.

41. Wegen der Ueberwachung der Versteuerung der Genehmigungen des zweiten, dritten und vierten Absatzes dieser Tarifstelle finden die Bestimmungen des ersten Absatzes der Ziffer 35 dieser Vorschriften entsprechende Anwendung.

Zu den Tarifstellen 23 und 24.

42. Die Berechnung des Stempels zu Stiftungsurkunden, welche nach der Vorschrift des bürgerlichen Rechts der gerichtlichen oder der landesherrlichen Bestätigung bedürfen und zu denen diese Bestätigung nachgesucht wird, findet erst nach erfolgter Bestätigung statt. Der erforderliche Stempel wird in Fällen der gerichtlichen Bestätigung bei den Gerichtskosten vereinnahmt.

Zur Tarifstelle 26.

43. Für die Ausstellung von Gewerbelegitimationskarten sind drei verschiedene Formulare vorgeschrieben, nämlich:

a) für Legitimationskarten für inländische Kaufleute und Handlungsreisende (§§ 44, 44 a Abs. 1 bis 5 der Reichs-Gewerbeordnung), gültig in dem Deutschen Reich, das in der Beilage 7 angegebene Formular (vergl. den Erlaß der Minister für Handel und Gewerbe, des Innern und der Finanzen vom 8. Dezember 1883 M. f. H. 14 267, M. d. J. II. 12 495, F. M. II. 13 755);

b) für Gewerbelegitimationskarten für Handlungsreisende, gültig im Deutschen Reich und in Luxemburg, in Belgien, Italien, Oesterreich-Ungarn, Rumänien, Rußland, in der Schweiz und in Serbien, sowie bis auf Weiteres in Portugal die in den betreffenden Zollvereins- oder Handelsverträgen vorgesehenen Formulare;

c) für Gewerbelegitimationskarten für ausländische Handlungsreisende, gültig in dem Deutschen Reich, vorbehaltlich der Entrichtung der Landessteuern das in der Bekanntmachung vom 31. Oktober 1883 II B Ziffer 2 und Anl. I (Reichscentralbl. S. 307 und 308) vorgeschriebene Formular.

Die zum Steuerbetrage von 1 M. abgestempelten Formulare sind seitens der Behörden von den Hauptämtern, Steuer- und Nebenzollämtern zu beziehen.

Zur Tarifstelle 32 und Ziffer 42 der Bekanntmachung.

44. Hinsichtlich der Erstattung des Werthstempels in den Fällen des sechsten und siebenten Absatzes dieser Tarifstelle kommen die Bestimmungen der Ziffer 17 dieser Vorschriften zur Anwendung.

Zur Tarifstelle 39.

45. Die in dieser Tarifstelle aufgeführten Genehmigungen, also namentlich Erlaubnißscheine zur Veranstaltung öffentlicher Tanzlustbarkeiten sowie ferner von Schaustellungen, Musikaufführungen, Gesangs- und deklamatorischen Vorträgen, pantomimischen und theatralischen Vorstellungen sind auf gestempelten Bogen zu ertheilen (Ziffer 14 C Nr. 1 Abs. 2 der Bekanntmachung).

Die Anwendung des Steuersatzes von 1,50 M. bildet die Regel; der ermäßigte Stempel von 50 Pf. darf nur ausnahmsweise und nur dort zum Ansatz kommen, wo von vorneherein feststeht, daß an der zu genehmigenden Lustbarkeit nur eine beschränkte Personenzahl Theil nehmen wird und die Theilnehmer den ärmeren Volksklassen angehören.

Zur Tarifstelle 40.

46. Auf Verlangen und gegen Erstattung der Herstellungskosten besorgt das Haupt-Stempel-Magazin den Vordruck für die Formulare zu den Urkunden über die Bestätigung oder Anstellung vereidigter Mäkler, wie er in den Beilagen 8 und 9 dieser Vorschriften angegeben ist.

Zur Tarifstelle 48 und Ziffer 45 bis 49 der Bekanntmachung.

47. Behörden steht es frei, in Ansehung derjenigen Verträge, welche sie als Verpächter, Vermiether u. s. w. abgeschlossen haben, die Versteuerung der Verzeichnisse selbst zu bewirken. Hinsichtlich der Verträge, welche sie als Pächter, Miether u. s. w. abgeschlossen haben, liegt ihnen die Verpflichtung ob, demjenigen Stempelsteueramt, in dessen Geschäftsbezirk der Vertrag errichtet ist, eine Abschrift einzusenden oder ihm den Namen der Verpächter, Vermiether u. s. w., das Grundstück, den Zins bezw. die Nutzung, die Dauer des Vertrages, die Vereinbarungen wegen stillschweigender Verlängerungen sowie sonstige für die Stempelpflicht in Betracht kommende Abreden mitzutheilen.

48. In der Zeit vom 1. bis 15. Dezember jeden Jahres sind von den Hauptämtern die Bestimmungen über die Führung und Versteuerung der Verzeichnisse in öffentlichen Blättern bekannt zu machen und für diesen Zweck neben amtlichen Blättern vorzugsweise diejenigen auszuwählen, durch welche die Bekanntmachung die weiteste Verbreitung findet. Die Anordnung des Wortlauts der öffentlichen Bekanntmachung bleibt jedem Provinzial-Steuerdirektor für seinen Verwaltungsbezirk überlassen. Bis spätestens zum 15. Dezember haben die Hauptämter dem vorgesetzten Provinzial-Steuerdirektor von der Bekanntmachung unter Angabe derjenigen Blätter, in welchen dieselbe erfolgt ist, Bericht zu erstatten. Der Provinzial-Steuerdirektor prüft, ob die für die Bekanntmachung gewählten Blätter die geeigneten sind, ordnet erforderlichen Falls weitere Bekanntmachungen in anderen Blättern an und veranlaßt in denjenigen Fällen, in denen eine Anzeige nicht eingegangen und die Veröffentlichung unterblieben ist, des Schleunigsten die nachträgliche Bekanntmachung der betreffenden Bestimmungen. Im Interesse sowohl des Publikums wie der Steuerverwaltung ist es nothwendig, daß die gesetzlichen Vorschriften über die Steuerpflichtigkeit und die Art der Versteuerung der Pacht-, Mieth- ꝛc. Verträge im Publikum thunlichst bekannt werden. Zu diesem Behuf wird es namentlich für die ersten Jahre der Geltungszeit des Gesetzes, in welchen die Einrichtung noch neu ist, unter Umständen einer mehrmaligen Bekanntmachung bedürfen. Die Provinzial-

Steuerdirektoren haben darauf, daß die Bestimmungen in geeigneter und ausreichender Weise zur Kenntniß des betheiligten Publikums gelangen, ihr besonderes Augenmerk zu richten und zu diesem Zweck für die einzelnen ihnen unterstellten Hauptämter auch das Erforderliche wegen der Zahl der jährlich zu veranlassenden Bekanntmachungen zu bestimmen.

49. Die Hauptämter, Steuer- und Nebenzollämter sind verbunden, von jedem zu ihrer Kenntniß kommenden Pacht-, Mieth- oder antichretischen Vertrage in Betreff des Datums des Vertrages, der Namen der Vertragschließenden, der Bezeichnung des Grundstücks, des Zinses bezw. der Nutzung, der Dauer des Vertrages, der Vereinbarungen wegen stillschweigender Verlängerungen und aller sonstigen für das Stempelinteresse in Betracht kommenden Abreden dem Stempelsteueramt, in dessen Bezirk die den Gegenstand der Verträge bildenden Grundstücke belegen sind, Mittheilung zu erstatten. Diese Mittheilungen sind in der Form von vierteljährlichen, nach dem Muster e aufzustellenden Nachweisungen innerhalb des ersten Monats jeden Vierteljahrs zu machen, und zwar lassen die Zoll- und Steuerämter diese Nachweisung dem Stempelsteueramt unmittelbar — also nicht durch das vorgesetzte Hauptamt — zugehen. Die Nachweisungen sind ohne Anschreiben einzusenden, müssen aber mit der Bezeichnung des Vierteljahres und der Amtsstelle, dem Datum und der Unterschrift des Beamten versehen sein. Wenn im Laufe eines Vierteljahres keine Pacht- u. s. w. Verträge

bekannt geworden sind, so bedarf es einer Anzeige hierüber nicht, jedoch ist in der nächsten Nachweisung zu bescheinigen, daß in den früheren Vierteljahren Verträge der gedachten Art nicht zur Kenntniß der betreffenden Steuerbehörde gelangt sind.

Die Verpflichtung zu gleichen Mittheilungen an die Stempelsteuerämter liegt ferner den Vorsitzenden der Einkommensteuer-Veranlagungskommission ob, welche außerdem die ihnen nach der allgemeinen Verfügung des Justizministers vom 15. November 1894 (Just.-Min.-Bl. S. 314) zugehenden Verzeichnisse über Verhandlungen der nicht streitigen Gerichtsbarkeit, wenn sie Pacht-, Mieth- ꝛc. Verträge enthalten, den Stempelsteuerämtern zur Kenntnißnahme einzusenden haben, sobald diese Verzeichnisse für die Veranlagungs-Kommissionen entbehrlich sind.

Ferner sind die Notare zu Mittheilungen der bezeichneten Art an das Stempelsteueramt, in dessen Bezirk sie ihren Amtssitz haben, verbunden in Ansehung der von ihnen aufgenommenen sowie derjenigen Pacht-, Mieth- ꝛc. Verträge, bei denen sie den Entwurf anfertigen und nach Vollziehung durch die Betheiligten die Unterschriften oder Handzeichen beglaubigen. Den Notaren bleibt es überlassen, diese Mittheilungen von Fall zu Fall oder in der Form der vorbezeichneten Nachweisungen zu machen.

In Betreff der von den Gerichtsschreibern einzusendenden Mittheilungen ist in der allgemeinen Verfügung des Finanzministers und des Justizministers, betreffend das gerichtliche Stempelwesen, das Erforderliche bestimmt.

Die Stempelsteuerämter überweisen die nicht zu ihrem Geschäftsbezirk gehörigen Fälle dem zuständigen Stempelsteueramt und bewahren die ihnen zugehenden Nachweisungen, welche für die Prüfung der von den Verpächtern, Vermiethern u. s. w. eingesendeten Verzeichnisse und gemachten Versicherungen (vergl. die nächstfolgende Ziffer) zu benutzen sind, in übersichtlicher Weise auf. Die Stempelsteuerämter haben aus den zu ihrer eigenen Kenntniß kommenden Pacht-, Mieth- ꝛc. Verträgen sowie aus den ihnen von den Vorsitzenden der Veranlagungskommissionen mitzutheilenden Verzeichnissen über Verhandlungen der nicht streitigen Gerichtsbarkeit die erforderlichen Angaben zu den Akten zu entnehmen.

50. Die Vorstände der Stempelsteuerämter müssen in jedem Geschäftsjahr eine Anzahl von Verpächtern, Vermiethern u. s. w. auf Grund des § 31 Abs. 3 und der Tarifstelle 48 Buchstabe a Abs. 3 sowie unter Hinweis auf die Strafe des § 18 Abs. 3 des Gesetzes auffordern, innerhalb einer bestimmten Frist die von ihnen geführten Verzeichnisse vorzulegen bezw. mitzutheilen, von welcher Steuerbehörde dieselben aufbewahrt werden, oder anzuzeigen, daß von ihnen während des vorangegangenen Kalenderjahres Verträge der in der Tarifstelle 48 Buchstabe a bezeichneten Art nicht errichtet worden sind. Die Richtigkeit der Verzeichnisse bezw. der Versicherung ist auf Grund der in den beiden vorhergehenden Ziffern erwähnten Mittheilungen, Nachweisungen und Angaben sowie der sonstigen zur Kenntniß der Stempelsteuerämter gelangten Thatsachen und insbesondere auf Grund der amtlichen Auskunft der das polizeiliche Meldewesen handhabenden Behörden zu prüfen. Die erforderlichen Aufklärungen werden seitens der Beamten der Stempelsteuerämter oder der Beamten der ersuchten Hauptämter, Zoll- und Steuerämter möglichst im Wege persönlicher Erkundigungen bei den Ortspolizeibehörden eingeholt werden müssen. Letztere sind verpflichtet, den Beamten der Steuerverwaltung bei ihren Ermittelungen die thunlichste Unterstützung zu Theil werden zu lassen und ihnen bereitwilligst über alle an sie gerichteten, die Versteuerung der Verträge betreffenden Fragen Auskunft zu ertheilen.

Zur Tarifstelle 49.

51. Die Versteuerung der Pässe und Paßkarten zu Reisen erfolgt durch Verwendung von Formularen (bezüglich des Formulars für Paßkarten s. Min. Bl. d. i. V. für 1851 S. 10), welche zum Preise von $1^1/_2$ M. und $^1/_2$ M. abgestempelt und für die Behörden bei den Hauptsteuer- und Hauptzollämtern, den Steuer- und Nebenzollämtern zum Verkauf gestellt werden.

Wird für Pässe zum Transport von Leichen der ermäßigte Steuersatz von 1,50 M. in Anspruch genommen, so sind dieselben, falls keine Bedenken entgegenstehen, vorläufig zu diesem Betrage auszufertigen. Sofern der den Paß ausstellenden Behörde die Vermögensverhältnisse des die Ertheilung des Passes Nachsuchenden als dürftige nicht bekannt sind, ist dem Letzteren aufzugeben, binnen einer Frist von zwei Wochen eine amtliche, stempelfrei zu ertheilende Bescheinigung über seine Vermögensverhältnisse einzureichen. Geht eine solche Bescheinigung innerhalb dieser Frist nicht ein oder wird durch die eingehende Bescheinigung die Bedürftigkeit nicht nachgewiesen, so ist der Fehlbetrag von 3,50 M. nachzuerheben.

Zur Tarifstelle 60.

52. Die unter dieser Tarifstelle und Tarifstelle 42 Abs. 3 für Namensvermehrung und Namenswechsel bei adligen Namen bezw. für landesherrliche Standeserhöhungen und Gnadenerweise vorgeschriebenen Stempel werden, soweit die Bearbeitung der Angelegenheiten dem Königlichen Heroldsamte obliegt, von diesem eingezogen, bei der Kasse des Heroldsamts in Soll-Ausgabe gestellt und vor dem Schlusse eines jeden Rechnungsjahres mittels Nachweisung dem Finanzministerium überwiesen, welches wegen Ausfertigung, Entwerthung und Aushändigung der Stempelbogen und wegen Vereinnahmung des Geldbetrages das Erforderliche verfügt.

In allen anderen Fällen sind die tarifmäßigen Stempel jedesmal von der mit der Aushändigung der stempelpflichtigen Urkunde beauftragten Provinzialbehörde (Regierung, Polizeidirektion u. s. w.) einzuziehen, welche alsbald Stempelzeichen anzukaufen und solche, ordnungsmäßig entwerthet, bei ihren Akten aufzubewahren hat.

Zur Tarifstelle 77.

53. Für nachstehende Befähigungs- und Prüfungszeugnisse werden für die Behörden abgestempelte Formulare bei den Hauptsteuer- und Hauptzollämtern, Steuer- und Nebenzollämtern zum Verkauf gestellt:

a) Befähigungs-Zeugnisse für Seeschiffer und Seesteuerleute Formular A, B, C, E, G, J, K, L, M, N (Reichsgesetzblatt 1887 S. 417 bis 429), P und Q (Reichsgesetzblatt 1888 S. 186) das Stück zu 1½ M.;

b) Befähigungs-Zeugnisse (für Maschinisten auf Seedampfschiffen) Formular B, C, D und E (Reichscentralblatt 1891, S. 267 bis 270) das Stück zu 1½ M.;

c) Prüfungs-Zeugnisse (über Schiffsdampfmaschinenkunde für Seeschiffer) (vergl. Fin.-Min.-Erlaß vom 17. Mai 1889 III 7391) das Stück zu 1½ M.

Alle Behörden und Beamten sind verpflichtet, bei der Ertheilung amtlicher Zeugnisse, welche ihres besonderen Zwecks wegen (s. Buchstabe a und c der Befreiungen dieser Tarifstelle) dem sonst zu entrichtenden Stempel nicht unterliegen, in dem Zeugniß — und zwar in dem Text des Zeugnisses und nicht in Vermerken, welche außerhalb dieses Textes stehen und durch die Unterschrift des Beamten nicht gedeckt werden — den Zweck bestimmt anzugeben, zu welchem das Zeugniß ausgestellt wird. Unterbleibt eine solche Angabe, so unterliegt das Zeugniß in allen Fällen und ohne Rücksicht darauf, daß es thatsächlich zu einem Stempelfreiheit genießenden Zweck gebraucht worden ist oder nicht, dem tarifmäßigen Stempel von 1,50 M. (vergl. Absatz 4 dieser Tarifstelle). Wird ein entgegen der vorgedachten Vorschrift stempelfrei ertheiltes amtliches Zeugniß bei einer Behörde zur Begründung irgend eines Antrages vorgelegt, so hat diese Behörde den fehlenden Stempelbetrag von dem Vorzeiger oder Inhaber bezw. von derjenigen Person, auf deren Veranlassung das Zeugniß ertheilt ist, einzuziehen und den Sachverhalt der vorgesetzten Behörde des Beamten, von welchem das Zeugniß ausgestellt ist, anzuzeigen. Ist der die Stempelfreiheit rechtfertigende Zweck bestimmt bezeichnet, von dem Zeugniß aber zu einem anderen als dem aus der Urkunde hervorgehenden Zwecke Gebrauch gemacht, ohne daß der Inhaber oder Vorzeiger die Versteuerung bewirkt hat, so haftet derselbe nicht blos für den tarifmäßigen Stempel (§ 13 Buchstabe d des Gesetzes), sondern er verfällt unter Umständen auch in eine dem vierfachen Betrage des Stempels gleichkommende Strafe (§ 17 Abs. 1 des Gesetzes).

Berlin, den 14. Februar 1896.

Der Finanzminister.

Beilage 1.

(Zu § 30 des Gesetzes und Ziffer 20 der Dienstvorschriften.)

Bestimmungen

wegen Anstellung von Stempelvertheilern.

An Orten, an denen ein Steueramt sich nicht befindet oder der Ankauf und die Entwerthung von Stempelmaterialien wegen zu weiter Entfernung der zunächst belegenen Steuerstelle mit Umständen verbunden ist, sind mit dem Verkauf und der Entwerthung von Stempelpapier und Stempelmarken bis zu bestimmten Beträgen, dem Verkaufe von Stempeldruckbogen zu Genehmigungen der Veranstaltung von Lustbarkeiten sowie der unentgeltlichen Verabfolgung von Formularen zu Pacht-, Mieth- und Antichrese-Verzeichnissen zuverlässige und geeignete Privatpersonen oder Beamte (Stempelvertheiler) zu beauftragen.

Diese Personen haben, insoweit sie als Stempelvertheiler thätig sind, die Eigenschaft von öffentlichen Beamten. Die Befugniß, Stempelmaterialien zu entwerthen, ist von ihnen persönlich auszuüben; einer anderen Person dürfen sie dieselbe nicht übertragen.

Stempelvertheiler, denen der Umfang ihrer eigentliche Geschäfte nicht die fortwährende Anwesenheit inden Geschäftsräumen gestattet, kann aber in der Person eines ihrer Geschäftsgehilfen ein Stempelvertheiler-Stellvertreter durch den Provinzial-Steuerdirektor bestellt werden. Der Stempelvertheiler bleibt jedoch der Steuerverwaltung gegenüber für die Verrichtungen seines Stellvertreters verantwortlich.

Hinsichtlich der vor dem 1. April 1896 bereits angestellten Stempelvertheiler behält es bei den dieserhalb ergangenen Bestimmungen, insbesondere auch bei der ihnen für ihre Mühewaltung zugebilligten Entschädigung, mit der Maßgabe das Bewenden, daß sie neben dem Verkauf und der Entwerthung von Stempelmaterialien auch die unentgeltliche Verabfolgung von Formularen zu Pacht-, Mieth- und Antichrese-Verzeichnissen zu übernehmen haben und daß ihre Befugniß zum Verkauf und zur Entwerthung von Stempelmaterialien allgemein bis zu dem Höchstbetrage von fünfzig Mark für den Einzelfall erweitert wird. In denjenigen Fällen, in welchen den Stempelvertheilern diese Erlaubniß durch frühere Verfügungen für höhere Beträge gegeben ist, bleiben diese Anordnungen bestehen.

Die Neueinrichtung von Stempelvertheilungsstellen unterliegt der Genehmigung des Finanzministers. Die Auswahl der Personen des neuanzustellenden Stempelvertheilers und der Geschäftsnachfolger ist von den Provinzial-Steuerdirektoren selbständig zu treffen, doch haben die letzteren die Namen der Stempelvertheiler dem Finanzminister anzuzeigen.

Wo die Verkehrsverhältnisse den Verkauf und die

Entwerthung von Stempelmaterialien während der ganzen Tageszeit bedingen, werden in der Regel Geschäfts- oder Gewerbetreibende (Ladeninhaber u. s. w.) als Stempelvertheiler anzustellen sein; wo dagegen der Verkehr ein geringerer ist und es genügt, wenn der Verkauf und die Entwerthung der Stempelmaterialien während bestimmter Stunden am Tage stattfindet, können vorzugsweise Beamte (insbesondere Lehrer u. s. w.) mit den Geschäften eines Stempelvertheilers betraut werden.

Die Befugniß der Stempelvertheiler zum Verkauf und zur Entwerthung von Stempelmaterialien erstreckt sich bis zum Höchstbetrage von fünfzig Mark für den Einzelfall. Mit Genehmigung des Finanzministers kann im Bedürfnißfalle die Befugniß auch für höhere Beträge ertheilt werden.

Als Vergütung für alle Mühewaltungen, welche mit dem Stempelvertheilungsgeschäft und der unentgeltlichen Verabfolgung von Formularen verbunden sind, erhalten die Stempelvertheiler in der Regel eine Entschädigung von zwei vom Hundert des für die entnommenen Stempelmaterialien gezahlten Betrages und, sofern deren Werth in einem Jahre 60 000 M. übersteigt, eine Entschädigung von Einem vom Hundert des Mehrbetrages. Im Falle des Bedürfnisses insbesondere zur Erhaltung bestehender Stempelvertheilungsstellen können jedoch die Provinzial-Steuerdirektoren nach ihrem Ermessen den Stempelvertheilern eine Entschädigung bis zu fünf vom Hundert bewilligen bezw. dieselbe auf diesen Satz erhöhen. Dem Finanzminister ist hiervon unter Mittheilung der Gründe, welche für die Erhöhung der Entschädigung maßgebend gewesen sind, Anzeige zu erstatten.

Der Stempelvertheiler hat seinen Bedarf an Stempelmaterialien von dem Hauptzoll- oder Hauptsteuer-Amt, in dessen Bezirk er wohnt, zu entnehmen; in geeigneten Fällen kann der Ankauf auch bei einem von dem Provinzial-Steuerdirektor zu bestimmenden Unteramt vorgeschrieben werden. Die Formulare zu Pacht- rc. Verzeichnissen erhält der Stempelvertheiler von dem Amt, bei welchem er die Stempelmaterialien entnimmt, unentgeltlich. Die Verabfolgung der Stempelmaterialien erfolgt in der Regel nur gegen baare Zahlung ihres Werthbetrages. An Beamte, welche als Stempelvertheiler angestellt sind, können jedoch ausnahmsweise mit Genehmigung des Provinzial-Steuerdirektors Stempelmaterialien ohne gleich baare Zahlung des Werthbetrages ausgehändigt werden. In Fällen dieser Art liegt dem Stempelvertheiler die Pflicht ob, die für verkaufte Stempelmaterialien vereinnahmten Beträge vierteljährlich an das vorgesetzte Hauptamt abzuführen.

Ob und welche Sicherheit von solchen Stempelvertheilern zu leisten ist, bestimmt der Provinzial-Steuerdirektor.

Eine Vereidigung der Stempelvertheiler findet nicht statt, vielmehr genügt es, wenn ihnen durch Handschlag und Aufnahme einer Verhandlung von dem Dirigenten des zuständigen Hauptamtes das Versprechen abgenommen wird, die Pflichten eines Stempelvertheilers gewissenhaft zu erfüllen.

Die Stempelvertheiler erhalten für ihre Geschäftsführung einen Abdruck des Stempelsteuergesetzes nebst Ausführungsbestimmungen und eine Anweisung nach Maßgabe der Anlage, deren Abänderung und Ergänzung unter Berücksichtigung der vorkommenden besonderen Verhältnisse den Provinzial-Steuer-Direktoren überlassen bleibt. Diese Anweisung ist dem dem Stempelvertheiler vorgesetzten Hauptamt behufs Ueberwachung der ordnungsmäßigen Verwaltung der Stempelvertheilungsgeschäfte gleichfalls mitzutheilen.

Auf. 28. 4. 10

Anlage zur Beilage 1.

Anweisung
für die Geschäftsführung der Stempelvertheiler.

---

§ 1.

Der Stempelvertheiler hat seinen Bedarf an Stempelmaterialien und Formularen zu Pacht-, Mieth- und Antichreseverzeichnissen von dem .... -Amt in .... zu entnehmen, und zwar die Materialien im Betrage von 50 M., 100 M. und so fort in stets um 50 M. steigenden Beträgen. [Den Werthbetrag dieser Stempelmaterialien hat der Stempelvertheiler sofort baar zu erlegen, auch über den unentgeltlichen Empfang der Formulare Quittung zu leisten.] *)

Der Stempelvertheiler muß stets mit einem hinreichenden Vorrath aller Gattungen von Stempelmaterialien bis einschließlich .... Mark versehen sein, um allen Ansprüchen sofort genügen zu können. Die Materialien müssen in sicherer, trockener und reinlicher Verwahrung gehalten werden. Für Stempelmaterialien, die durch Verschulden des Stempelvertheilers unsauber und unbrauchbar werden, wird Ersatz nicht geleistet.

Der Stempelvertheiler hat die von ihm vorräthig zu

---

*) Anmerkung. In die Anweisung für Stempelvertheiler, welche für die entnommenen Stempelmaterialien sofortige Baarzahlung nicht zu leisten brauchen, ist statt der eingeklammerten Stelle folgende Bestimmung aufzunehmen:

„Die Verabfolgung dieser Stempelmaterialien und Formulare erfolgt gegen Quittungsleistung, ohne daß für die Materialien sofortige Baarzahlung geleistet zu werden braucht. Der Betrag der von dem Stempelvertheiler für abgesetzte Stempelmaterialien vereinnahmten Stempelsteuer wird am Schlusse jedes Vierteljahres, und zwar je am .... von dem Bezirks-Ober-Kontroleur festgestellt. Nach dem hierbei vorgefundenen Bestande an Stempelmaterialien wird die Menge der verkauften Stempelmaterialien ermittelt und der Geldbetrag berechnet. Dieser Betrag wird dem Stempelvertheiler sofort mitgetheilt und muß von ihm spätestens binnen 3 Tagen an das vorgesetzte Hauptamt baar eingezahlt werden.“

haltenden Formulare auf Verlangen den Steuerpflichtigen unentgeltlich zu verabfolgen. Ein Verkauf derselben ist ihm untersagt.

§ 2.

Als Vergütung für alle Mühewaltungen, welche mit dem Stempelvertheilungsgeschäft und der unentgeltlichen Verabfolgung von Formularen verbunden sind, erhält der Stempelvertheiler eine Entschädigung von .... vom Hundert des für die entnommenen Stempelmaterialien gezahlten Betrages. [Die Zahlung der Entschädigung erfolgt am Schlusse des Rechnungsvierteljahres gegen Quittung durch das .... amt in ....]*)

Am Schlusse des Rechnungsjahres ist über den ganzjährigen Betrag der Entschädigung eine Hauptquittung auszustellen.

§ 3.

Die Stempelvertheiler, insoweit sie als solche thätig sind, haben die Eigenschaft öffentlicher Beamter. Die Befugniß, Stempelmaterialien zu entwerthen, ist von ihnen persönlich auszuüben; einer anderen Person dürfen sie dieselbe nicht übertragen.

---

*) Anmerkung. Im Falle des Bedürfnisses ist statt der eingeklammerten Stelle zu setzen:

„Die Zahlung der Entschädigung erfolgt bei der jedesmaligen Entnahme von Stempelmaterialien durch Abzug von dem Werthbetrage derselben. Ueber den Betrag der in Abzug gebrachten Entschädigung hat der Stempelvertheiler Quittung zu leisten."

Stempelvertheiler, denen der Umfang ihrer eigentlichen Geschäfte nicht die fortwährende Anwesenheit in den Geschäftsräumen gestattet, kann aber in der Person eines ihrer Geschäftsgehilfen ein Stempelvertheiler-Stellvertreter durch den Provinzial-Steuerdirektor bestellt werden. Der Stempelvertheiler bleibt jedoch der Steuerverwaltung gegenüber für die Verrichtungen seines Stellvertreters verantwortlich.

§ 4.

Dem Stempelvertheiler ist nur gestattet, Stempelmaterialien (Papier und Marken) bis zum Werthe von ..... Mark einschließlich zu verkaufen; die Entwerthung von Stempelmaterialien ist ihm bis zu demselben Betrage für den einzelnen Fall gestattet.

Wenn Stempelmaterialien von höherem Werth als ..... Mark ohne das Verlangen der Entwerthung begehrt werden, oder wenn eine Urkunde, zu welcher ein Stempel zum Betrage von mehr als ... Mark erforderlich ist, behufs Entwerthung des Stempels vorgelegt wird, darf der Stempelvertheiler diesen höheren Werth beziehungsweise Betrag nicht durch Zusammenlegung bezw. Entwerthung mehrerer einzelner Stempelwerthzeichen darstellen, sondern er muß den Käufer an das zuständige Steueramt verweisen. Zu einer steuerpflichtigen Urkunde, deren Abstempelung der Stempelvertheiler innerhalb der ihm zustehenden Befugniß bewirken kann, ist immer die höchste Gattung der vorhandenen Stempelmaterialien anzuwenden. Es darf zur Darstellung des Stempelwerthes eine Zusammensetzung mehrerer Stempelwerthzeichen nur insoweit und in möglichst geringer Anzahl stattfinden, als jener Werth durch ein Stempelwerthzeichen nicht darstellbar ist.

Stempeldruckbogen zur Genehmigung der Veranstaltung von Lustbarkeiten darf der Stempelvertheiler nur gegen Empfangsbescheinigung der zur amtlichen Ausfertigung dieser Bogen befugten Behörden verkaufen. Die Empfangsbescheinigungen sind nach der Zeitfolge geordnet aufzubewahren.

§ 5.

Wegen Beobachtung der dem Stempelvertheiler beim Verkauf und der Entwerthung von Stempelmaterialien obliegenden Verpflichtungen wird im Allgemeinen auf das Stempelsteuergesetz vom 31. Juli 1895 und die Vollzugsbestimmungen zu diesem Gesetz verwiesen.

Auf Verlangen der Käufer ist der Stempelvertheiler verpflichtet, die von ihm entnommenen Stempelwerthzeichen bis zu dem Gesammtbetrage von ..... Mark mit dem Entwerthungsvermerke zu versehen, und zwar hat derselbe zu schriftlichen Urkunden statt des erforderlichen Stempelpapiers, wenn der Steuerpflichtige dessen Verwendung nicht ausdrücklich verlangt, Stempelmarken in entsprechendem Werthe und in möglichst geringer Zahl zu entwerthen.

§ 6.

(In diesen Paragraphen, welcher die Stempelvorschriften über Entwerthung von Stempelpapier und Marken enthalten soll, sind die entsprechenden Bestimmungen der Ziffer 15 A I, II und Nr. 1 der Bekanntmachung und der Ziffer 4 der Dienstvorschriften einzurücken.)

§ 7.

Behufs Darstellung der für die Entwerthung von Stempelpapier und Stempelmarken vorgeschriebenen Schwarzstempel-Abdrücke wird dem Stempelvertheiler ein Schwarzstempel von dem vorgesetzten Hauptamt zugefertigt; die erforderliche Stempelfarbe ist von dem gedachten Amt gegen Erstattung der Anschaffungskosten zu beziehen.

§ 8.

Die Stempelpflichtigkeit einer Urkunde wird durch ihre Vernichtung, auch wenn diese innerhalb der gesetzlichen Stempelverwendungsfrist erfolgt, nicht beseitigt, ebensowenig wie die Wiederaufhebung eines Geschäfts die Stempelpflichtigkeit der über dasselbe errichteten Urkunde in Wegfall zu bringen vermag.

Die Stempelpflichtigkeit der Verträge beruht deshalb auf ihrem schriftlichen Abschlusse, unabhängig davon, ob und unter welchen Bedingungen dieselben zur Ausführung kommen oder nicht.

Urkunden über Rechtsgeschäfte, aus deren Inhalt hervorgeht, daß sie der Genehmigung oder des Beitritts einer Behörde oder eines Dritten bedürfen, werden erst durch diese Genehmigung oder den Beitritt rechtswirksam und somit stempelpflichtig. Zu Urkunden, denen die erforderliche Genehmigung oder der Beitritt versagt ist, bedarf es daher keines Stempels.

Die Stempelpflichtigkeit einer Vertragsurkunde wird dadurch nicht ausgeschlossen, daß beide Vertragstheilnehmer nicht ein und dieselbe Schrift unterschriftlich vollzogen haben. Ein stempelpflichtiger Vertrag kann vielmehr auch dadurch zu Stande kommen, daß er in zwei Exemplaren errichtet wird und jeder Vertragstheilnehmer nur das dem anderen übergebene Vertragsexemplar allein und einseitig unterzeichnet hat. Diese beiden Schriftstücke bilden nur in Verbindung mit einander eine stempelpflichtige Urkunde und stehen in Beziehung auf die Stempelpflichtigkeit zu einander nicht in dem Verhältniß von Haupt- und Nebenausfertigung.

Den unterschriftlich vollzogenen Urkunden stehen diejenigen gleich, unter welchen der Name oder die Firma des Ausstellers in seinem Auftrage unterschrieben oder mit seinem Wissen oder Willen durch Stempelaufdruck, Lithographie oder in irgend einer anderen Art mechanisch hergestellt ist.

Enthält eine Urkunde verschiedene steuerpflichtige Geschäfte, welche sich nicht als Bestandtheile eines einheitlichen, nach dem Tarif steuerpflichtigen Rechtsgeschäfts darstellen, so ist der Betrag des Stempels für jedes Geschäft besonders zu berechnen und die Urkunde mit der Summe dieser Stempelbeträge zu belegen.

§ 9.

Der Stempelvertheiler hat sich nicht auf Verabfolgung und Verwendung des verlangten Stempels zu beschränken, sondern in allen Fällen eine selbständige und sorgfältige

Prüfung der ihm zur Versteuerung vorgelegten Urkunden hinsichtlich ihrer Stempelpflichtigkeit vorzunehmen und danach den Stempel zu berechnen bezw., sofern dies innerhalb seiner Zuständigkeit liegt, zu entwerthen. Verweigert der Vorleger der Urkunde die Einsichtnahme, so muß die Prüfung unterbleiben. In diesem Falle sind auf der Urkunde die Worte „Einsicht der Urkunde verweigert" zu vermerken. Entstehen über die Höhe des Stempels Zweifel, so hat der Stempelvertheiler den nach seiner Ansicht zum Mindesten erforderlichen Stempel, wenn dies innerhalb seiner Zuständigkeit liegt, zu erheben und zu entwerthen und demnächst dem vorgesetzten Hauptamt von dem Sachverhalt unter kurzer Darlegung der Zweifel und Angabe der Namen und des Wohnorts der Steuerpflichtigen Anzeige zu machen.

§ 10.

Wird dem Stempelvertheiler eine stempelpflichtige Urkunde vorgelegt, zu welcher der erforderliche Stempel innerhalb der gesetzlichen Frist nicht beigebracht ist, so ist diese Urkunde in Urschrift oder in Abschrift dem vorgesetzten Hauptamt behufs Einleitung des Strafverfahrens zu übermitteln. Kann die Urkunde in Urschrift oder Abschrift nicht eingereicht werden, so genügt eine kurze Angabe des Sachverhalts. Liegt die Versteuerung der Urkunde innerhalb der Zuständigkeit des Stempelvertheilers, so hat er die Versteuerung vorher zu bewirken, andernfalls aber, wenn es thunlich ist, den hinterzogenen Stempelbetrag an das vorgesetzte Hauptamt abzuliefern.

§ 11.

Verdorbene Stempelmaterialien dürfen auf anderweit zu entnehmende Stempelwerthzeichen nicht in Zahlung genommen werden, sondern die den Ersatz Verlangenden sind wegen ihrer Ansprüche an das zuständige Hauptamt zu verweisen.

§ 12.

Der Stempelvertheiler hat sich mit dem Stempelsteuergesetz vom 31. Juli 1895, den zu demselben ergangenen und später ergehenden Vollzugsbestimmungen sowie der vorstehenden Anweisung genau bekannt zu machen. Diejenigen Personen, welche Stempelwerthzeichen von ihm entnehmen, sind von ihm mit Höflichkeit zu bedienen.

§ 13.

Der Stempelvertheiler ist verpflichtet, sich zu jeder Zeit einer von Amtswegen vorzunehmenden Prüfung seiner Geschäftsführung zu unterwerfen. Bei Verletzung der vorstehenden Vorschriften hat er Rügen, sowie den Verlust der Stempelvertheilungsstelle zu gewärtigen.

Datum.

Der Provinzial-Steuerdirektor.

Unterschrift.

Beilage 2.

(Zu § 31 des Gesetzes und Ziffer 23 der Dienstvorschriften.)

Anweisung für die Geschäftsführung der Vorstände der Stempelsteuerämter.

§ 1.

Die Aufsicht über die gehörige Beobachtung des Stempelsteuergesetzes liegt den Vorständen der Stempel- und Erbschaftssteuerämter ob, zu deren besonderen Obliegenheiten die Vornahme der Stempelrevisionen innerhalb der ihnen zugewiesenen Geschäftsbezirke gehört.

§ 2.

Für jeden Geschäftsbezirk ist ein vollständiges, vom Provinzial-Steuerdirektor zu genehmigendes Verzeichniß der von dem Vorstande zu revidirenden Stellen anzulegen und unter Berücksichtigung der im Laufe der Zeit eintretenden Aenderungen (Zu- und Abgänge) fortzuführen. Unter Benutzung desselben hat der Vorstand alljährlich, und zwar spätestens im Monat März, einen Geschäftsplan über die vorzunehmenden Revisionen zu entwerfen und dem Provinzial-Steuerdirektor zur Genehmigung vorzulegen. Bei Aufstellung dieses Planes sind die Bestimmungen der Ziffer 24 der Dienstvorschriften zu Grunde zu legen.

§ 3.

Die Provinzial-Steuerdirektoren haben Vorsorge zu treffen, daß die Geschäftsführung der Stempelsteuerämter nicht durch die den Vorständen obliegenden Dienstreisen oder in Fällen anderweiter dauernder Behinderung derselben unterbrochen wird und die dieserhalb erforderlichen Anordnungen zu erlassen.

Wo zwei oder mehrere Stempelsteuerämter an einem Orte sind oder wo ein Stempelsteueramt am Sitze der Provinzial-Steuerbehörde sich befindet, muß die Vertretung des eines Vorstandes durch den andern beziehungsweise durch den Justiziarius oder ein anderes Mitglied der Provinzial-Steuerbehörde erfolgen.

Nur wenn zwingende dienstliche Gründe einer solchen Vertretung entgegenstehen und bei denjenigen Stempelsteuerämtern, bei denen die vorgedachten Voraussetzungen überhaupt nicht zutreffen, ist die Vertretung des Vorstandes einem der ihm unterstellten Beamten, und zwar, wenn nicht besondere Umstände zu einer anderen Auswahl nöthigen, dem im Dienste ältesten zu übertragen, wobei derselbe zugleich bezüglich des Umfanges der von ihm wahrzunehmenden Geschäfte des Vorstandes mit der erforderlichen Anweisung zu versehen sein wird. Diese Vertretung sowie die Wahl des für die Vertretung in Aussicht genommenen Beamten bedarf der Genehmigung des Provinzial-Steuerdirektors.

Zur Vermeidung von Störungen im Geschäftsgange ist darauf hinzuwirken, daß die Vorstände behufs Vornahme auswärtiger Stempelrevisionen nicht Reisen von längerer Dauer unternehmen, sondern zu diesem Zweck, wenn auch öfter, jedesmal nur auf kürzere Zeit ihren Amtssitz verlassen. Das Ziel und die voraussichtliche Dauer jeder Reise ist dem Provinzial-Steuerdirektor anzuzeigen. Der Antritt der Reise darf nicht eher erfolgen, als bis sich der Provinzial-Steuerdirektor mit derselben einverstanden erklärt bezw. die im vorhergehenden Absatz erwähnte Vertretung sowie die Wahl des für die Vertretung in Aussicht genommenen Beamten genehmigt hat.

§ 4.

Die Vorstände haben sich bei Beginn der Revision zunächst eine allgemeine Kenntniß von der Art und dem Umfange des Geschäftsverkehrs der zu revidirenden Stellen zu verschaffen und zu diesem Behuf bei Gesellschaften, Genossenschaften und Gewerkschaften vor Allem die Geschäftsberichte, Bilanzen, Statuten und ähnliche Hülfsmittel, bei Behörden und Beamten die Jahresrechnungen und die Verzeichnisse über die im Einzelnen geführten Akten (Repertorien) einzusehen. Auf Grund dieser Durchsicht müssen in erster Linie diejenigen Akten und Verhandlungen einer genauen Prüfung unterworfen werden, welche in stempelsteuerlicher Hinsicht von besonderer Wichtigkeit sind.

Die Revision hat sich sowohl auf die allgemeinen, den revidirten Stellen hinsichtlich der Anwendung der Stempelgesetze obliegenden Verpflichtungen, als auf die vorschriftsmäßige Versteuerung der bei denselben im Einzelnen vorgekommenen stempelpflichtigen Verhandlungen und Urkunden zu erstrecken. Ob und inwieweit zur Erreichung des letzteren Zwecks die Einsicht des Schriftwechsels, der Kassen- und Rechnungsbeläge u. s. w. sowie namentlich auch der Geschäftsbücher erforderlich ist, bleibt dem pflichtmäßigen Ermessen der Vorstände überlassen. Wird bei der Durchsicht der Verhandlungen u. s. w. entwerthetes Stempelmaterial vorgefunden, so ist dasselbe auch in Bezug auf seine Echtheit zu prüfen, also daraufhin, ob nicht etwa das Stempelmaterial verfälscht oder fälschlich angefertigt ist. Ferner ist darauf zu achten, ob mißbräuchliche Wiederverwendungen bereits einmal verwendeten Materials stattgefunden haben.

Die Prüfung ist auch auf die vorschriftsmäßige Versteuerung der von den Revisionsstellen im Stempelsteuerinteresse geführten Verzeichnisse (der Verzeichnisse, betreffend die Verwendung von Stempelmarken ohne amtliche Ueberwachung, die Versteuerung von Erlaubnißertheilungen u. s. w.), auf die Feststellung der Unterlagen für die Versteuerung durch Zahlung jährlicher Abfindungssummen sowie auf die Erfüllung der Verpflichtung zur Anzeige vorgekommener Zuwiderhandlungen gegen die Stempelgesetze auszudehnen, insoweit eine solche Verpflichtung den revidirten Stellen nach § 30 Absatz 3 des Gesetzes obliegt.

Ferner haben die Vorstände darauf Bedacht zu nehmen, alle für die Verwaltung der Erbschaftssteuer erheblichen Umstände und Thatsachen, welche bei der Durchsicht der Akten und Verhandlungen zu ihrer Kenntniß kommen, zu sammeln und aus den in Betracht kommenden Urkunden kurze Auszüge oder Vermerke zu entnehmen. Ebenso sind die gelegentlich der Bearbeitung der Erbschaftssteuersachen und die bei der Prüfung der Auszüge aus den Tagebüchern der Grundbuchführer oder sonst bekannt gewordenen Umstände, welche auf die Höhe des Stempels von Einfluß sind, bei der Stempelrevision zu verwerthen.

§ 5.

Bei Revision der Zoll- und Steuerbehörden haben die Vorstände insbesondere die Ausführung der Vorschriften über die Lagerung und den Verkauf der Stempelwerthzeichen, das Prozeßwesen in Stempelsachen und die Führung und Versteuerung der von den Behörden aufbewahrten Pacht-, Mieth- 2c. Verzeichnisse (Tarifstelle 48 Buchstabe a des Gesetzes) zum Gegenstand der Prüfung zu machen.

§ 6.

Um übersehen zu können, welche Akten der revidirten Stelle bereits geprüft sind, hat der Vorstand auf jedes von ihm revidirte Aktenstück die Worte: „Gepr. bis Bl. . . . .", seinen Namen oder dessen Anfangsbuchstaben und das Datum in Ziffern zu setzen. Ferner sind alle im Stempelinteresse zu führenden Verzeichnisse (Stempelsteuerbücher, Verzeichnisse, betreffend die Ueberwachung der Versteuerung von Erlaubnißscheinen u. s. w.) vom Vorstande mit Datum, Unterschrift und Prüfungsvermerk zu versehen.

§ 7.

Wegen der Aufstellung und Abwickelung der Revisions-

Erinnerungen haben die Vorstände nach der Vorschrift des vierten und fünften Absatzes der Ziffer 26 der Bekanntmachung und der Ziffern 25 und 26 der Dienstvorschriften zu verfahren.

§ 8.

Die den Provinzial-Steuerdirektoren alljährlich zugehenden Stempelrevisions-Verhandlungen der gerichtlichen Rechnungs-Revisoren sind seitens der Vorstände mit Rücksicht auf die Uebereinstimmung der von beiden Verwaltungszweigen über die Urkundenbesteuerung zu beobachtenden Grundsätze zu prüfen.

§ 9.

Die Vorstände sind verpflichtet, in Gemäßheit der Anordnung der Ziffer 50 der Dienstvorschriften alljährlich eine Anzahl von Pacht-, Mieth- ꝛc. Verzeichnissen einzufordern und zu prüfen.

§ 10.

Wegen der Befugniß der Vorstände, von Privatpersonen die Vorlegung stempelpflichtiger Verhandlungen zu verlangen, wird auf den § 31 Absatz 4 des Stempelsteuergesetzes und die Ziffer 29 der Dienstvorschriften verwiesen.

§ 11.

Die Vorstände sind durch ihren Beruf verpflichtet, begangenen Stempelhinterziehungen und Ordnungswidrigkeiten hinsichtlich der Anwendung der Stempelgesetze nachzuforschen und die Ahndung derselben in den geeignet erscheinenden Fällen herbeizuführen.

§ 12.

Zur Niederschlagung begründeter Revisionserinnerungen und gesetzlich gerechtfertigter Stempelsteuern sind die Vorstände unter keinen Umständen befugt.

§ 13.

Die Registratur der Stempelsteuerämter ist ordnungsmäßig und nach einem bestimmten Plane zu führen, dessen Entwerfung den Vorständen überlassen bleibt.

Zum Gebrauch in Dienstangelegenheiten werden die Vorstände mit einem Dienstsiegel versehen.

Anhang

zu den

Dienstvorschriften, betreffend die Ausführung des Stempelsteuergesetzes.

Anweisung

für die

Erhebung und Verrechnung der Preußischen Stempelsteuer.

A. Stempelmaterialienverkehr.

Stempelvorräthe der Hauptämter.

§ 1.

Die Hauptsteuer- und Hauptzollämter werden von dem Haupt-Stempelmagazin in Berlin mit dem nöthigen Vorrathe von Stempelmaterialien (Stempelpapier, Stempelmarken, Stempeldruckformularen und Stempeldruckbogen) versehen.

Dieser Vorrath besteht aus dem für ein halbes Jahr erforderlichen Bedarf an Stempelmaterialien (dem eisernen Bestande, welcher in Grenzen des wirklichen Bedürfnisses nach dem halben Durchschnitte der letzten 3 Jahre unter entsprechender Abrundung von der Provinzial-Steuerbehörde festgesetzt wird) und außerdem aus den für einen Vierteljahrsbedarf nöthigen Stempelmaterialien, welche in der Regel die Hälfte des eisernen Bestandes nicht übersteigen dürfen. Von diesem Vorrath müssen die Hauptämter einen verhältnißmäßigen Theil bei sich, den andern Theil bei den Unterämtern und bei denjenigen Stempelvertheilern, die ihren Bedarf an Stempelmaterialien nicht gegen Baarzahlung entnehmen (§ 10), auf dem Lager haben.

Die vorstehenden Bestimmungen finden keine Anwendung auf die für jedes Kalenderjahr besonders herzustellenden Gewerbelegitimationskarten und Paßkarten. Diese Karten sind thunlichst nur in den Grenzen des wirklichen Bedürfnisses vorräthig zu halten. Die Hauptämter haben sich behufs Ermittelung des muthmaßlichen Jahresbedarfs an die betreffenden Behörden zu wenden und den Bedarf bis zum 1. September jedes Jahres dem Haupt-Stempelmagazin anzumelden.

Bei den Kassenrevisionen ist darauf zu achten, daß die vorräthig zu haltenden Mengen an Stempelmaterialien die vorgeschriebenen Grenzen nicht überschreiten. Eine gleiche Ueberwachungspflicht liegt dem Haupt-Stempelmagazin ob. Dasselbe darf weitergehenden Anträgen der Hauptämter nur dann entsprechen, wenn die Anträge in ausreichender Weise begründet sind.

Ergänzung der Vorräthe.

§ 2.

Eine Ergänzung der Vorräthe des § 1 findet vierteljährlich statt.

Der zur Ergänzung an Stempelmaterialien erforderliche Bedarf ist von den Hauptämtern regelmäßig nach Ablauf eines jeden Vierteljahres bis spätestens zum zehnten Tage des ersten Vierteljahrsmonats bei dem Haupt-Stempelmagazin zu verschreiben. Diese Verschreibung erfolgt durch eine Nachweisung, die in zwei Ausfertigungen nach dem anliegenden Muster A auf Grund der vierteljährlichen Haupt-Stempelgeldabschlüsse (§ 19) aufzustellen und dem Haupt-Stempelmagazin zu übersenden ist.

Die verschriebenen Mengen sind derartig abzurunden, daß sie bei den Stempelmarken zum Werthe von 10 Pf. bis 2 Mark durch 100, bei den Stempelmarken von $2^1/_2$ M. bis 6 M. durch 50 und bei den höheren Sorten durch 20, bei den Paßformularen durch 50, im Uebrigen möglichst durch 10, mindestens aber durch 5 ohne Rest theilbar sind.

Eingang der Sendung des Haupt-Stempelmagazins.

§ 3.

Erhält das Hauptamt demnächst die Sendung der Stempelmaterialien, so muß binnen spätestens drei Tagen in Gegenwart zweier Beamten, von denen einer ein Hauptamtsmitglied sein muß, die Oeffnung der Kisten oder Packete bewirkt, der Inhalt nachgezählt, nach den Werthsätzen geprüft und mit dem Lieferzettel des Haupt-Stempelmagazins verglichen werden.

Ergiebt sich hierbei die Richtigkeit der Sendung, so wird der Empfang sofort in dem Gesammt-Stempel-

Lagerbuche und in dem Hauptlagerbuche (§ 15) angeschrieben, die Quittung nach dem anliegenden Muster B ausgestellt und an das Haupt-Stempelmagazin gesandt.

Sind bei der Prüfung der Sendung Unrichtigkeiten entdeckt worden, so ist sogleich eine schriftliche Verhandlung aufzunehmen, welche über das bei der Oeffnung der Kisten oder Packete, bei der Prüfung und Zählung der Stempelmaterialien und bei der Feststellung der Unrichtigkeit beobachtete Verfahren genaue Auskunft giebt und von allen bei der Oeffnung der Kisten ꝛc. und bei der Abnahme der Stempelmaterialien betheiligten Beamten zu unterschreiben ist. Unter Beifügung dieser Verhandlung ist alsdann sofort und binnen spätestens 8 Tagen nach dem Eingange der Sendung dem Haupt-Stempelmagazin von der Unrichtigkeit Anzeige zu machen. Erfolgt diese Anzeige später, so ist das Haupt-Stempelmagazin nicht mehr zum Ersatze des Fehlbetrages verbunden und dieser lediglich von dem Hauptamte selbst zu vertreten.

Abstempelung von Formularen und beschriebenen Bogen.

§ 4.

Sollen auf Antrag von Behörden, Gewerkschaften, Versicherungsanstalten ꝛc. gedruckte Formulare oder beschriebene Bogen mit den für Stempelpapier vorgesehenen Stempelaufdrucke versehen werden, so ist nach Ziffer 14 C 2 der Bekanntmachung zu verfahren. Die dem Haupt-Stempelmagazin von den Hauptämtern zugehende zweite Ausfertigung der Anmeldung verbleibt als Belag bei dem Haupt-Stempelmagazin. Ueber den Empfang der gestempelten Formulare und Bogen haben die Hauptämter nach den Vorschriften des § 3 dem Haupt-Stempelmagazin Quittung zu ertheilen.

Die gestempelten Formulare oder Bogen werden bei dem Haupt-Stempelmagazin unter den bezüglichen Werthsätzen als Stempelpapier in Einnahme und für die betreffenden Hauptämter in Ausgabe nachgewiesen. In gleicher Weise haben die Hauptämter derartige Formulare und Bogen in den Stempel-Lagerbüchern als Stempelpapier in Einnahme und Ausgabe zu buchen und ebenso auch in den Jahresanerkenntnissen über den Empfang von Stempelmaterialien (§ 5) aufzuführen.

In Uebereinstimmung hiermit erfolgt die Vereinnahmung der Stempelsteuer, welche bis zur Aushändigung der gestempelten Formulare und Bogen an den Antragsteller nur im Depositen-Manual zu buchen ist, im Stempelgeld-Einnahmebuche bei der Einnahme für Stempelpapier.

Für das Stempelungsgeschäft werden Gebühren nicht erhoben. Dagegen haben die Antragsteller die Herstellungskosten zu tragen, wenn von dem Haupt-Stempelmagazin gemäß Ziffer 37, 38, 39 und 49 der Dienstvorschriften auf Verlangen der Vordruck von Formularen besorgt oder die Bogen mit einem Aufdrucke versehen werden. Die Herstellungskosten werden in diesen Fällen dem Hauptamte bei der Uebersendung der gestempelten Formulare 2c. von dem Haupt-Stempel-magazin mitgetheilt. Das Hauptamt hat die Kosten von dem Antragsteller einzuziehen und bei der außerordentlichen Einnahme für Rechnung Preußens zu vereinnahmen. Das Haupt-Stempelmagazin hat von dem Betrage der Herstellungskosten dem vorgesetzten Provinzial-Steuerdirektor Kenntniß zu geben.

Ausfertigung der Jahresanerkenntnisse.

§ 5.

Am Jahresschlusse wird die Ausgabe bei dem Haupt-Stempelmagazin und die Einnahme bei den Hauptämtern durch gegenseitige Anerkenntnisse bei den Jahresrechnungen belegt. Zu diesem Behufe hat jedes Hauptamt nach dem beiliegenden Muster C zwei gleichlautende, auf das Gesammt-Stempel-Lagerbuch und das Hauptlagerbuch sich gründende Ausfertigungen, die eine von sämmtlichen Mitgliedern des Hauptamtes vollzogen, die andere ohne Ausfüllung und Vollziehung des Anerkenntnisses, bis spätestens zum 30. April jedes Jahres an das Haupt-Stempelmagazin einzusenden. Die von dem Hauptamte vollzogene Ausfertigung wird zum Belage der Rechnung des Haupt-Stempelmagazins benutzt, welches die andere Ausfertigung nach geschehener Vergleichung der Bücher und nach Vollziehung des Anerkenntnisses an das Hauptamt als Belag zu dessen Rechnung zurücksendet.

Sorgfältige Aufbewahrung der Stempelmaterialien.

§ 6.

Die Stempelmaterialien müssen sicher und

trocken aufbewahrt und die älteren, die durch die Länge der Zeit zu leiden pflegen und allmählich unbrauchbar werden, zuerst verkauft werden. Stempelmaterialien, welche durch längere Aufbewahrung oder sonst unbrauchbar werden, sind an das Hauptamt und von diesem an den vorgesetzten Provinzial-Steuerdirektor zur Vernichtung einzusenden. Ein Umtausch unbrauchbarer Materialien durch das Haupt-Stempelmagazin findet nicht statt.

Die Vernichtung der unbrauchbaren Materialien erfolgt bei der Provinzial-Steuer-Direktion in der bei Ziffer 16 der Dienstvorschriften beschriebenen Weise. Nach Abgabe der Vernichtungsbescheinigung wird von dem Provinzial-Steuerdirektor die Anweisung zur Verausgabung der vernichteten Materialien ertheilt.

Stempelverkaufsstellen.

§ 7.

Die Hauptämter übernehmen nicht nur den Einzelverkauf, sondern sie versorgen auch die Unterämter und Stempelvertheiler des Hauptamtsbezirkes mit Stempelmaterialien.

In welcher Anzahl und an welchen Orten die Unterämter oder einzelne Stempelvertheiler mit dem Verkaufe und der Entwerthung von Stempelmaterialien zu beauftragen sind, bestimmt die Provinzial-Steuerbehörde. Dem Ermessen der letzteren bleibt es auch überlassen, mit Rücksicht auf die örtlichen Verhältnisse einzelne Unterämter auf den Verkauf von Stempelmaterialien zu einem geringeren Werthe als von 1000 M. zu beschränken.

Allgemeine Bestimmungen über die Stempelvertheiler.

§ 8.

Die Stempelvertheiler erhalten von der Provinzial-Steuerbehörde, von welcher sie bestellt werden, eine Anweisung für ihre Geschäftsführung. Diese Anweisung ist dem betheiligten Hauptamte zur Ueberwachung der Stempelvertheiler mitzutheilen. Die Hauptämter sind verantwortlich für die Geschäftsführung der Stempelvertheiler und haben die Pflicht, sich in geeigneter Weise von der ordnungsmäßigen Stempelverwaltung in steter Ueberzeugung zu erhalten.

Die Höhe der dem Stempelvertheiler zustehenden Entschädigung wird durch dessen Geschäfts-Anweisung und durch die Etats der Hauptämter bestimmt oder, wenn die betreffende Stelle noch nicht darin vorgesehen ist, besonders angeordnet.

Die Entschädigung wird in der Regel am Schlusse des Rechnungs-Vierteljahres von demjenigen Amte gezahlt, von welchem der Stempelvertheiler seine Materialien zu entnehmen hat. Ausnahmsweise kann dem Stempelvertheiler, sofern er die Stempelmaterialien baar bezahlt, von der Provinzial-Steuerbehörde gestattet werden, die Entschädigung sogleich bei der jedesmaligen Entnahme von Stempelmaterialien von dem Werthbetrage der letzteren in Abzug zu bringen. In jedem Falle ist über den Betrag der Entschädigung von dem Stempelvertheiler eine Quittung abzugeben und am Schlusse des Rechnungsjahres über den ganzjährigen Betrag der Vergütung eine Hauptquittung auszustellen.

Stempelvertheiler, die ihren Bedarf an Stempelmaterialien baar bezahlen.

§ 9.

Die Stempelvertheiler haben ihren Bedarf an Stempelmaterialien in der Regel gegen baare Zahlung des Werthbetrages unmittelbar bei demjenigen Hauptamte zu entnehmen, in dessen Bezirke sie wohnen. In geeigneten Fällen kann ihnen von der Provinzial-Steuerbehörde auch der Ankauf der Stempelmaterialien bei einem bestimmten Unteramte vorgeschrieben werden.

Die verabfolgten Stempelmaterialien werden bei dem betreffenden Amte in gewöhnlicher Weise im Abschnitt a der Ausgabe-Abtheilung des Stempel-Lagerbuches verausgabt und der volle Werthbetrag der Stempel (ohne Abrechnung der etwa in Abzug gebrachten Entschädigung) im Stempelgeld-Einnahmebuche vereinnahmt. Die dem Stempelvertheiler zustehende Entschädigung wird in den Kassenbüchern — bei Unterämtern als Auftragszahlung für Rechnung des Hauptamtes — besonders in Ausgabe nachgewiesen.

Stempelvertheiler, die ihren Bedarf an Stempelmaterialien nicht gegen Baarzahlung entnehmen.

§ 10.

Diejenigen Stempelvertheiler, bei welchen die Provinzial-Steuerbehörde von der Verpflichtung zur sofortigen Baarzahlung des Werthbetrages der empfangenen Stempelmaterialien abgesehen hat, haben ihren Bedarf an letzteren gegen Quittungsleistung stets bei dem Hauptamte unmittelbar zu entnehmen, in dessen Bezirk sie wohnen.

Bei dem Hauptamte werden die verabfolgten Stempelmaterialien ebenso wie die an die Unterämter abgegebenen nur im Haupt-Lagerbuche verausgabt. Von der Verabfolgung ist dem Bezirks-Ober-Kontroleur Nachricht zu geben.

Der Betrag der von dem Stempelvertheiler abzuführenden Stempelsteuer richtet sich nach der Menge der abgesetzten Stempelmaterialien. Behufs Feststellung dieses Betrages hat der Bezirks-Ober-Kontroleur an dem für die unteren Hebestellen vorgeschriebenen Schlußtermine jedes Vierteljahres bei den Stempelvertheilern den vorhandenen Bestand an Stempelmaterialien mittels einer nach dem anliegenden Muster D in doppelter Ausfertigung aufzustellenden Stempelverkaufsnachweisung festzustellen. Nach dem vorgefundenen Bestande wird die Menge der ausgegebenen Stempelmaterialien ermittelt und danach der zu berichtigende Geldbetrag berechnet. Dieser Betrag wird dem Stempelvertheiler sofort mitgetheilt und muß von ihm binnen spätestens 3 Tagen gegen Kassenquittung an das Hauptamt baar eingezahlt werden.

Die eine Ausfertigung der entsprechend bescheinigten Stempelverkaufsnachweisung behält der Bezirks-Ober-Kontroleur als Grundlage für die späteren Bestandsaufnahmen zurück. Die andere Ausfertigung übersendet er dem Hauptamte, welches die Nachweisung nach seinen Büchern und rechnerisch prüft, den festgestellten Betrag in seinen Kassenbüchern als Einnahmeablieferung einer im Etat nicht namentlich aufgeführten Hebestelle vereinnahmt und sodann die nach diesem Betrage berechnete Entschädigung in gewöhnlicher Weise verausgabt. Der nach der Nachweisung sich ergebende Bestand und Absatz an Stempelmaterialien ist demnächst in das Gesammt-Stempel-Lagerbuch des Hauptamtes in der im § 15 beschriebenen Weise zu übernehmen.

Ob und welche Sicherheit von dem Stempelvertheiler zu leisten ist, bestimmt die Provinzial-Steuerbehörde. Das Hauptamt ist für die ordnungsmäßige Bestellung der etwa verlangten Sicherheit verantwortlich und hat bei Gefahr von Verlusten alle ihm erforderlich erscheinenden Maßnahmen zur Sicherung der Staatskasse zu treffen.

Abmessung und Ergänzung der Stempelvorräthe bei den Unterämtern.

§ 11.

Auch bei den Unterämtern ist stets ein angemessener Bestand von Stempelmaterialien, welcher nach dem halb- oder vierteljährlichen Bedarfe abzumessen ist, vorräthig zu halten. Die Hauptämter haben für die Erhaltung dieses Bestandes zu sorgen. Behufs Ersatzes des Abganges haben die Unterämter ein gleiches Verfahren einzuhalten, wie solches für die Bezüge des Hauptamtes aus den Beständen des Haupt-Stempelmagazins vorgeschrieben ist. Sie bedienen sich dabei einer Nachweisung nach dem anliegenden Muster E, welche in dreifacher Ausfertigung aufzustellen und gleichzeitig mit dem vierteljährlichen Stempelgeldabschlusse dem Hauptamte einzureichen ist. Das Hauptamt prüft die Nachweisung und fügt zwei Ausfertigungen derselben der Sendung der Stempelmaterialien bei. Das Unteramt benutzt davon die eine als Belag für das Stempel-Lagerbuch, die andere sendet es, mit Quittung versehen, an das Hauptamt zurück. Die dritte Ausfertigung wird von dem Hauptamte dem Bezirks-Ober-Kontroleur zur Benachrichtigung zugestellt.

Buchführung der Unterämter.

§ 12.

Von jedem Unteramte, welches mit dem Verkaufe von Stempelmaterialien betraut ist, wird ein Stempel-Lagerbuch und ein Stempelgeld-Einnahmebuch geführt.

I. Das Stempel-Lagerbuch, welches nach dem Muster F anzulegen und das ganze Rechnungsjahr hindurch bis zum Abschluß für das vierte Vierteljahr fortzuführen ist, zerfällt in zwei Abtheilungen, von denen die eine für die Einnahme, die andere für die Ausgabe bestimmt ist.

1. Die Einnahme beginnt mit dem Bestande aus dem Vorjahre. Darauf folgen die Einnahmen im Laufe des ersten Vierteljahres nach ihrer Zeitfolge. Der Ursprung der Einnahme nebst dem Datum des betreffenden Belages, in der

Regel der hauptamtlichen Lieferungsnachweisung (§ 11), ist in der dritten Spalte des Lagerbuches zu vermerken.

Die Einnahme wird bis zum Vierteljahrsschlusse fortlaufend aufgerechnet. Zu der Summe der vierteljährlichen Einnahme wird der übernommene Bestand hinzugezählt, davon die aus der zweiten Abtheilung zu entnehmende Summe der Ausgabe des ersten Vierteljahres abgezogen und dadurch der am Schlusse des ersten Vierteljahres verbleibende Bestand ermittelt. Auf diesen folgt in gleicher Art die Einnahme im zweiten Vierteljahr, alsdann deren Summe, der Zusatz des Bestandes vom ersten Vierteljahr, der Abzug der Ausgabesumme des zweiten Vierteljahres und der danach sich ergebende Bestand am Schlusse des letzteren. In den folgenden Vierteljahren wird in gleicher Weise verfahren.

2. Die Ausgabe zerfällt in zwei Abschnitte. In dem Abschnitte a wird die Ausgabe an verkauften Stempelmaterialien am Schlusse jedes Tages mit Vorsetzung der Daten angeschrieben. Zu diesem Zwecke werden die an demselben Tage verkauften Stempelmaterialien von jeder besonderen Gattung und Werthbezeichnung zusammengezählt und in einem Betrage in die betreffende Spalte übernommen.

Alle anderen Ausgaben werden im Abschnitt b gebucht, z. B. die Ablieferung außer

Gebrauch gesetzter Stempelmaterialien an das Hauptamt, für welche kein Ersatz stattfindet. Werden unbrauchbar gewordene oder außer Gebrauch gesetzte Stempelmaterialien gegen andere Stempelmaterialien derselben Gattungen vom Hauptamte eingetauscht, so ist eine Vereinnahmung und Verausgabung im Lagerbuche nicht erforderlich. Es ist dann nur in der Zeit zwischen der Absendung und dem Empfange ein Belag darüber bei dem Stempellager der Amtsstelle aufzubewahren.

Jeder der beiden Ausgabe-Abschnitte wird fortlaufend bis zum Vierteljahrsschlusse aufgerechnet. Bei dem Ausgabe-Abschnitte a wird alsdann durch Zusetzung der Summe b die Gesammtausgabe des Vierteljahres dargestellt.

II. Das Stempelgeld-Einnahmebuch wird nach dem Muster G geführt. Es umfaßt jedesmal nur den Zeitraum eines Vierteljahres und wird monatlich abgeschlossen, aber bis zum Vierteljahrsschluß fortlaufend aufgerechnet. Auf Grund der Spalte 10, deren Ausfüllung es nur am Tagesschlusse bedarf, werden die Tagessummen in die Kassenbücher übernommen.

Die im Laufe eines Tages vorkommenden Verkäufe von Stempelpapier und Stempelmarken können, insoweit jeder dieser Verkäufe den Betrag von 50 M. nicht ererreicht, summarisch nach dem Schlusse der Dienststunden im Stempelgeld-Einnahmebuch angeschrieben werden. Der Verkauf von Stempelmaterialien an Stempelvertheiler ist jedoch in jedem Falle besonders zu buchen. Ebenso sind Verkäufe von Stempelpapier und Stempelmarken zum Gesammtbetrage von 50 M. und darüber, sowie Verkäufe von Stempeldruckformularen und Stempeldruckbogen einzeln, wie sie vorkommen, mit Benennung des Abnehmers einzutragen.

Stempelsteuerbeträge, welche im Wege der Abfindung zu zahlen sind (Ziffer 16 der Bekanntmachung), werden stets bei dem Hauptamte vereinnahmt. Gelangen derartige Beträge ausnahmsweise bei einem Unteramte zur Einzahlung, so werden sie nicht in dem Stempelgeld-Einnahmebuche des letzteren vereinnahmt, sondern als Deposita mittels Lieferzettels an das Hauptamt abgeführt.

Gestundete oder sonst rückständig gebliebene Beträge für verabfolgte Stempelmaterialien werden in den Spalten 5 bis 7 und 10 mit rother Tinte eingetragen und daneben in der Spalte „Bemerkungen" diejenigen Seiten und Nummern vermerkt, unter denen die Stundungen in dem Kredit-Manual angeschrieben sind. Die Stundungs- oder Restbeträge sind mit rother Schrift für sich aufzurechnen und am Vierteljahrsschlusse der Isteinnahme zur Bildung des Betrages an Solleinnahme zuzusetzen.

Stempelgeldabschlüsse der Unterämter.

§ 13.

Auf Grund der im § 12 bezeichneten Bücher ist vierteljährlich ein Stempelgeld-Abschluß nach dem anliegenden Muster H zusammenzustellen. Die Mengen der in dem Abschlusse nachzuweisenden Stempelmaterialien ergeben sich für alle Spalten aus dem Abschlusse des Stempel-Lagerbuches. Die einzelnen Geldbeträge werden nach der in den Spalten „Verkauft" nachgewiesenen Ausgabe an Stempelmaterialien ausgerechnet. Die Geldsummen müssen mit den Summen der einzelnen Spalten des Geldeinnahmebuchs genau übereinstimmen.

Das Vorhandensein der nach dem Vierteljahrsabschlusse verbleibenden Bestände an Stempelmaterialien wird von dem revidirenden Beamten in den ersten drei Vierteljahren des Rechnungsjahres in der Regel durch probeweise Nachzählung, im letzten Vierteljahre durch genaue Zählung sämmtlicher Bestände geprüft und in folgender Art auf der ersten Seite des Abschlusses bescheinigt:

> „daß der in dem vorliegenden Abschlusse nachgewiesene Bestand an Stempelmaterialien am Schlusse des ....ten Viertels des Rechnungsjahres 18........ bei dem ....amte wirklich vorhanden gewesen ist, wird auf Grund der ausgeführten Revision, mit probeweiser genauer Zählung der unterstrichenen und mit R bezeichneten Gattungen (am Schlusse des vierten Vierteljahres: mit genauer Zählung der sämmtlichen Gattungen), hierdurch bescheinigt."
>
> (Datum.) (Unterschrift.)

Diese Stempelgeld-Abschlüsse werden von jedem Unteramte nach dem Vierteljahrsschlusse an das vorgesetzte Hauptamt eingereicht. Das letztere hat die Abschlüsse mit seinen Lagerbüchern zu vergleichen und läßt sie dann so ordnen und heften, daß die Abschlüsse jeder einzelnen Amtsstelle beisammen bleiben.

Lagerrevisionen bei den Unterämtern.

§ 14.

Bei den Kassen- und Lagerrevisionen, und zwar sowohl bei den regelmäßig monatlich zu haltenden wie bei den außerordentlichen, wird das Muster für den Stempelgeld-Abschluß (§ 13) als Stempel-Lagerabschluß benutzt, nach den **zuvor** soweit als nöthig geprüften und in Einnahme und Ausgabe aufgerechneten Büchern gehörig ausgefüllt und der Revisionsverhandlung beigefügt. Die allmonatliche genaue Durchzählung der sämmtlichen Bestände wird nicht gefordert, es muß jedoch aus dem auf den Abschluß zu setzenden Prüfungsvermerke, welcher im Allgemeinen ähnlich wie die im § 13 für die Stempelgeld-Abschlüsse vorgeschriebene Bescheinigung zu lauten hat, der dabei angewandte Grad von Genauigkeit zu beurtheilen sein. Auch hat der revidirende Beamte bei der probeweisen Durchzählung der einzelnen Stempelgattungen sich davon Ueberzeugung zu verschaffen, ob die einzelnen Bogen oder Stücke den richtigen Werthstempel tragen.

Für den letzten Monat jedes Vierteljahres bedarf es eines besonderen Lagerabschlusses bei der Kassenrevision nicht, wenn die Prüfung des Bestandes auf Grund des Stempelgeld-Abschlusses ermöglicht werden kann.

Lagerbücher der Hauptämter.

§ 15.

Bei der **Buchführung** der Hauptämter sind zu unterscheiden:

I. das **Verkaufslager** des Hauptamtes,

II. das bei dem Hauptamte befindliche **Hauptlager,**

III. das **Gesammtlager** des hauptamtlichen Bezirks.

I. Auf das Verkaufslager des Hauptamts finden die für die Unterämter in den §§ 11 bis 14 gegebenen Vorschriften sinngemäße Anwendung, doch kann von der Quittungsertheilung zwischen dem Verkaufslager und dem Hauptlager abgesehen werden, wenn der Rendant den täglichen Stempelverkauf selbst besorgt. Befindet sich der Stempelverkauf beim Hauptamte in den Händen eines anderen Beamten, so kann die Provinzial-Steuerbehörde anordnen, daß Stempelbogen von mehr als 300 M. im Einzelnen stets im Hauptlager zu verbleiben haben und daraus für den Einzelverkauf nur nach Maßgabe des Bedarfs verabfolgt werden.

II. Zur Festhaltung der Bestände des bei dem Hauptamte befindlichen Hauptlagers dient

das Haupt-Stempel-Lagerbuch,

welches von dem Hauptamtsrendanten ebenso wie die Stempel-Lagerbücher der Unterämter für das Rechnungsjahr in zwei Abtheilungen — die eine für die Einnahme, die andere für die Ausgabe — geführt wird.

1. In der Einnahme wird zunächst der Bestand des Hauptlagers vom Schlusse des vorigen Jahres nach dem Abschlusse des vorjährigen Lagerbuches aufgetragen. Dann folgen nach der Zeitfolge

unter Angabe der Beläge, soweit solche vorhanden sind, die Einnahmen im Laufe des ersten Vierteljahres, und zwar nur diejenigen, welche wirklich das Hauptlager verstärken, namentlich die Zusendungen vom Hauptstempelmagazin und die von dem Hauptamte selbst ausgefertigten Stempelbogen von mehr als 1000 M. Werth. Es gehören also nicht dahin die Vorräthe eines Unteramtes, das etwa dem Hauptamtsbezirke zugelegt wird, da dergleichen Vorräthe zwar das Gesammtlager, aber nicht das Hauptlager verstärken. Dagegen gehören hierher die Stempelmaterialien, welche von dem Verkaufslager des Hauptamtes oder von den Unterämtern oder endlich von einem die Stempelmaterialien nicht gegen Baarzahlung entnehmenden Stempelvertheiler (§ 10) an das Hauptlager zurückgeliefert werden, ohne daß ein sofortiger Ersatz in denselben Stempelgattungen erfolgt.

Am Vierteljahrsschlusse wird die Summe gezogen, die Summe der Ausgabe desselben Vierteljahrs nach der zweiten Abtheilung dieses Buches abgesetzt und so der Bestand des Hauptlagers am Schlusse des ersten Vierteljahrs ermittelt, welcher nun wieder die erste Einnahme des zweiten Vierteljahrs bildet. Demnächst ist weiter, wie im ersten Vierteljahr, zu verfahren.

2. In die Ausgabe gehören alle Posten, welche das Hauptlager verringern, also vornehmlich die

Verabfolgung von Stempelmaterialien an das hauptamtliche Verkaufslager, an die Unterämter und an diejenigen Stempelvertheiler, die den Bedarf an Stempelmaterialien nicht gegen sofortige Baarzahlung entnehmen (§ 10). Die Ausgaben sind mit den Quittungen der empfangenden Stellen zu belegen. Hier sind auch die unbrauchbar gewordenen, an die Provinzial-Steuerbehörde zur Vernichtung eingesandten Stempelmaterialien, sowie die zur Ausfertigung von Stempelbogen über mehr als 1000 M. an Werth verwendeten Stempelbogen ohne Werthbezeichnung zu buchen. Wird ein Unteramt von dem Hauptamtsbezirke abgezweigt, so geht dessen Vorrath an Stempelmaterialien zwar vom Gesammtlager ab, nicht aber vom Hauptlager, kommt also auch hier nicht in Ausgabe.

Am Schlusse jedes Vierteljahrs wird die Ausgabe des Hauptlagers durch Aufrechnung abgeschlossen.

III. Die Bestände des Gesammtlagers im hauptamtlichen Bezirke werden durch das Gesammt-Stempel-Lagerbuch

festgehalten. Das letztere bildet die Grundlage für die vierteljährlichen Stempelgeld-Abschlüsse des Hauptamtes und für die Jahresrechnung und wird von dem Hauptamtskontrolleur ebenso wie die übrigen Lagerbücher für den Zeitraum des Rechnungsjahres, in zwei Abtheilungen — die eine für die Einnahme, die andere für die Ausgabe — geführt.

1. Die Einnahme beginnt mit der summarischen Uebernahme des Gesammtbestandes aus dem vorigen Jahre, also sowohl des Bestandes im Hauptlager, wie desjenigen im Verkaufslager, bei den Unterämtern und bei den im § 10 bezeichneten Stempelvertheilern.

Dann folgen nach ihrer Zeitfolge unter Angabe der Beläge (nämlich der Uebersendungslisten des Haupt-Stempelmagazins oder, bei Ueberweisungen, der Verfügungen der Provinzialsteuerbehörde) die Einnahmen im ersten Vierteljahr, und zwar nur diejenigen, welche das Gesammtlager verstärken. Es gehören also dahin z. B. die Bestände eines Unteramtes, welches dem Hauptamtsbezirke zugelegt wird, sowie die von dem Hauptamte selbst ausgefertigten Stempelbogen von mehr als 1000 M. Werth. Dagegen ist die Rücklieferung von Stempelmaterialien seitens der Unterämter und der im § 10 bezeichneten Stempelvertheiler oder aus dem Verkaufslager an das Hauptlager hier nicht anzuschreiben.

Der am Schlusse des Vierteljahres zusammengerechneten Einnahme wird der übernommene Gesammtbestand hinzugezählt und von der Summe die aus der zweiten Abtheilung des Buches zu entnehmende Ausgabesumme desselben Vierteljahres abgezogen, wodurch sich der Gesammtbestand am Schlusse des ersten Vierteljahres ergiebt. Hierauf folgt der Nachweis, wo dieser Gesammtbestand sich befindet, indem erstlich aus den eingehenden Stempelgeld-Abschlüssen die bei dem Verkaufslager des Hauptamtes und bei den Unterämtern verbliebenen Bestände, sodann aus den Stempelverkaufsnachweisungen die Bestände, welche bei den im § 10 bezeichneten Stempelvertheilern verblieben sind, und zuletzt aus dem Haupt-Lagerbuche der Bestand des Hauptlagers eingetragen wird. Die Summe dieser einzelnen Bestände muß mit dem obigen Gesammtbestande genau übereinstimmen.

Hierauf folgt die Einnahme im zweiten Vierteljahr, welcher der Gesammtbestand am Schlusse des ersten Vierteljahres hinzugerechnet wird; demnächst wird weiter, wie oben, verfahren.

Schließlich werden behufs der Jahresrechnung die Einnahmesummen der vier Vierteljahre wiederholt und aufgerechnet. Dieser Jahressumme wird der Bestand aus dem vorigen Jahre zugesetzt und von der entstehenden Hauptsumme der Einnahme die Gesammtausgabe des Jahres nach der zweiten Abtheilung abgezogen, worauf der Bestand am Schlusse des Jahres sich mit dem vorhin beim Abschlusse des vierten Vierteljahres gefundenen übereinstimmend darstellen muß.

2. Die Ausgabe zerfällt ebenso wie in den Stempel-Lagerbüchern der Unterämter in zwei

Abschnitte. In dem Abschnitte a werden die verkauften Stempelmaterialien nachgewiesen. Die betreffenden Ausgabesummen werden vierteljährlich aus den Stempelgeld-Abschlüssen des hauptamtlichen Verkaufslagers und der Unterämter, hinsichtlich der im § 10 bezeichneten Stempelvertheiler aus den Stempelverkaufsnachweisungen, übernommen und zusammengerechnet. Alle anderen Ausgaben von Stempelmaterialien aus dem hauptamtlichen Gesammtlager werden, wie sie vorkommen, im Abschnitt b einzeln nachgewiesen. Es gehören dahin z. B. unbrauchbar gewordene Stempelmaterialien, welche an die Provinzial-Steuerbehörde zur Vernichtung eingesandt worden sind, oder die Vorräthe eines zu einem anderen Hauptamte verlegten Unteramtes, sowie die Stempelbogen ohne Werthbezeichnung, welche zu der Ausfertigung von Stempelbogen über mehr als 1000 M. an Werth verwendet werden. Dagegen werden Ausgaben aus dem Hauptlager, welche nicht gleichzeitig auch das Gesammtlager verringern, hier nicht gebucht.

Die Vierteljahrssumme des Abschnittes b wird nach dem Ausgabe-Abschnitte a übernommen und mit der Vierteljahrssumme dieses Abschnittes zusammengezählt, wodurch die Gesammtausgabesumme des Vierteljahres sich ergiebt.

Am Schlusse des Jahres werden in beiden Ausgabe-Abschnitten die vier Vierteljahrssummen wiederholt und aufgerechnet und demnächst durch Zusammenstellung der Summen bei dem Abschnitte a die Gesammtausgabe des Rechnungsjahres gefunden.

Zu den hauptamtlichen Büchern II und III wird der Vordruck nach dem Muster F ebenfalls benutzt.

Vereinfachung der hauptamtlichen Buchführung, wenn der Rendant selbst den Stempelverkauf besorgt.

§ 16.

Bei solchen Hauptämtern, bei denen der Einzelverkauf von Stempelmaterialien in der Hand des Rendanten liegt, kann mit Genehmigung der Provinzial-Steuerbehörde die Bildung eines besonderen Verkaufslagers fortfallen. In diesem Falle bedarf es der Führung eines besonderen Stempel-Lagerbuches bei dem Hauptamte nicht. Die betreffenden Buchungen werden vielmehr in dem Haupt-Lagerbuche bewirkt, in welchem zu diesem Zwecke bei der Ausgabe-Abtheilung dieselben Unter-Abschnitte gebildet werden, wie dies für das Stempel-Lagerbuch der Unterämter im § 12 vorgeschrieben worden ist. In derselben Weise erfolgen dann auch die Abschlüsse.

Stempelgeld-Einnahmebuch der Hauptämter.

§ 17.

Das Stempelgeld-Einnahmebuch der Hauptämter wird wie bei den Unterämtern nach dem Muster G vierteljährlich geführt. Am Schlusse des Vierteljahres werden zunächst die Beträge, welche von den im § 10 bezeichneten Stempelvertheilern abzuliefern sind, nach den Stempelverkaufsnachweisungen und sodann die Einnahme der Unterämter nach den Stempelgeld-Abschlüssen hinzugerechnet.

In der Spalte 8 sind die Stempelsteuerbeträge, welche im Wege der Abfindung zu zahlen sind, und zwar sowohl die bei dem Hauptamte selbst, als auch die bei den Unterämtern eingezahlten (siehe § 12), auf Grund der hierüber geführten Verzeichnisse, deren Einrichtung von der Provinzial-Steuerbehörde bestimmt wird, zu vereinnahmen. Die richtige Führung dieser Verzeichnisse, welche dem Hauptamts-Kontroleur obliegt, und die rechtzeitige Vereinnahmung der Abfindungssumme ist von den Ober-Inspektoren besonders sorgfältig zu überwachen und bei den Kassenrevisionen jedesmal zu prüfen.

Behandlung der Stempelbogen von mehr als 1000 M. an Werth.

§ 18.

Für die Ausfertigung von Stempelbogen von mehr als 1000 M. an Werth sind von den Hauptämtern die von dem Haupt-Stempelmagazin zu beziehenden „Stempelbogen ohne Werthbezeichnung" zu benutzen, welche, wie die übrigen Stempelmaterialien, sogleich bei dem Empfange in dem Haupt- und in dem Gesammt-Stempel-Lagerbuche des Hauptamtes in Einnahme zu buchen sind und in dem Verwahrsam des Hauptamtsrendanten verbleiben.

Geht der Antrag auf Ausfertigung eines Stempelbogens von mehr als 1000 M. an Werth bei einem Unteramte ein, so bucht dieses den eingezahlten Betrag im Depositen-Manual und sendet den Antrag, mit einem Vermerke über die Einzahlung des Betrages versehen, unverzüglich an das vorgesetzte Hauptamt. Geht der Antrag bei dem Hauptamte selbst ein, so wird der Betrag sogleich endgiltig vereinnahmt und hierüber auf dem Antrage eine Bescheinigung abgegeben.

Auf Grund des mit dem Vermerk über die Einzahlung oder Vereinnahmung des Betrages versehenen Antrages hat der Rendant unverweilt den verlangten Stempelbogen auszufüllen und mit seiner Namensunterschrift zu versehen. Demnächst ist der Bogen mit dem Antrage, auf welchem die Ausfertigung des Stempelbogens kurz zu verfügen ist, den übrigen Hauptamtsmitgliedern zur Unterschrift vorzulegen. In der Regel sind die Bogen über mehr als 1000 M. an Werth von sämmtlichen Hauptamtsmitgliedern zu vollziehen und in jedem Falle mit drei Unterschriften sowie mit einem Abdrucke des Schwarzstempels zu versehen.

Die zur Ausfertigung der Stempelbogen von mehr als 1000 M. an Werth verwendeten „Stempelbogen ohne Werthbezeichnung“ sind sowohl von dem Rendanten, als auch vom Kontroleur sogleich bei der Ertheilung ihrer Namensunterschriften in dem Haupt- und in dem Gesammt-Stempel-Lagerbuche zu verausgaben und gleichzeitig daselbst als „Stempelbogen von höherem Werthe“ unter Angabe der

Nummer des Bogens und des Geldbetrages in Einnahme anzuschreiben.

Der Ober-Inspektor führt über die Ausfertigung von Bogen über mehr als 1000 M. an Werth für jedes Rechnungsjahr ein Notizbuch nach dem anliegenden Muster J, in welches er die ausgefertigten Bogen unter Angabe des Käufers und des Werthbetrages vor der Vollziehung des Bogens nach der Zeitfolge unter fortlaufender Nummer einzutragen hat. Die Nummer dieses Notizbuches ist auf dem Bogen und dem Antrage zu vermerken. In Fällen der Abwesenheit des Ober-Inspektors ist das Notizbuch von dem Ober-Revisor oder Packhofsvorsteher zu führen oder, wo ein solcher nicht vorhanden ist, von einem an der Kassenverwaltung nicht betheiligten Hauptamtsassistenten, welcher alsdann die ausgefertigten Stempelbogen mit zu vollziehen hat. Die Anträge, auf Grund deren die Ausfertigung erfolgt, sind nach der Reihenfolge der Nummern zu heften und bis zum Schlusse des Vierteljahres bei dem Notizbuche aufzubewahren. Demnächst werden sie mit dem Stempelgeld-Einnahmebuche des Hauptamtes zur Register-Revision gesendet.

Der ausgefertigte Bogen ist sogleich dem Antragsteller auszuhändigen oder ihm auf seine Kosten zu übersenden. Ist der Antrag auf Ausfertigung des Bogens bei einem Unteramte gestellt, so ist diesem der Bogen zur Aushändigung zu übersenden. Die Portokosten trägt in diesem Falle die Staatskasse.

Der Werthbetrag der ausgefertigten Bogen von mehr

als 1000 M. wird wie der Erlös aus anderem Stempelpapier in den Stempelgeld-Einnahmebüchern nachgewiesen. Die Bogen müssen daher auch in dem Verkaufslagerbuche des Hauptamtes bezw. in dem Stempel-Lagerbuche der Unterämter in Einnahme und Ausgabe erscheinen. Unterämter haben dem Hauptamte über die empfangenen Stempelbogen Quittung zu ertheilen; ebenso ist von der Verabfolgung solcher Bogen an Unterämter dem Bezirks-Oberkontroleur Nachricht zu geben.

Stempelgeldabschlüsse der Hauptämter.

§ 19.

Aus dem Gesammt-Stempel-Lagerbuche und dem Stempelgeld-Einnahmebuche wird der Haupt-Stempelgeld-Abschluß nach dem Muster H vierteljährlich zusammengestellt, welcher die Stempelverwaltung des ganzen Hauptamtsbezirkes umfaßt. Am Ende des Abschlusses wird nachgewiesen, wie sich die Geldeinnahme auf das Hauptamt, die Unterämter und die im § 10 bezeichneten Stempelvertheiler vertheilt. Die Einnahmeablieferungen der letzteren werden hierbei in einer Summe aufgeführt.

Die Richtigkeit der nach diesem Abschlusse verbleibenden Gesammtbestände an Stempelmaterialien wird von dem Ober-Inspektor auf dem Abschlusse folgendermaßen bescheinigt:

„Daß der in dem vorliegenden Abschlusse nachgewiesene Bestand an Stempelmaterialien am Schlusse des . . . Viertels des Rechnungsjahres 18 . . bei dem hiesigen Hauptamte und dessen Unterämtern bezw. bei denjenigen Stempelvertheilern, welche Stempelmaterialien nicht gegen sofortige Bezahlung empfangen, wirklich vorhanden gewesen ist, wird auf Grund der beim Hauptamte von dem Unterzeichneten selbst, bei den Unterämtern und den Stempelvertheilern von den Ober-Kontroleuren ausgeführten, auf den Stempelgeldabschlüssen und Stempelverkaufsnachweisungen bescheinigten Revision hierdurch bescheinigt."

(Datum.) (Unterschrift.)

Der Ausstellung dieser Bescheinigung muß die Revision des Gesammtlagers vorausgehen. Behufs derselben werden die im Gesammt-Stempel-Lagerbuche aufgetragenen Bestände bei dem hauptamtlichen Verkaufslager und bei den Unterämtern mit den Stempelgeld-Abschlüssen, bei den Stempelvertheilern mit den Stempelverkaufsnachweisungen, der Bestand des Hauptlagers mit dem Hauptlagerbuche und die Summe dieser einzelnen Bestände mit dem Gesammtbestande im Haupt-Stempelgeld-Abschlusse verglichen. Demnächst wird der Bestand des Verkaufslagers in der im § 13 bezeichneten Weise festgestellt und auf dem Stempelgeldabschlusse dieses Lagers bescheinigt. Der Bestand des Hauptlagers wird in ein Verzeichniß eingetragen, wozu das Muster H mit Offenlassung der überflüssigen Spalten benutzt werden kann. Nach diesem Verzeichnisse wird das Hauptlager auf die im § 13 für die Unterämter vorgeschriebene Weise geprüft und die Richtigkeit der Bestände in derselben Art bescheinigt.

Die Haupt-Stempelgeld-Abschlüsse werden mit den Verwaltungsabschlüssen an die Provinzial-Steuerbehörde eingereicht.

Lagerrevisionen bei den Hauptämtern.

§ 20.

Die mit den Kassenrevisionen zu verbindenden Lagerrevisionen geschehen bei dem Verkaufslager nach dem Stempel-Lagerbuche in der für Unterämter vorgeschriebenen Weise (§ 14). Bei dem Hauptlager erfolgen diese Lagerrevisionen nach dem Hauptlagerbuche. Einnahme, Ausgabe und Bestand werden in einen Stempel-Lagerabschluß nach dem Muster H mit Offenlassung der hierzu nicht erforderlichen Spalten übernommen und darunter wird die Revisionsbescheinigung nach Maßgabe des bei der Durchzählung beobachteten Verfahrens abgegeben.

Registerrevision.

§ 21.

Die Stempelgeld-Einnahmebücher des Hauptamtes und der Unterämter werden mit den etwaigen Belägen (zu Spalte 9) nach Ablauf eines jeden Vierteljahres an die Provinzial-Steuerdirektion zur Registerrevision eingereicht. Dem Stempelgeld-Einnahmebuche des Hauptamtes sind die im Laufe des Vierteljahres eingegangenen Anträge auf Ausfertigung von Stempelbogen über mehr als 1000 M. an Werth geheftet beizufügen. Den Stempelgeld-Einnahmebüchern derjenigen Amtsstellen, welche Stempelmaterialien an Stempelvertheiler abgeben, ist eine Nachweisung derjenigen Beträge beizulegen, welche bei dem betreffenden Amte im Laufe des Vierteljahres für entnommene Stempelzeichen von jedem Stempelvertheiler baar eingezahlt worden sind. Diese Nachweisung wird bei der Provinzial-Steuerbehörde mit den Einnahmebüchern verglichen und dort zu den Akten zurückbehalten. Sie dient demnächst zur Prüfung der in der Jahresrechnung nachgewiesenen Ausgabe der an die Stempelvertheiler gezahlten Entschädigungen.

Nachweisung der Einnahme in den Jahresrechnungen.

§ 22.

Ueber die zu den Einnahmen der laufenden Verwaltung gehörige jährliche Stempelgeld-Einnahme wird von den Hauptämtern in der Rechnung von den indirekten Steuern der Nachweis geführt. In welcher Weise in Uebereinstimmung mit der Geldeinnahme über die Stempelmaterialien Rechnung zu legen ist, wird durch die Anweisung über die Rechnungslegung der Hauptämter vorgeschrieben. Zu den Belägen des Rechnungsnachweises der Stempelmaterialien gehören außer dem im § 5 erwähnten Anerkenntniß des Haupt-Stempelmagazins auch die Verfügungen der Provinzial-Steuerbehörde wegen etwaiger Zu- und Abgänge, sowie die Quittungen über die aus dem Gesammtlager des Hauptamtes an andere Behörden unentgeltlich abgegebenen Stempelmaterialien. Hinsichtlich der von dem Hauptamte selbst ausgefertigten Stempelbogen von mehr als 1000 M. an Werth ist von dem Ober-Inspektor folgende Bescheinigung in der Bemerkungsspalte der Jahresrechnung abzugeben:

„Daß an Stempelbogen von mehr als 1000 M. an Werth im Rechnungsjahr $\frac{\text{vom 1. April 189....}}{\text{bis 31. März 189....}}$ von dem Haupt-.................. amte zu.................... nicht mehr als die nebenstehend nachgewiesenen .... Stempelbogen im Gesammtwerthe von .... Mark .... Pf. ausgefertigt worden sind, wird auf Grund der darüber geführten Anschreibungen hierdurch bescheinigt."

(Datum.) (Unterschrift.)

B. Besondere Kassen- und Rechnungsvorschriften.

Erhebung der Stempelgebühr, wenn die Urkunde vernichtet ist.

§ 23.

Die Erhebung der Stempelsteuer für vernichtete Urkunden (§ 3 des Gesetzes) erfolgt durch die zur Entwerthung von Stempelzeichen befugten Amtsstellen der Verwaltung der indirekten Steuern.

Wenn es jedoch auf Grund von Anzeigen über die Vernichtung stempelpflichtiger Urkunden besonderer Ermittelungen zur Feststellung des Thatbestandes und bezw. der zu entrichtenden Stempelsteuer bedarf oder wenn zugleich der Fall einer Hinterziehung der Abgabe oder einer sonstigen Zuwiderhandlung gegen die gesetzlichen Vorschriften vorliegt, sind nur die Hauptsteuer- und Hauptzollämter befugt, die Entwerthung von Stempelzeichen zu dem ihrerseits schließlich festgestellten oder ihnen mittelst Entscheidung des Provinzial-Steuerdirektors oder des Stempelsteueramtes zur Einziehung überwiesenen Steuerbeträge der vernichteten Urkunde vorzunehmen.

Verrechnung der wegen Säumigkeit festgesetzten Ordnungsstrafen.

§ 24.

Die gemäß § 7 Absatz 2 des Gesetzes von den Stempelsteuerämtern festgesetzten Ordnungsstrafen werden unter Uebersendung einer beglaubigten Abschrift der Strafverfügung sowie unter Beifügung der Kostenrechnung dem zuständigen Hauptamte überwiesen, welches dieselben mit den in Rechnung zu stellenden Kosten beizutreiben hat. Sämmtliche Ordnungsstrafen nebst Kosten sind von den Hauptämtern in einer besonderen Abtheilung des Prozeßregisters nachzuweisen und im Strafgelder-Extrakt gesondert am Schlusse zu verrechnen.

Von dem Ergebniß des Beitreibungsverfahrens hinsichtlich der von den Stempelsteuerämtern festgesetzten Ordnungsstrafen ist diesen Behörden Anzeige zu machen.

Verrechnung der im Ermittelungsverfahren (§ 7 Absatz 3) entstehenden Kosten.

§ 25.

Die im Ermittelungsverfahren (§ 7 Absatz 3 des Gesetzes) erwachsenden Kosten sind, ungeachtet der späteren Entscheidung darüber, ob dieselben von der Staatskasse oder dem Steuerpflichtigen zu tragen sind, sogleich bei der Entstehung unter den etatsmäßigen Ausgabetiteln, zu denen sie ihrer Art nach gehören, nachzuweisen. Fallen sie demnächst dem Steuerpflichtigen zur Last, so ist der einzuziehende Betrag, wozu auch die aversionirten und kontirten Postportobeträge gehören, unter den entsprechenden Etats-Abschnitten der außerordentlichen Einnahme Preußens zu verrechnen. Im Falle ihrer Zurückerstattung an den Steuerpflichtigen sind sie als Herauszahlung aus der außerordentlichen Einnahme zu behandeln. Die Anweisung zur Vereinnahmung wie zur Erstattung wird von der Provinzial-Steuerbehörde ertheilt.

Stempelsteuerstundungen.

§ 26.

Hinsichtlich der buch- und rechnungsmäßigen Behandlung der Stempelsteuerstundungen für verabfolgte Stempelzeichen kommen die in den bestehenden Anweisungen zur Kassen- und Buchführung enthaltenen allgemeinen Vorschriften über Zoll- und Steuerkredite in Anwendung.

Buchung der Verzugszinsen.

§ 27.

Verzugszinsen, welche für gestundete oder sonst im Rückstande verbliebene Stempelsteuer zur Erhebung kommen, sind bis zur Einzahlung des gestundeten Abgabebetrages oder endgültigen Entscheidung über die Verrechnung oder Niederschlagung der betreffenden rückständigen Gefälle im Depositenmanual unter einem für den betreffenden Steuerpflichtigen anzulegenden Konto in Einnahme zu buchen. Die endgültige Feststellung des bei der außerordentlichen Einnahme Preußens unter dem Abschnitt „Sonst zufällig“ zu verrechnenden Betrages der Verzugszinsen erfolgt in jedem Falle durch den Provinzial-Steuerdirektor, von dem auch die etwaigen Anweisungen zur Zurückzahlung von Verzugszinsen ertheilt werden.

Verrechnung der gegen Beamte festgesetzten Ordnungsstrafen.

§ 28.

Die auf Grund des § 19 des Gesetzes von anderen Behörden gegen ihnen unterstellte Beamte festgesetzten Ordnungsstrafen, welche den Hauptämtern nach Ziffer 13 der Dienstvorschriften von der Provinzial-Steuerbehörde zur Vereinnahmung überwiesen werden, sind gleich den im Bereiche der Verwaltung der indirekten Steuern verhängten derartigen Strafen durch das Prozeßregister nachzuweisen und in den Strafgelder-Extrakten am Schlusse gesondert zu verrechnen.

Sind Ordnungsstrafen dieser Art bei der Regierungs-Hauptkasse selbst eingezahlt worden, so bedarf es ihrer baaren Abführung an das Hauptamt nicht. In solchen Fällen kann sich die Regierungs-Hauptkasse den betreffenden Betrag von dem Hauptamte auf abzuliefernde Einnahme-Ueberschüsse anrechnen lassen.

Anweisung und Verrechnung von Verzugszinsen in Prozeßsachen.

§ 29.

Sind in Civilprozeßsachen Verzugszinsen zu zahlen, so hat die Provinzial-Steuerbehörde das zuständige

Hauptamt anzuweisen, dieselben zunächst vorschußweise zu zahlen und den gezahlten Zinsenbetrag sowie den Tag, bis zu welchem die Zahlung erfolgt ist, anzuzeigen. Auf Grund dieser Anzeige hat die Provinzial-Steuerbehörde sodann die Anweisung zur endgültigen Verausgabung des gezahlten Zinsenbetrages zu ertheilen.

Vereinnahmung der Schreibgebühren für Auskunftertheilungen.

§ 30.

Die gemäß § 30 Absatz 2 des Gesetzes von den Stempelpflichtigen bei schriftlichen Auskunftsertheilungen über die Höhe des Stempels zu erstattenden Schreibgebühren sind von den Hauptzoll- und Hauptsteuerämtern einzuziehen und bei der außerordentlichen Einnahme für Rechnung Preußens unter dem Abschnitt „Schreibgebühren in Stempelsteuersachen" zu verrechnen.

Die Schreibgebühr beträgt für jede Seite, welche mindestens 20 Zeilen von durchschnittlich 12 Silben enthält, 10 Pfennige. Angefangene Seiten sind für voll zu rechnen. Innen-Adressen gelten als zwei, Außen-Adressen als drei volle Zeilen. Der nach dem Umfange der Reinschrift des Antwortschreibens festzustellende Betrag der Schreibgebühren ist nebst demjenigen der etwa wieder einzuziehenden Portokosten dem Steuerpflichtigen am Schlusse des Schreibens mit der Aufforderung bekannt zu geben, den Geldbetrag bis zu einem auf den 8. Tag nach dem voraussichtlichen Empfang des Schreibens zu bestimmenden Zeitpunkte bei der Zoll- oder Steuerstelle seines Wohnorts oder, falls eine solche daselbst nicht vorhanden sein sollte, bei dem Hauptamte, in dessen Bezirk er wohnt, kostenfrei einzuzahlen. Ist die Einzahlung bis zum Ablauf des bezeichneten Tages nicht erfolgt, so ist der Betrag von dem zuständigen Hauptamte beizutreiben. Behufs Einziehung und Verrechnung der Gebühren für die von den Stempelsteuerämtern ertheilten Bescheide haben diese Behörden Abschrift des betreffenden Festsetzungsvermerkes am Schlusse des Schreibens dem zuständigen Bezirks-Hauptamte zur weiteren Veranlassung zuzufertigen. Bei den von den Hauptämtern selbst ertheilten Bescheidungen ist der zu entrichtende Betrag an Schreibgebühr auf dem Entwurfe des Schreibens von dem Hauptamts-Kontroleur unter Angabe der zur Reinschrift (mit Einschluß des Feststellungsvermerkes zu Ende des Schreibens) aufgewendeten Gesammtzeilenzahl und seiner Namensbeischrift festzusetzen.

Die hiernach zu erstattenden Schreibgebührenbeträge sind vom Hauptamts-Kontroleur in das unter Ziffer 3 der Verfügung vom 31. Januar 1870 III. 1932 (Centralblatt der Abgaben- rc. Verwaltung Seite 150) sowie durch § 54 Ziffer 4 b der Anweisung zur Kassen- und Buchführung vom 27. Februar 1880 vorgeschriebene Anschreibebuch über das in anderen Angelegenheiten als in Steueruntersuchungssachen wieder einzuziehende Porto unter der darin neu anzulegenden Abtheilung für Schreibgebühren in Stempelsteuersachen einzutragen und ebendaselbst auch die darauf erfolgten Erstattungen zu vermerken. Die eingezogenen Beträge werden in das gemäß § 54 Ziffer 3 der Anweisung zur Kassen- und Buchführung vom Hauptamts-Rendanten zu führende Register über wieder einzuziehendes Porto unter einem mit gleicher Ueberschrift anzulegenden besonderen Abschnitte und von dort aus täglich mit den Tagesbeträgen in das Haupt-Journal und Haupt-Manual übernommen.

Die Hauptamtsleiter haben bei den Kassenrevisionen davon Ueberzeugung zu nehmen, daß die Anschreibungen hinsichtlich der zu erstattenden Schreibgebühren nach den vorhandenen Grundlagen richtig erfolgt und daß die erstatteten Beträge im Anschreibebuch und im Register übereinstimmend gebucht sind.

Die in der Rechnung nachgewiesene Einnahme an Schreibgebühren ist mit der daneben abzugebenden Bescheinigung des Kassenkurators zu belegen, daß die vereinnahmte Summe nach dem darüber geführten Register sich als richtig erweist.

Berlin, den 14. Februar 1896.

Der Finanz-Minister.

C. Allgemeine Verfügung

des Finanzministers und des Justizministers vom 29. Februar 1896, betreffend das gerichtliche Stempelwesen.

(J.M.Bl. S. 63 ff.)

In Ausführung des am 1. April 1896 in Kraft tretenden Stempelsteuergesetzes vom 31. Juli 1895 (Gesetz-Samml. S. 413) und des Preußischen Gerichtskostengesetzes vom 25 Juni 1895 (Gesetz-Samml. S. 203) wird Folgendes bestimmt:

I. Einziehung der Stempel als Gerichtskosten.

§ 1. Gerichtliche Urkunden.

Soweit nach den Vorschriften der §§ 2, 101 D. G. K. G. und des § 29 Pr. G. K. G. für gerichtliche Urkunden Stempel zu erheben sind, findet eine Verwendung von Stempelmaterialien nicht statt, vielmehr wird der Stempel nach den für Gerichtsgebühren geltenden Vorschriften (§§ 30, 114 Pr. G. K. G.) eingezogen. Stempel sind zu erheben:

a) für gerichtliche Beurkundungen und Bestätigungen (§ 55 Pr. G. K. G.),

b) für Auflassungen — Tarifstelle 8 des Stempelsteuergesetzes —, für Anträge auf Eintragung einer Hypothek oder Grundschuld oder wiederkehrenden Geldleistung — Tarifstelle 58 III das. —, der Abtretung einer Hypothek oder Grundschuld — Tarifstelle 2 Absatz 4 das. — und der Verpfändung einer Hypothek oder Grundschuld oder wiederkehrenden Geldleistung — Tarifstelle 58 III das. —, sowie für Kuxscheine — Tarifstelle 34 das., § 239 des Allgemeinen Berggesetzes vom 24. Juni 1865 — (§ 67 Pr. G. K. G.),

c) für die in Angelegenheiten der nicht streitigen Gerichtsbarkeit auf besonderen Antrag ertheilten Ausfertigungen und beglaubigten Abschriften stempelpflichtiger Urkunden (§ 109 a. a. O.),

d) für Zuschlagsbescheide (§ 3 Ges. v. 18 Juli 1883, Gesetz-Samml. S. 189, §§ 117 ff. Pr. G. K. G.).

Der Stempel für die gerichtlich aufgenommenen oder ihrem Inhalte nach anerkannten Pacht-, Mieth- und antichretischen Verträge ist nicht als Gerichtsgebühr zu berechnen; vielmehr erfolgt die Versteuerung dieser Verträge in Gemäßheit der Tarifstelle 48 des Stempelsteuergesetzes mittels des dort vorgeschriebenen Pacht-, Mieth- und Antichrese-Verzeichnisses. Ferner findet von dem Grundsatz, daß der Stempel für gerichtliche Urkunden, soweit ein solcher neben den Gebühren zu erheben ist, als Gerichtsgebühr behandelt wird, eine Ausnahme für die in Abschnitt II dieser Verfügung bezeichneten Fälle statt, in denen nach stempelgesetzlichen Vorschriften eine Stundung eintritt. Bezüglich des Stempels für Auflassungen und Eintragungsanträge kommen die Vorschriften unter I nur insoweit zur Anwendung, als nicht ein anderes besonders bestimmt ist (vergl. hierzu unten Abschn. III).

Da nach § 30 Pr. G. K. G. eine Verwendung von Stempelmaterial bei den Gerichten nicht stattfinden soll, ist auch der Stempel für die in Angelegenheiten der Justizverwaltung errichteten Urkunden (Lieferungsverträge, Bestallungen u. s. w.) nicht in Natur zu verwenden, sondern bei den Gerichtskosten zu vereinnahmen. Dies gilt insbesondere auch von den gemäß Tarifstelle 48 zu versteuernden, von den Justizbehörden als Verpächter oder Vermiether abgeschlossenen Pacht- und Miethverträgen.

§ 2. Außergerichtliche Urkunden.

Die in § 30 Pr. G. K. G. für die Stempel gerichtlicher Urkunden gegebenen Vorschriften sind in § 31 das. zur Erleichterung der Rechtsuchenden auf eine Reihe außergerichtlicher Urkunden ausgedehnt, wenn sie bei Gericht eingereicht werden. Danach wird die Stempelsteuer, wie bei gerichtlichen Urkunden, in folgenden Fällen als Gerichtsgebühr vereinnahmt:

a) wenn zum Gebrauche bei Gericht bestimmte Vollmachten (Tarifstelle 73), Schätzungen von Grundstücken, insofern sie wegen eines Privatinteresses unter Aufsicht einer öffentlichen Behörde aufgenommen werden (Tarifstelle 64), und Vermögensverzeichnisse, welche zum Gebrauch bei stempelpflichtigen Urkunden dienen (Tarifstelle 31), ohne den vorgeschriebenen Stempel bei Gericht eingereicht werden;

b) wenn behufs Ausschließung des Auflassungsstempels oder des für die Eintragung, Abtretung oder Verpfändung einer Hypothek oder Grundschuld zu entrichtenden Werthstempels die Urkunden über das der Auflassung oder Eintragung zu Grunde liegende Rechtsgeschäft ohne den vorgeschriebenen Stempel vorgelegt werden;

c) wenn letztwillige Verfügungen zur gerichtlichen Annahme oder Aufbewahrung ohne den vorgeschriebenen Stempel von 1,50 M. überreicht werden.

Die Vereinnahmung des Stempels bei den Gerichtskosten ist jedoch auf den nach der Tarifstelle 66 zu entrichtenden Stempel beschränkt. Unterliegen die zur gerichtlichen Annahme oder Aufbewahrung überreichten letztwilligen Verfügungen noch außerdem den Steuersätzen anderer Tarifstellen — beispielsweise, wenn in ihnen Schenkungen, Schuldverschreibungen, Stiftungen u. s. w. beurkundet sind —, so hat das zuständige Stempel- beziehungsweise Erbschaftssteueramt dafür Sorge zu tragen, daß die Verwendung der bezüglichen Stempel in Stempelmaterialien erfolgt.

Bei gerichtlich aufgenommenen Testamenten findet die Einziehung von Stempeln der letzterwähnten Art gemäß § 1 dieser Verfügung als Gerichtsgebühr statt. Die Erbschaftssteuerämter sind verpflichtet, die Gerichtsschreibereien auf die Einziehung derartiger Stempelabgaben, von denen sie bei Prüfung der Testamente im Erschaftssteuerinteresse Kenntniß erhalten, aufmerksam zu machen;

d) wenn privatschriftliche Punktationen oder sonstige Urkunden zur gerichtlichen Vollziehung, Anerkennung des Inhalts oder Einregistrirung bei Gericht eingereicht werden. Eine Vereinnahmung des Stempels als Gerichtsgebühr findet nicht statt hinsichtlich derjenigen Urkunden, welche dem Gericht nur zur Anerkennung oder Beglaubigung der Unterschriften oder Handzeichen vorgelegt werden;

e) wenn privatschriftliche und notarielle Urkunden, welche ihre Gültigkeit erst durch die gerichtliche Genehmigung erlangen, zur Ertheilung dieser Genehmigung bei Gericht eingereicht werden. Werden Urkunden der bezeichneten Art, welche bereits von den Gerichten genehmigt sind, bei denen aber die Einziehung des Stempels bei den Gerichtskosten versehentlich unterlassen ist, einer Steuerstelle zur Versteuerung vorgelegt, oder erhält diese auf anderem Wege Kenntniß von solchen Urkunden, so wird dem zuständigen

Gericht Anzeige erstattet werden, welches die Nachversteuerung durch die Gerichtsschreiberei zu veranlassen hat.

In den Fällen zu a bis d hat die Gerichtsschreiberei, wenn die Einreichung der stempelpflichtigen Schriftstücke nicht innerhalb der gesetzlichen Stempellösungsfristen (§ 16 des Stempelsteuergesetzes) erfolgt ist, eine Abschrift der Urkunde oder des für die Stempelpflichtigkeit in Betracht kommenden Theils derselben oder eine den wesentlichen Inhalt der Urkunde enthaltende Mittheilung unter Benachrichtigung von dem bei den Gerichtskosten in Rechnung gestellten beziehungsweise vereinnahmten Stempelbetrage dem zuständigen Hauptamte (Hauptsteueramt oder Hauptzollamt) zugehen zu lassen, von welchem nach Umständen die Einleitung des Strafverfahrens veranlaßt werden wird. Dasselbe gilt im Falle zu e, wenn die Urkunde das Erforderniß der gerichtlichen Genehmigung nicht erkennen läßt und in Folge dessen die Stempelpflicht schon vor Ertheilung der gerichtlichen Genehmigung begründet ist.

Wegen der nach stempelgesetzlichen Vorschriften zu stundenden Stempelbeträge vergl. Abschnitt II.

Der Stempel für Auflassungen und für die in § 1 bezeichneten Eintragungsanträge wird auch dann unter Beachtung der Vorschriften des dritten Abschnittes bei dem das Grundbuch führenden Gerichte zu den Gerichtskosten vereinnahmt, wenn die Auflassung oder der Eintragungsantrag nicht von diesem Gerichte aufgenommen ist.

§ 3. Verfahren bei der Einziehung des Stempels im Allgemeinen.

Die Berechnung und Einziehung der als Gerichtsgebühr zu behandelnden Stempelbeträge erfolgt in derselben Weise wie die Berechnung und Einziehung der Gerichtsgebühren nach den Vorschriften der Kasseninstruktion.

§ 4. Zahlungspflicht.

Die Vorschriften der §§ 1 und 2 Pr. G. K. G. bleiben nach § 30 das. hinsichtlich der Stempelabgaben außer Anwendung. An die Stelle dieser Vorschriften treten die §§ 12, 13 des Stempelsteuergesetzes. Daneben bleiben aber in Geltung die Bestimmungen der §§ 3 (Entnahme aus der Masse), 4 (freiwillige Uebernahme) und 5 (Haftung Dritter) des Pr. G. K. G.

§ 5. Befreiungen.

In Bezug auf die sachlichen und persönlichen Befreiungen von der Stempelsteuer kommen nicht § 7 Abs. 1 und § 8 Pr. G. K. G., sondern die §§ 4 und 5 des Stempelsteuergesetzes zur Anwendung. Dagegen erstreckt sich die den Gerichten in § 7 Abs. 2 Pr. G. K. G. beigelegte Befugniß zur Niederschlagung von Gerichtsgebühren und Gewährung von Gebührenfreiheit auch auf die Stempelabgaben.

Bei jedem Oberlandesgericht ist ein Verzeichniß über diejenigen Stiftungen zu führen, welche als milde Stiftungen anerkannt sind. Zu diesem Zweck wird den Präsidenten der Oberlandesgerichte von jeder Anerkennung einer milden Stiftung, welche in dem Bezirk des Oberlandesgerichts ihren Sitz hat, Nachricht gegeben werden.

Ueber die Zulässigkeit der in § 5 Abs. 2 und 3 des Stempelsteuergesetzes erwähnten Stempelsteuerbefreiungen entscheidet, insoweit als Gerichtsgebühr einzuziehende Stempel in Frage kommen, der Justizminister im Einverständniß mit dem Finanzminister.

§ 6. Werthsberechnung, Erinnerungen und Beschwerden gegen den Stempelansatz.

Die materiellen Grundsätze für die Werthsberechnung sind aus dem Stempelsteuergesetze (insbesondere aus § 6) und dem Tarife zu demselben zu entnehmen; dagegen richtet sich das Verfahren ebenso wie bei Erinnerungen und Beschwerden, betreffend den Ansatz von Stempelbeträgen überhaupt, nach den §§ 23 ff. Pr. G. K. G. mit der Maßgabe, daß gegen die Entscheidungen des Oberlandesgerichts Beschwerde an den Justizminister stattfindet, welcher auch berechtigt ist, in allen Fällen den Ansatz dieser Beträge von Amtswegen zu berichtigen.

Wenn der Werth des Gegenstandes eines Vertrages sich nach dem Lebensalter einer Person berechnet, so ist dasselbe in der Verhandlung zu vermerken.

Die Beanstandung der Angaben der Steuerpflichtigen über den Werth des Gegenstandes eines Geschäfts ist binnen einer dreijährigen Frist nach der Beurkundung zulässig (§ 27 Abs. 3 des Stempelsteuergesetzes). Der § 12 Pr. G. K. G., betreffend die Zulässigkeit der Nachforderung von Gerichtskosten, findet auf die als Gerichtsgebühr zu vereinnahmenden Stempel keine Anwendung.

§ 7. Rechtsweg.

In Beziehung auf die Verpflichtung zur Entrichtung einer Stempelabgabe ist gemäß § 26 des Stempelsteuergesetzes der Rechtsweg zulässig. Die Klage ist gegen die zur Vertretung des Fiskus in Angelegenheiten der Justizverwaltung bestimmte Behörde zu richten (§ 26 Satz 3 das.), d. h. nach dem Gesetze vom 14. März 1885 (Gesetz-Samml. S. 65) und Ziffer 1 und 2 der Allg. Verf. vom 23. März 1885 (Just.-Minist.-Bl. S. 119) gegen die Staatsanwaltschaft bei demjenigen Oberlandesgericht, in dessen Bezirk der Ansatz des Stempels erfolgt ist.

Zur Aufrechterhaltung der Einheitlichkeit in der Anwendung der gesetzlichen Vorschriften haben sich die Oberstaatsanwälte, bevor sie sich auf einen Prozeß wegen Stempelabgaben einlassen, mit den Provinzial-Steuer-Direktoren bezüglich der Streitfrage und der weiteren Behandlung der Prozesse in Verbindung zu setzen, ihnen auch Abschrift der rechtskräftig gewordenen gerichtlichen Urtheile mitzutheilen. Hinsichtlich der Mittheilung der Entscheidungen an den Justizminister und der Aufnahme der Prozesse in die jährliche Nachweisung der Prozesse der Justizverwaltung verbleibt es bei den bestehenden Vorschriften.

§ 8. Stundung und Niederschlagung.

Auf die Stundung und Niederschlagung wegen Armuth finden die Vorschriften des § 17 Abs. 1 bis 3

Pr. G. K. G. Anwendung, auf die Niederschlagung wegen unrichtiger Behandlung der Sache oder wegen Unkenntniß der Betheiligten § 7 Abs. 2 das.

§ 9. Erstattung und Anrechnung gezahlter Stempel.

In Bezug auf die Rückerstattung von Stempelabgaben und die Abstandnahme von der Einziehung derselben gelten § 25 des Stempelsteuergesetzes und Nr. 32 Abs. 4 bis 8 des Tarifs zu demselben mit der Maßgabe, daß, soweit die Anordnung aus Billigkeitsgründen durch den Finanzminister erfolgen kann (§ 25 Abs. 2 des Gesetzes und Nr. 32 Abs. 8 des Tarifs), an die Stelle des Finanzministers der Justizminister tritt.

In Ansehung des Verfahrens ist Folgendes zu beachten:

a) Anträge auf Erstattung von Stempelbeträgen, welche unrichtig zum Ansatz gebracht sind, und auf Abstandnahme von der Einziehung eines Stempels in den Fällen des Abs. 7 der Tarifstelle 32 sind ebenso zu behandeln wie Erinnerungen und Beschwerden gegen den Stempelansatz (§ 6 dieser Verfügung);

b) über Anträge auf Erstattung des Stempels zu Urkunden über nichtige oder durch rechtskräftiges gerichtliches Urtheil für nichtig oder ungültig erklärte Geschäfte (§ 25 Buchstabe c des Stempelsteuergesetzes) und auf Erstattung des Werthstempels in den Fällen des Abs. 7 Satz 1 der

Tarifstelle 32 entscheidet der Präsident desjenigen Landgerichts, in dessen Bezirk der Stempel erhoben ist. Gegen die Entscheidung findet Beschwerde im Aufsichtswege statt;

c) Anträge auf Erstattung von Stempeln aus Billigkeitsrücksichten (§ 25 Abs. 2 des Stempelsteuergesetzes und Tarifstelle 32 Abs. 8) sind bei dem Landgerichtspräsidenten anzubringen und von demselben unter Beifügung einer gutachtlichen Aeußerung durch Vermittelung des Oberlandesgerichtspräsidenten an den Justizminister einzureichen.

Wenn die Anrechnung des zu einer Punktation verwendeten Werthstempels auf denjenigen Stempel verlangt wird, welchem eine auf Grund der Punktation aufgenommene, mit ihr im Wesentlichen übereinstimmende Vertragsurkunde unterliegt, so ist von dem Steuerpflichtigen die mit dem Werthstempel versehene Punktation (bei notariellen Punktationen die mit der Bescheinigung des zur Urschrift verwendeten Stempels versehene Ausfertigung) vorzulegen. Auf das weitere Verfahren finden die Vorschriften in § 18 dieser Verfügung entsprechende Anwendung. Da die Anrechnung sich nur auf den zur Punktation verwendeten Werthstempel bezieht, so bleiben die festen Stempel, welche die Punktation, wenn sie nicht mit dem Werthstempel versteuert wäre, mit Rücksicht auf die besondere Form ihrer Einrichtung erfordern würde (Notariatsurkundenstempel u. s. w.) oder welche zu ihr wegen der darin enthaltenen Nebenverträge (vergl. Tarifstelle 71 Ziffer 2 Absatz 1) noch besonders verwendet worden sind, von der Anrechnung ausgeschlossen.

§ 10. Vermerk des Stempels auf den Urkunden.

Auf den von den Gerichtsbehörden zu ertheilenden Ausfertigungen und Abschriften ist der für die Urschrift oder die Ausfertigung etwa zum Ansatz gekommene und als Gerichtsgebühr berechnete Betrag des Stempels zu vermerken. Mit dem gleichen Vermerk sind die zu den Akten eingereichten außergerichtlichen Schriftstücke zu versehen, in Bezug auf welche die Berechnung des Stempels als Gerichtsgebühr stattgefunden hat. Dabei ist der zur Ausfertigung oder beglaubigten Abschrift und der zur Urschrift berechnete Stempel getrennt anzugeben, z. B.

1,50 Mark Stempel zur Ausfertigung,
30,00 Mark Stempel zur Urschrift,

zusammen . 31,50 Mark (in Worten) sind als Gerichtsgebühr berechnet.

Die zu Gunsten von Kommunalverbänden, Kommunen oder Korporationen ländlicher oder städtischer Grundbesitzer oder Grundkredit- und Hypothekenbanken ausgestellten Schuldverschreibungen, welche auf Grund der demnächstigen Ausreichung reichsstempelpflichtiger Renten- und Schuldverschreibungen nach der Befreiung d unter I der Tarifstelle 58 von der Entrichtung des landesgesetzlichen Schuldverschreibungsstempels frei sind, müssen mit einem den Grund der Stempelfreiheit ergebenden Vermerk versehen sein, z. B.

Stempelfrei, da auf Grund dieser Verschreibung reichsstempelpflichtige Pfandbriefe neu ausgegeben werden.

Die gleichen Bestimmungen finden auf die in der Befreiung der Tarifstelle 2 erwähnten Abtretungsurkunden Anwendung.

Die Vermerke über den Stempelansatz sind von dem Gerichtsschreiber mit Datum und Unterschrift zu versehen.

Bei der Ertheilung amtlicher Zeugnisse, welche ihres besonderen Zweckes wegen (vergl. Tarifstelle 77 Buchstabe a und c) dem sonst zu entrichtenden Stempel nicht unterliegen, ist in dem Zeugniß, und zwar in dem Text desselben (nicht aber in Vermerken, welche außerhalb dieses Textes stehen und durch die Unterschrift des Beamten nicht gedeckt werden), der Zweck bestimmt anzugeben, zu welchem das Zeugniß ausgestellt wird. Unterbleibt eine solche Angabe, so unterliegt das Zeugniß in allen Fällen und ohne Rücksicht darauf, daß es thatsächlich zu einem die Stempelfreiheit genießenden Zweck gebraucht worden ist, dem tarifmäßigen Stempel von 1,50 M. Diese Vorschrift findet auf beglaubigte Abschriften (Tarifstelle 1) entsprechende Anwendung.

II. Verfahren im Falle der Stundung von Stempeln nach stempelgesetzlichen Vorschriften.

§ 11. Fälle, in denen eine gesetzliche Stundung des Stempels eintritt.

(Eine Aussetzung der Versteuerung findet nach dem Stempelsteuergesetze in folgenden Fällen statt:

A. bei Schenkungen (Tarifstelle 56 Abs. 3);

1. Wenn eine Schenkung von dem Eintritt einer aufschiebenden Bedingung oder von einem hinsichtlich des Zeitpunktes seines Eintritts ungewissen Ereigniß abhängig ist, so ist die Besteuerung erst beim Eintritt der Bedingung oder des Ereignisses vorzunehmen (§§ 22 und 24 des Erbschaftssteuergesetzes vom $\frac{\text{30. Mai 1873}}{\text{19. Mai 1891}}$ Gesetz-Samml. 1891 S. 78).

2. Wird der Werth einer Schenkung durch eine auf ihr ruhende Last vermindert, deren Fortdauer von einer auflösenden Bedingung oder von einem nur hinsichtlich des Zeitpunktes seines Eintritts ungewissen Ereigniß abhängig ist, so wird die Last wie eine unbedingte in Abzug gebracht. Beim Eintritt der Bedingung oder des zeitlich ungewissen Ereignisses ist derjenige Stempelbetrag nachzuerheben, welcher mehr zu entrichten gewesen sein würde, wenn der Zeitpunkt des Eintritts

der Bedingung oder des Ereignisses bei Berechnung des Stempels bekannt gewesen wäre.

Ausgenommen sind die Lasten von unbestimmter Dauer, deren abzuziehender Werth sich nach den Bestimmungen in den §§ 15 bis 18 des Erbschaftssteuergesetzes und in dem Artikel I Ziffer 2 des Gesetzes vom 31. Juli 1895 (Gesetz-Samml. S. 412) berechnet (§§ 23 und 24 des Erbschaftssteuergesetzes).

3. Wenn unsichere Forderungen und andere zur sofortigen Werthermittelung nicht geeignete Gegenstände geschenkt werden und die Angabe des Steuerpflichtigen über den muthmaßlichen Werth der Schenkung zu Bedenken Veranlassung giebt, so kann der Stempel zunächst von dem Werthe, den der Steuerpflichtige als den muthmaßlichen in Vorschlag bringt, eingezogen und die Berichtigung des Werthansatzes sowie die entsprechende Nachforderung des Stempels bis zum Ausgange derjenigen Verhandlungen vorbehalten werden, von welchen die Bezahlung der Forderung beziehungsweise die Werthermittelung abhängt (§ 25 a. a. O.).

4. Wird Jemandem Vermögen geschenkt, dessen Nutzung einem Dritten zusteht, so erfolgt, wenn die Aussetzung der Versteuerung der Substanz bis zur Vereinigung der Nutzung mit der Substanz beantragt wird, die Erhebung des Schenkungsstempels erst bei Beendigung der Nut-

nießung des Dritten nach Maßgabe der alsdann obwaltenden Verhältnisse (§ 27 Abs. I a. a. O.).

B. bei Unbestimmtheit des Werths des Gegenstandes (§ 8 des Stempelsteuergesetzes), wenn der Werth des Gegenstandes, wie z. B. bei Lieferungsverträgen, dergestalt unbestimmt ist, daß er von vornherein auch nicht annähernd geschätzt werden kann.

C. bei Fideikommißstiftungen (Nr. 24 des Stempeltarifs), für welche von dem Stifter ein weiteres Anwachsen des Grundvermögens, sei es durch in Aussicht genommene Zuwendungen freigebiger Art, sei es durch eine angeordnete Zuschlagung von Zinsen zum Kapital, vorgesehen worden ist.

D. bei Gesellschaftsverträgen und Beschlüssen über Erhöhung des Gesellschaftskapitals bei Aktiengesellschaften, Kommanditgesellschaften auf Aktien und Gesellschaften mit beschränkter Haftung, soweit das Kapital nicht sofort voll eingezahlt wird (Nr. 25 des Stempeltarifs).

§ 12. Verfahren bei Erhebung gesetzlich gestundeter Stempelbeträge.

In den Fällen des § 11 C ist der Stempel, wenn die Stiftungsurkunde gerichtlich aufgenommen oder behufs Anerkennung des Inhalts eingereicht ist, nach Maßgabe der Vorschriften unter I bei den Gerichtskosten zu vereinnahmen, sobald derselbe fällig wird

(Nr. 24 Abs. 4 des Stempeltarifs). Den Eintritt der Fälligkeit hat der Gerichtsschreiber von den Akten aus zu kontroliren.

In entsprechender Weise ist zu verfahren hinsichtlich der von den Justizbehörden in Angelegenheiten des eigenen dienstlichen Bedarfs abgeschlossenen Lieferungsverträge im Falle des § 11 B.

In allen übrigen Fällen des § 11 erfolgt, insoweit der Stempel nicht sofort mit den Gerichtskosten zu erheben ist, die Erhebung des Stempels durch die Steuerbehörden.

Zu diesem Zweck hat der Gerichtsschreiber bei Schenkungen die Ausfertigung der von dem Gerichte aufgenommenen Schenkungsurkunde oder, sofern es sich um eine Urkunde handelt, welche dem Gericht zum Zwecke der Anerkennung des Inhalts eingereicht worden ist, diese Urkunde selbst demjenigen Stempelsteueramt, in dessen Geschäftsbezirk die Gerichtsbehörde ihren Sitz hat, zu übersenden und, daß dies geschehen, auf der Urschrift beziehungsweise auf der Verhandlung über die Inhaltsanerkennung zu vermerken.

Die entstehenden Schreibgebühren und Portokosten fallen der Staatskasse zur Last.

Zur Vermeidung unnöthigen späteren Schreibwerks haben die Gerichte thunlichst bei Aufnahme der Urkunden die Parteien über die die Berechnung und Ueberwachung der zu stundenden Stempel bedingenden Umstände zu hören, insbesondere über das Verwandschaftsverhältniß zwischen Schenker und Beschenkten, das Alter des Beschenkten, den Werth der Schenkung und die Art der Sicherstellung des Stempels. Diese Angaben sind dem Stempelsteueramt mitzutheilen.

Die Stempelsteuerämter werden den Gerichtsschreibern den Eingang der Ausfertigungen der gerichtlichen Schenkungsurkunden beziehungsweise der dem Inhalte nach gerichtlich anerkannten Schenkungsurkunden bescheinigen und die gedachten Verhandlungen, nachdem sie mit dem vorgeschriebenen Vermerk versehen worden, an die Partei gelangen lassen, sofern nicht der Gerichtsschreiber um die Rückgabe gebeten hat. Von der erfolgten Einziehung des Stempels wird das Stempelsteueramt den Gerichtsschreiber in Kenntniß setzen. Letzterer hat auf Grund dieser Mittheilung die Höhe des entrichteten Stempels zu der Urschrift der Schenkungsurkunde beziehungsweise der Verhandlung über die Anerkennung des Inhalts zu vermerken.

In gleicher Weise ist zu verfahren hinsichtlich derjenigen Urkunden, bei denen wegen **Unbestimmtheit des Werthes** die Feststellung des zu verwendenden Stempels erst später erfolgen kann, soweit nicht nach Abs. 1 der Stempel als Gerichtskosten zu erheben ist, sowie hinsichtlich der **Gesellschaftsverträge und Gesellschaftsbeschlüsse**, insoweit bei denselben das Kapital nicht sofort eingezahlt ist und deshalb eine Nachversteuerung der Theilzahlungen stattzufinden hat. Die Gesellschaftsverträge und Gesellschaftsbeschlüsse sind dem Stempelsteueramt in beglaubigter Abschrift oder in beglaubigtem Auszuge zu übersenden.

III. Stempel für Auflassungen und Eintragungsanträge.

A. Auflassungen.

§ 13. Allgemeine Grundsätze, Werthsberechnung.

Dieser Paragraph entspricht in seinem Wortlaut der Nr. 29 der Bekanntmachung vom 13. Februar 1896.

§ 14. Vorlegung einer Urkunde über das Rechtsgeschäft.

Dieser Paragraph entspricht in seinem Wortlaut der Nr. 30 litt. a der Bekanntmachung vom 13. Februar 1896.

§ 15. Erklärung des Rechtsgeschäfts zu Protokoll.

Dieser Paragraph entspricht in seinem Wortlaut der Nr. 30 litt. b der Bekanntmachung vom 13. Februar 1896.

§ 16. Verfahren bei Nichtvorlegung einer Urkunde.

Die Absätze 1, 2 und 3 dieses Paragraphen entsprechen in ihrem Wortlaut der Nr. 30 litt. c Abs. 1, 2 und 3 der Bekanntmachung vom 13. Februar 1896.

Der Kostenrechnung ist eine Mittheilung nach dem anliegenden Formular 1 beizulegen. Die Kostenrechnung nebst der Mittheilung ist dem Kostenschuldner von Amtswegen im Wege der vereinfachten Zustellung zuzustellen. Die Zustellungsurkunde geht, nachdem der Tag der Zustellung in Spalte 5 des Kostenregisters vermerkt ist, zu den betreffenden Grundakten. Geht während der angegebenen Frist die Urkunde ein, so ist nach § 14 dieser Verfügung zu verfahren mit der Maßgabe, daß die Prüfung der Urkunde dem Gerichtsschreiber obliegt. Dieser hat die Aussetzung der Zwangsbeitreibung und event. die Niederschlagung des nicht zur Hebung kommenden Stempels herbeizuführen. Das Abholungsverfahren (§ 23 der Kasseninstruktion) sowie das vereinfachte Kosteneinziehungsverfahren (Allg. Verfügung vom 16. März 1895, Just.-Minist.-Bl. S. 82, §§ 15 ff. der Anweisung für die Gerichtskasse I in Berlin vom 11. März 1895) finden bezüglich der zuzustellenden Kostenrechnungen nicht statt.

Die Absätze 5 und 6 dieses Paragraphen entsprechen in ihrem Wortlaut der Nr. 30 litt. c Abs. 5 und 6 der Bekanntmachung vom 13. Februar 1896.

Behufs Ueberwachung, ob die von den Parteien zur Ausschließung des Auflassungsstempels bei den Gerichten eingereichten Urkunden in vorschriftsmäßiger Weise versteuert worden sind, haben die Amtsgerichte eine stempel- und kostenfreie beglaubigte Abschrift der Urkunde zu den Grundakten fertigen zu lassen.

§ 17. Kontrole der Stempelerhebung.

Mit Rücksicht auf die nach § 27 Abs. 3 des Stempelsteuergesetzes für die Beanstandung des Werths des veräußerten Gegenstandes bestimmte dreijährige Frist haben die Amtsgerichte demjenigen Hauptamte, in dessen Bezirk sie ihren Sitz haben, vierteljährlich — in Berlin monatlich — eine die Spalten 1 und 7 des Tagebuchs des Grundbuchführers enthaltende auszugsweise Abschrift einzusenden, in welche jedoch nur diejenigen Auflassungen aufzunehmen sind, bei denen die Versteuerung auf Grund einer Werthangabe (Tarifstelle 8 Abs. 1 und 2; § 16 dieser Verfügung) stattgefunden hat. Sind während des betreffenden Vierteljahres oder Monats Auflassungen auf Grund einer Werthangabe nicht zur Versteuerung gekommen, so ist dem Hauptamt hiervon seitens des betreffenden Amtsgerichts Mittheilung zu machen.

Die Hauptämter haben, insoweit ihnen aus den zugegangenen Mittheilungen Bedenken gegen die Angemessenheit der Werthe entstehen, die Ermittelung des wirklichen gemeinen Werthes thunlichst kostenfrei vorzunehmen. Alle unmittelbaren und mittelbaren Behörden und Beamten, insbesondere auch die Behörden der Katasterverwaltung, sind verpflichtet, auf alle die Ermittelung von Grundstückswerthen betreffenden Anfragen bereitwilligst Auskunft zu ertheilen (§ 7 Abs. 5 des Stempelsteuergesetzes).

Die Tagebuchsauszüge eines Vierteljahres nebst den entstandenen Verhandlungen werden spätestens bis zum Ende des darauf folgenden Vierteljahres dem Provinzial-Steuer-Direktor eingereicht, welcher die weitere Prüfung der Verhandlungen durch den Vorstand des Stempelsteueramts vornehmen läßt, die zu entrichtenden Stempelbeträge, wenn er die angegebenen Werthe für zu niedrig erachtet, anderweit festsetzt und wegen der von dem Amtsgericht zu bewirkenden Einziehung des Mehrbetrages die weitere Anordnung erläßt. Die monatlichen Tagebuchsauszüge der Amtsgerichte I und II in Berlin sind spätestens bis zum Ende des drittfolgenden Monats mit den Belagsakten und einer gutachtlichen Aeußerung dem Stempelsteueramt in Berlin vorzulegen, welches die Nachprüfung — nöthigenfalls durch weitere Erörterung mit den Amtsgerichten — veranlaßt und nach Beendigung der Prüfung die Verhandlungen dem Provinzial-Steuer-Direktor zur Festsetzung der nachzufordernden Werthstempel oder sonstigen Erledigung der Revisionsangelegenheit einreicht.

Die Beschwerde gegen die Festsetzungsverfügung ist zunächst an den Provinzial-Steuer-Direktor und gegen die darauf ergehende Entscheidung desselben an den Finanzminister zu richten, welcher im Einverständniß mit dem Justizminister die weitere Entscheidung trifft. Wird gegen diese Entscheidungen der Rechtsweg beschritten, so ist die Klage gegen den durch den Oberstaatsanwalt vertretenen Justizfiskus zu erheben.

Den Provinzial-Steuer-Direktoren bleibt es überlassen, etwa erforderlich erscheinende nähere Ausführungsbestimmungen im Einverständniß mit den Präsidenten der Oberlandesgerichte zu treffen. Von derartigen Bestimmungen haben die Präsidenten der Oberlandesgerichte eine Abschrift an den Justizminister einzureichen.

§ 18. Anrechnung des Auflassungsstempels auf den Stempel einer nachträglich errichteten gerichtlichen Urkunde.

Soll in Gemäßheit der Tarifstelle 8 letzter Absatz des Stempelsteuergesetzes die Anrechnung des für eine Auflassung gezahlten Stempels auf eine nachträglich vor Gericht errichtete oder ihrem Inhalte nach anerkannte Urkunde über das der Auflassung zu Grunde liegende Rechtsgeschäft erfolgen, so ist die Bescheinigung über die Erlegung des Stempels vorzulegen. Der Gerichtsschreiber hat alsdann zu prüfen, ob das beurkundete Rechtsgeschäft mit dem der Auflassung zu Grunde liegenden übereinstimmt. Ergeben sich in dieser Beziehung keine Bedenken, so wird auf der Urkunde der bereits entrichtete Stempel bescheinigt und nur der etwa überschießende Betrag als Gerichtsgebühr eingezogen. Auf der Ausfertigung ist der Betrag des angerechneten Stempels und des außerdem zu den Gerichtskosten berechneten Stempels in getrennten Beträgen nach Vorschrift des § 10 dieser Verfügung zu vermerken. Die beigebrachte Bescheinigung über die Bezahlung des Werthstempels ist zu den Akten zu nehmen.

B. Stempel für Eintragungsanträge.

§ 19. Anwendung der Vorschriften unter A.

Wegen der Versteuerung der Anträge auf Eintragung einer Hypothek oder Grundschuld oder einer wiederkehrenden Geldleistung sowie auf Eintragung der Verpfändung oder Abtretung einer Hypothek oder Grundschuld (Tarifstelle 58 III und 2 Abs. 4 bis 8) finden die Vorschriften der §§ 14 bis 16 dieser Verfügung Anwendung. Der § 11a der Kasseninstruktion in der Fassung der Allgemeinen Verfügung des Justizministers vom 18. September 1895 (Just.-Minist.-Bl. S. 278) erstreckt sich insbesondere auch auf die als Gerichtsgebühr zu berechnenden Stempel.

Hinsichtlich der Anrechnung des zu dem Eintragungsantrage entrichteten Stempels auf denjenigen Stempel, welchem die nachträglich über das zu Grunde liegende Geschäft errichtete Urkunde unterliegt, ist gemäß § 18 dieser Verfügung zu verfahren.

IV. Prüfung des Stempelansatzes.

§ 20. Prüfungspflicht der Gerichte.

Von besonderer Wichtigkeit für die ordnungsmäßige Führung der Stempelsteuerverwaltung ist die gewissenhafte Erfüllung der den Behörden und Beamten mit richterlicher oder Polizeigewalt durch das Gesetz auferlegten Verpflichtung, auf Befolgung der Stempelgesetze zu halten und alle bei ihrer Amtsverwaltung bekannt gewordenen Zuwiderhandlungen behufs Einleitung des Strafverfahrens zur Anzeige zu bringen. Dies gilt namentlich von den Gerichtsbehörden mit Rücksicht auf die zahlreich bei ihnen vorkommenden stempelpflichtigen Urkunden. Die Gerichte haben sich die sorgfältige Erfüllung der ihnen in dieser Richtung durch das Gesetz auferlegten Obliegenheiten besonders angelegen sein zu lassen und, wenn in den Terminen bezüglich der vorgelegten und sofort zurückzugebenden Urkunden die zur Prüfung der Stempelpflichtigkeit erforderliche Zeit fehlt, diese Prüfung den Gerichtsschreibern zu übertragen. Es ist unstatthaft, unversteuerte oder nicht ausreichend versteuerte Urkunden vor erfolgter Prüfung der Stempelpflichtigkeit und aktenmäßiger Feststellung des Ergebnisses den Betheiligten auszuantworten.

Die Gerichtsschreiber haben auch die sonst zu den Akten gelangten oder auf der Gerichtsschreiberei niedergelegten Urkunden bei Aufstellung der Kostenrechnungen oder, wenn die Rückgabe der Urkunden früher erfolgt, vor deren Aushändigung in Bezug auf die Stempelverwendung zu prüfen. Insbesondere sind auch die in den Handakten der Rechtsanwälte etwa befindlichen Urkunden einer Prüfung zu unterziehen, sofern diese Akten aus irgend einem Grunde bei den Gerichten zur Vorlage kommen.

Ueber die Bemerkungen, zu welchen die Prüfung über die Stempelverwendung Anlaß gegeben hat, ist von den Gerichtsschreibern ein kurzer Vermerk aufzunehmen, welcher bei den Amtsgerichten dem aufsichtführenden Amtsrichter, bei dem Amtsgericht I in Berlin dem Amtsgerichtspräsidenten und bei den Kollegialgerichten dem Präsidenten zur Kenntnißnahme und Uebersendung an die zuständige Steuerbehörde vorzulegen ist.

Außerdem sind die mit den Geschäften in Civilprozeßsachen und im Konkursverfahren betrauten Gerichtsschreiber verpflichtet, von jedem zu den Akten gelangenden Pacht-, Mieth- oder antichretischen Vertrage, bei welchem der jährliche Zins oder die jährliche Nutzung den Betrag von 300 M. übersteigt, in Betreff des Datums des Vertrages und der Namen der Vertragschließenden, sowie der Bezeichnung des Grundstücks Vermerke zu einer nach dem beiliegenden Formular 2 zu führenden Nachweisung zu entnehmen, welche innerhalb des ersten Monats eines jeden Vierteljahres, von dem Gerichtsschreiber mit Datum und Unterschrift versehen, demjenigen Stempelsteueramt, in dessen Geschäftsbezirk die betreffende Gerichtsbehörde ihren Sitz hat, unter Briefumschlag zu übersenden ist. Die erfolgte Absendung ist fortlaufend in einem zu diesem Zweck zu führenden Aktenstück unter Angabe des Zeitraumes, auf welchen sich die Nachweisung erstreckt, zu vermerken. Wenn im Laufe eines Vierteljahres keine Pacht- rc. Verträge bekannt geworden sind, so bedarf es einer Anzeige hierüber nicht, jedoch ist in der nächsten Nachweisung zu bescheinigen, daß in den früheren Vierteljahren Verträge der gedachten Art nicht zur Kenntniß des Gerichtsschreibers gelangt sind. Die Formulare zu den Nachweisungen werden den Gerichten von den Steuerbehörden geliefert.

Die Nachweisungen dienen dazu, den Stempelsteuerämtern bei Prüfung der nach der Tarifstelle 48 des Stempelsteuergesetzes von den Verpächtern rc. zur Versteuerung zu bringenden Pacht-, Mieth- und Antichrese-Verzeichnisse einen Anhalt zu gewähren.

Wird ein gemäß des letzten Absatzes der Tarifstelle 77 des Stempelsteuergesetzes stempelfrei ausgestelltes amtliches Zeugniß bei Gericht zu einem anderen als dem aus der Urkunde hervorgehenden Zweck vorgelegt, so hat das Gericht hiervon dem zuständigen Hauptamte zum Zweck der Einziehung des Stempels Mittheilung zu machen. Diese Bestimmung findet auf beglaubigte Abschriften (Tarifstelle 1) entsprechende Anwendung.

§ 21. Stempelrevision.

Die Aufsicht über das gerichtliche Stempelwesen durch die Vorstände der Justizbehörden und die Revision des Stempelansatzes durch die Rechnungsrevisoren erfolgt nach Maßgabe der Allgemeinen Verfügung des Justizministers vom 28. Februar 1885 (Just.-Minist.-Bl. S. 90, Centralbl. der Abgaben- rc. Verwaltung S. 82). Die in Gemäßheit der §§ 11 bis 13 dieser Verfügung von den Präsidenten der Oberlandesgerichte den Provinzial-Steuer-Direktoren mitzutheilenden Berichte der Rechnungsrevisoren über die Revision des Stempelansatzes überweisen die Provinzial-Steuer-Direktoren zunächst den Vorständen der Stempelsteuerämter zur Prüfung und senden dieselben sodann mit ihren gutachtlichen Bemerkungen den Präsidenten der Oberlandesgerichte zurück. Letztere haben von den ihrerseits ertheilten Weisungen den Provinzial-Steuer-Direktoren Mittheilung zu machen. Entstehen über Fragen von wichtiger und grundsätzlicher Bedeutung Meinungsverschiedenheiten, so haben die Präsidenten der Oberlandesgerichte an den Justizminister zu berichten.

Im Uebrigen liegt die nähere Aufsicht über die gehörige Beobachtung des Stempelsteuergesetzes den Vorständen der Stempel- und Erbschaftssteuerämter ob, die im Einzelnen mit ihren Geschäftsbezirken in der Beilage 1 zur Bekanntmachung des Finanzministers vom 13. Februar 1896, betreffend die Ausführung des Stempelsteuergesetzes (Reichs- und Staatsanzeiger Nr. 44 vom 19. Februar 1896), aufgeführt sind.

Zu den besonderen Obliegenheiten der Vorstände der Stempelsteuerämter gehört die Vornahme der Stempelrevisionen innerhalb ihrer Geschäftsbezirke, bei welchen sich die Vorstände der Mithülfe ihrer Beamten bedienen können. Ob den Revisionen, welche in der Regel an dem Ort, wo die zu revidirenden Behörden oder Beamten ihren Sitz haben und die stempelpflichtigen Verhandlungen sich befinden, vorzunehmen sind, eine Anmeldung vorauszugehen hat, bleibt dem Ermessen der Vorstände überlassen. Die revisionspflichtigen Behörden haben, sobald sie von dem Vorstande des Stempelsteueramtes von der Abhaltung der Revision in Kenntniß gesetzt werden, dafür Sorge zu tragen, daß die Revision ohne allen Aufenthalt begonnen und vollständig ausgeführt werden kann. Zu diesem Zweck sind dem Revisor alle Urkunden, Akten, sowie überhaupt alle Schriftstücke, welche für die Revision von Belang sind, zur Einsicht vorzulegen, auch ist ihm und seinen Beamten jede gewünschte Auskunft zu ertheilen und ein angemessener Raum für die Erledigung seiner Obliegenheiten zur Verfügung zu stellen. Urkunden, öffentliche Bücher, Akten u. s. w., welche nicht von besonderem Werthe sind und deshalb eine besondere Verwahrung nicht erfordern, sind dem Revisor auf Verlangen auch in seine Wohnung zu verabfolgen und, falls sie nicht durch Beamte der revidirten Stelle befördert werden können, vor der Verabfolgung zu versiegeln. Die Einsendung der Akten behufs Revision nach dem Amtssitz der Vorstände der Stempelsteuerämter darf nur insoweit beansprucht werden, als dieselben ohne Nachtheil für den Geschäftsgang bei der revidirten Stelle stattfinden kann. Ueber das Ergebniß der Revision ist eine von der revidirten Stelle nicht zu unterzeichnende Verhandlung aufzunehmen.

Die bei den Gerichten abzuhaltenden Stempelrevisionen haben die daselbst vorgefundenen außergerichtlichen Urkunden, insoweit zu denselben der Stempel nicht bei den Gerichtskosten zu verrechnen war, zum Gegenstande. Die Abwickelung der in dieser Beziehung gezogenen Erinnerungen erfolgt ohne Mitwirkung der Gerichte. Nur wenn die Herausgabe der den Gegenstand der Erinnerungen bildenden Urkunden aus Anlaß von Beschwerden oder aus anderen Gründen im Laufe des Revisionsverfahrens erforderlich wird, haben die Gerichte die betreffenden Urkunden an die zuständige Steuerbehörde abzugeben. Im Uebrigen liegt die Erledigung dieser Erinnerungen lediglich den Vorständen der Stempelsteuerämter ob. Nach Einziehung und Verwendung der nachgeforderten Stempel theilen sie der Gerichtsbehörde die zu den einzelnen Urkunden eingezogenen Stempelbeträge mit, wobei die gerichtlichen

Akten und die Blätter, welche die Urkunden in denselben einnehmen, zu bezeichnen sind. Die Gerichtsschreiber haben zu jeder einzelnen Urkunde den nachträglich eingezogenen Betrag unter Hinweis auf die Nummer des Schreibens des Vorstandes des Stempelsteueramtes zu vermerken.

Die Vorstände der Stempelsteuerämter sind verpflichtet, Unrichtigkeiten, die sie gelegentlich der Revisionen hinsichtlich des Ansatzes der als Gerichtskosten zu erhebenden Stempelbeträge bemerken, der zuständigen Gerichtsbehörde zur geschäftsmäßigen weiteren Veranlassung mitzutheilen. Die Mittheilungen erfolgen an den Präsidenten des Landgerichts — bezüglich des Amtsgerichts I in Berlin an den Amtsgerichtspräsidenten — und, falls die Stempel von dem Gerichtsschreiber des Oberlandesgerichts in Ansatz gebracht sind, an den Präsidenten des Oberlandesgerichts. Den Vorständen der Stempelsteuerämter ist von dem, was auf die Bemerkungen derselben veranlaßt worden ist, Kenntniß zu geben.

Wird seitens der Vorstände der Stempelsteuerämter den Bemerkungen eine besondere Wichtigkeit beigelegt, so ist eine Mittheilung den Präsidenten nicht zu machen, sondern dem Provinzial-Steuer-Direktor Anzeige zu erstatten. Diesem bleibt überlassen, die Bemerkungen dem Präsidenten des Oberlandesgerichts zur Kenntnißnahme und weiteren Veranlassung zu übersenden oder, wenn die Bemerkungen Fragen von grundsätzlicher Bedeutung zum Gegenstande haben, mit der Uebersendung das Ersuchen um Benachrichtigung von der getroffenen Entschließung zu verbinden. Die Präsidenten haben bei der Mittheilung ihrer Entschließung im Falle einer abweichenden Auffassung auch deren Gründe anzugeben. Ueber die Punkte, bezüglich deren ein Einverständniß nicht erreicht wird, ist von dem Provinzial-Steuer-Direktor an den Finanzminister zu berichten.

§ 22. Strafverfahren.

Die durch die Justizaufsichtsbehörden gegen Beamte und Notare festzusetzenden Strafen sind nicht Disziplinar-, sondern eigentliche Stempelsteuerstrafen. Die Strafbescheide müssen daher die strafbare Handlung, das angewendete Strafgesetz und die Beweismittel bezeichnen auch die Entscheidungsgründe und die Eröffnung enthalten, daß der Beschuldigte, sofern er nicht eine nach den Gesetzen zugelassene Beschwerde an die höhere Verwaltungsbehörde ergreife, gegen den Strafbescheid binnen einer Woche nach der Bekanntmachung bei der Verwaltungsbehörde, welche denselben erlassen, oder bei derjenigen, welche ihn bekannt gemacht hat, auf gerichtliche Entscheidung antragen könne (§ 459 der Strafprozeßordnung). Dem Beschuldigten steht der Weg des Rekurses innerhalb der gesetzlichen zehntägigen Frist in eben der Art offen, wie es wegen der Strafbescheide in Zollsachen vorgeschrieben ist (§ 21 des Stempelsteuergesetzes). Die Festsetzung der Strafe erfolgt durch den Präsidenten des Landgerichts; über den Rekurs entscheidet unmittelbar der Justizminister (§ 28 Gesetz vom 9. April 1879 Gesetz-Samml. S. 345).

Die festgesetzten Ordnungsstrafen werden von den Gerichtskassen vereinnahmt.

§ 23. Strafvollstreckung.

Dem Ersuchen der Steuerbehörden um Aussetzung der Vollstreckung gerichtlich erkannter Stempelstrafen und der Einziehung von Kosten ist stattzugeben.

Berlin, den 29. Februar 1896.

Der Finanzminister.	Der Justizminister.
Miquel.	Schönstedt.

I. 1445 a. Steuersachen 88 Band 3.

Formular 1 (zu § 16).

Der Auflassungsstempel, welcher in der hiermit gleichzeitig zugestellten Kostenrechnung erfordert ist, wird nicht erhoben, wenn binnen einer mit dem Tage der Zustellung dieser Mittheilung beginnenden Frist von zwei Wochen eine in stempelpflichtiger Form ausgestellte Urkunde über das der Auflassung zu Grunde liegende Rechtsgeschäft (Kauf, Tausch, Schenkung u. s. w.) versteuert oder unversteuert in Urschrift, Ausfertigung oder beglaubigter Abschrift vorgelegt wird, vorausgesetzt, daß die Urkunde das Rechtsgeschäft so enthält, wie es unter den Betheiligten hinsichtlich des Werths der Gegenleistung verabredet ist. Es wird Ihnen anheimgegeben, eine solche Urkunde binnen der gestellten Frist zu den Grundakten einzureichen. Geschieht dies nicht, so ist der Auflassungsstempel ungeachtet der etwa bereits erfolgten

Versteuerung der Urkunde zu entrichten und die Urkunde, falls sie noch nicht versteuert sein sollte, ungeachtet der Zahlung des Auflassungsstempels zu versteuern. Es tritt daher, wenn über das der Auflassung zu Grunde liegende Geschäft eine Urkunde in stempelpflichtiger Form errichtet ist und diese Urkunde nicht spätestens bis zum Ablauf der oben gedachten Frist eingereicht wird, eine doppelte Besteuerung des Veräußerungsgeschäfts ein, und findet die Rückzahlung des einen oder anderen Stempels nicht statt. Andererseits wird durch rechtzeitige Vorlegung der Urkunde über das Veräußerungsgeschäft in allen denjenigen Fällen eine Ersparniß an Stempelkosten herbeigeführt, in denen der Stempel für die Urkunde niedriger ist als der Auflassungsstempel. Dies ist beispielsweise der Fall bei Tauschverträgen, bei Verträgen zwischen Theilnehmern an einer Erbschaft zum Zwecke der Theilung der zu letzterer gehörigen Gegenstände und bei Verträgen, durch welche Grundstücke von Eltern auf Kinder übertragen werden, sowie bei Schenkungen zwischen Eltern und Kindern oder zwischen Ehegatten. Eine solche Urkunde kann auch noch nach der Auflassung errichtet, sie muß aber, wenn dadurch die Nichterhebung des Auflassungsstempels erzielt werden soll, innerhalb der gedachten zweiwöchigen Frist eingereicht werden.

.... den ..... ten .... 189......

....

Gerichtsschreiber des Königlichen Amtsgerichts.

Formular 2 (zu § 20).

Nachweisung

der in der Zeit vom .... bis .... 189...
zur Kenntniß des Gerichtsschreibers gelangten Urkunden über Pacht-, Mieth- und antichretische Verträge, bei welchen der jährliche Zins oder die jährliche Nutzung den Betrag von 300 Mark übersteigt.

Laufende Nr.	Datum der Urkunde.	Name und Wohnort der Vertragschließenden.	Bezeichnung des Grundstücks.	

Tabelle I.

Stempelabgabe zu $^1/_{1000}$ vom Hundert:

Für Versicherungen außer Lebens-, Renten-, Unfall- und Haftpflichtversicherungen — Tarif-No. 70 c — (Feuer-, Hagel-, Viehversicherungen u. s. w.) für jedes Jahr der Versicherungsdauer.

Betrag der versicherten Summe M. über	Betrag der versicherten Summe M. bis	Stempelabgabe M.	Stempelabgabe Pf.	Betrag der versicherten Summe M. über	Betrag der versicherten Summe M. bis	Stempelabgabe M.	Stempelabgabe Pf.
	3 000	—	—	150 000	160 000	1	60
3 000	10 000	—	10	160 000	170 000	1	70
10 000	20 000	—	20	170 000	180 000	1	80
20 000	30 000	—	30	180 000	190 000	1	90
30 000	40 000	—	40	190 000	200 000	2	—
40 000	50 000	—	50	200 000	210 000	2	10
50 000	60 000	—	60	210 000	220 000	2	20
60 000	70 000	—	70	220 000	230 000	2	30
70 000	80 000	—	80	230 000	240 000	2	40
80 000	90 000	—	90	240 000	250 000	2	50
90 000	100 000	1	—	250 000	260 000	2	60
100 000	110 000	1	10	260 000	270 000	2	70
110 000	120 000	1	20	270 000	280 000	2	80
120 000	130 000	1	30	280 000	290 000	2	90
130 000	140 000	1	40	290 000	300 000	3	—
140 000	150 000	1	50	300 000	310 000	3	10

Betrag der versicherten Summe		Stempelabgabe		Betrag der versicherten Summe		Stempelabgabe	
M.	M.	M.	Pf.	M.	M.	M.	Pf.
über	bis			über	bis		
310 000	320 000	3	20	470 000	480 000	4	80
320 000	330 000	3	30	480 000	490 000	4	90
330 000	340 000	3	40	490 000	500 000	5	—
340 000	350 000	3	50	500 000	510 000	5	10
350 000	360 000	3	60	510 000	520 000	5	20
360 000	370 000	3	70	520 000	530 000	5	30
370 000	380 000	3	80	530 000	540 000	5	40
380 000	390 000	3	90	540 000	550 000	5	50
390 000	400 000	4	—	550 000	560 000	5	60
400 000	410 000	4	10	560 000	570 000	5	70
410 000	420 000	4	20	570 000	580 000	5	80
420 000	430 000	4	30	580 000	590 000	5	90
430 000	440 000	4	40	590 000	600 000	6	—
440 000	450 000	4	50	u. s. w. von jeden angefangenen 10 000 Mk. 10 Pf. mehr.			
450 000	460 000	4	60				
460 000	470 000	4	70				

Tabelle II a.

Stempelabgabe zu $^1/_{50}$ vom Hundert:

a. Für Beurkundungen über die Abtretung von Rechten und für den Antrag auf Eintragung der Abtretung einer Hypothek oder Grundschuld im Grundbuche oder in einem für solche Eintragungen bestimmten öffentlichen Buche — Tarif-Nr. 2 Abs. 1 und 4 — (Mindestbetrag 1 Mark);

b. für Gesellschaftsverträge, betreffend die Errichtung von Aktiengesellschaften oder Kommandit-Gesellschaften auf Aktien, sowie die Erhöhung des Aktien- oder Grundkapitals solcher Gesellschaften — Tarif-Nr. 25a;

c. für Gesellschaftsverträge, betreffend die Errichtung von Gesellschaften mit beschränkter Haftung, falls das Stammkapital 100 000 Mark oder weniger beträgt — Tarif-Nr. 25a Abs. 1 Nr. 1;

d. für Gesellschaftsverträge, betreffend die Erhöhung des Stammkapitals von Gesellschaften mit beschränkter Haftung, falls dasselbe nach der Erhöhung nicht mehr als 100 000 Mark beträgt — Tarif-Nr. 25a Abs. 2 Nr. 1;

e. für Gesellschaftsverträge, betreffend das Einbringen von nicht in Geld bestehendem Vermögen in eine Aktiengesellschaft, Kommanditgesellschaft auf Aktien oder Gesellschaft mit beschränkter Haftung bei Errichtung derselben oder in eine bereits bestehende Gesellschaft dieser Art, insoweit das eingebrachte Vermögen aus Forderungsrechten besteht — Tarif-Nr. 25c Abs. 4.;

f. für Gesellschaftsverträge, betreffend die Ueberlassung der Rechte an dem Gesellschaftsvermögen seitens eines Gesellschafters oder dessen Erben an einen anderen Gesellschafter, die Gesellschaft oder einen Dritten oder die Abfindung eines Gesellschafters bei Auflösung der Gesellschaft — Tarif-Nr. 25d;

g. für Gesellschaftsverträge, betreffend die Ueberlassung von Sachen oder Rechten seitens der Gesellschaft zum Sondereigenthum an einen Gesellschafter oder dessen Erben, insoweit das überlassene Gesellschaftsvermögen aus Forderungsrechten besteht — Tarif-Nr. 25d Abs. 6.

Werth des Gegenstandes		Stempelabgabe		Werth des Gegenstandes		Stempelabgabe	
M.	M.	M.	Pf.	M.	M.	M.	Pf.
über	bis			über	bis		
	150	—	—	25 000	27 500	5	50
150	2 500	0	50	27 500	30 000	6	—
2 500	5 000	1	—	30 000	32 500	6	50
5 000	7 500	1	50	32 500	35 000	7	—
7 500	10 000	2	—	35 000	37 500	7	50
10 000	12 500	2	50	37 500	40 000	8	—
12 500	15 000	3	—	40 000	42 500	8	50
15 000	17 500	3	50	42 500	45 000	9	—
17 500	20 000	4	—	45 000	47 500	9	50
20 000	22 500	4	50	47 500	50 000	10	—
22 500	25 000	5	—	50 000	52 500	10	50

Werth des Gegenstandes		Stempelabgabe		Werth des Gegenstandes		Stempelabgabe	
M.	M.	M.	Pf.	M.	M.	M.	Pf.
über	bis			über	bis		
52 500	55 000	11	—	110 000	112 500	22	50
55 000	57 500	11	50	112 500	115 000	23	—
57 500	60 000	12	—	115 000	117 500	23	50
60 000	62 500	12	50	117 500	120 000	24	—
62 500	65 000	13	—	120 000	122 500	24	50
65 000	67 500	13	50	122 500	125 000	25	—
67 500	70 000	14	—	125 000	127 500	25	50
70 000	72 500	14	50	127 500	130 000	26	—
72 500	75 000	15	—	130 000	132 500	26	50
75 000	77 500	15	50	132 500	135 000	27	—
77 500	80 000	16	—	135 000	137 500	27	50
80 000	82 500	16	50	137 500	140 000	28	—
82 500	85 000	17	—	140 000	142 500	28	50
85 000	87 500	17	50	142 500	145 000	29	—
87 500	90 000	18	—	145 000	147 500	29	50
90 000	92 500	18	50	147 500	150 000	30	—
92 500	95 000	19	—	150 000	152 500	30	50
95 000	97 500	19	50	152 500	155 000	31	—
97 500	100 000	20	—	155 000	157 500	31	50
100 000	102 500	20	50	157 500	160 000	32	—
102 500	105 000	21	—	160 000	162 500	32	50
105 000	107 500	21	50	162 500	165 000	33	—
107 500	110 000	22	—	165 000	167 500	33	50

Werth des Gegenstandes		Stempelabgabe		Werth des Gegenstandes		Stempelabgabe	
M.	M.	M.	Pf.	M.	M.	M.	Pf.
über	bis			über	bis		
167 500	170 000	34	—	212 500	215 000	43	—
170 000	172 500	34	50	215 000	217 500	43	50
172 500	175 000	35	—	217 500	220 000	44	—
175 000	177 500	35	50	220 000	222 500	44	50
177 500	180 000	36	—	222 500	225 000	45	—
180 000	182 500	36	50	225 000	227 500	45	50
182 500	185 000	37	—	227 500	230 000	46	—
185 000	187 500	37	50	230 000	232 500	46	50
187 500	190 000	38	—	232 500	235 000	47	—
190 000	192 500	38	50	235 000	237 500	47	50
192 500	195 000	39	—	237 500	240 000	48	—
195 000	197 500	39	50	240 000	242 500	48	50
197 500	200 000	40	—	242 500	245 000	49	—
200 000	202 500	40	50	245 000	247 500	49	50
202 500	205 000	41	—	247 500	250 000	50	—
205 000	207 500	41	50				
207 500	210 000	42	—				
210 000	212 500	42	50				

u. s. w. von jeden angefangenen 2500 Mk. 50 Pf. mehr.

Tabelle IIb.

Stempelabgabe zu 1/50 vom Hundert:

a) für Schuldverschreibungen über Darlehen, welche innerhalb Jahresfrist oder in einem kürzeren Zeitraum zurückzuzahlen sind, und für die Erweiterung der Rückzahlungsfrist durch schriftliche Verabredungen über die Verlängerung der Darlehen oder durch Ausstellung neuer Schuldverschreibungen bis zu einem Zeitraum von einem Jahre — Tarif-Nr. 58: Ermäßigungen b und b Abs. 1;

b) für kaufmännische, nicht auf Order ausgestellte Verpflichtungsscheine über Leistungen von Geld — Tarif-Nr. 58 II.

Werth des Gegenstandes		Stempelabgabe		Werth des Gegenstandes		Stempelabgabe	
M.	M.	M.	Pf.	M.	M	M.	Pf.
über	bis			über	bis		
	150	—	—	8 000	9 000	1	80
150	1 000	—	20	9 000	10 000	2	—
1 000	2 000	—	40	10 000	11 000	2	20
2 000	3 000	—	60	11 000	12 000	2	40
3 000	4 000	—	80	12 000	13 000	2	60
4 000	5 000	1	—	13 000	14 000	2	80
5 000	6 000	1	20	14 000	15 000	3	—
6 000	7 000	1	40	15 000	16 000	3	20
7 000	8 000	1	60	16 000	17 000	3	40

Werth des Gegenstandes		Stempelabgabe		Werth des Gegenstandes		Stempelabgabe	
M.	M.	M.	Pf.	M.	M.	M.	Pf.
über	bis			über	bis		
17 000	18 000	3	60	40 000	41 000	8	20
18 000	19 000	3	80	41 000	42 000	8	40
19 000	20 000	4	–	42 000	43 000	8	60
20 000	21 000	4	20	43 000	44 000	8	80
21 000	22 000	4	40	44 000	45 000	9	—
22 000	23 000	4	60	45 000	46 000	9	20
23 000	24 000	4	80	46 000	47 000	9	40
24 000	25 000	5	—	47 000	48 000	9	60
25 000	26 000	5	20	48 000	49 000	9	80
26 000	27 000	5	40	49 000	50 000	10	—
27 000	28 000	5	60	50 000	51 000	10	20
28 000	29 000	5	80	51 000	52 000	10	40
29 000	30 000	6	–	52 000	53 000	10	60
30 000	31 000	6	20	53 000	54 000	10	80
31 000	32 000	6	40	54 000	55 000	11	—
32 000	33 000	6	60	55 000	56 000	11	20
33 000	34 000	6	80	56 000	57 000	11	40
34 000	35 000	7	–	57 000	58 000	11	60
35 000	36 000	7	20	58 000	59 000	11	80
36 000	37 000	7	40	59 000	60 000	12	—
37 000	38 000	7	60	60 000	61 000	12	20
38 000	39 000	7	80	61 000	62 000	12	40
39 000	40 000	8	--	62 000	63 000	12	60

Werth des Gegenstandes M.	M.	Stempelabgabe M.	Pf	Werth des Gegenstandes M.	M.	Stempelabgabe M.	Pf.
über	bis			über	bis		
63 000	64 000	12	80	83 000	84 000	16	80
64 000	65 000	13	—	84 000	85 000	17	—
65 000	66 000	13	20	85 000	86 000	17	20
66 000	67 000	13	40	86 000	87 000	17	40
67 000	68 000	13	60	87 000	88 000	17	60
68 000	69 000	13	80	88 000	89 000	17	80
69 000	70 000	14	—	89 000	90 000	18	—
70 000	71 000	14	20	90 000	91 000	18	20
71 000	72 000	14	40	91 000	92 000	18	40
72 000	73 000	14	60	92 000	93 000	18	60
73 000	74 000	14	80	93 000	94 000	18	80
74 000	75 000	15	—	94 000	95 000	19	—
75 000	76 000	15	20	95 000	96 000	19	20
76 000	77 000	15	40	96 000	97 000	19	40
77 000	78 000	15	60	97 000	98 000	19	60
78 000	79 000	15	80	98 000	99 000	19	80
79 000	80 000	16	—	99 000	100 000	20	—
80 000	81 000	16	20	u. s. w. von jeden angefangenen 1000 Mk. 20 Pf. mehr.			
81 000	82 000	16	40				
82 000	83 000	16	60				

Tabelle III.

Stempelabgabe zu 1/25 vom Hundert:

Für Erbrezesse — Tarif-Nr. 20 —; Mindestbetrag 1,50 M. (Erbrezesse über erbschaftssteuerfreie Erbschaften stets nur 1,50 M.)

Werth des Reinnachlasses		Stempelbetrag		Werth des Reinnachlasses		Stempelbetrag	
M.	M.	M.	Pf.	M.	M.	M.	Pf.
über	bis			über	bis		
	150	—	—	22 500	23 750	9	50
150	3 750	1	50	23 750	25 000	10	—
3 750	5 000	2	—	25 000	26 250	10	50
5 000	6 250	2	50	26 250	27 500	11	—
6 250	7 500	3	—	27 500	28 750	11	50
7 500	8 750	3	50	28 750	30 000	12	—
8 750	10 000	4	—	30 000	31 250	12	50
10 000	11 250	4	50	31 250	32 500	13	—
11 250	12 500	5	—	32 500	33 750	13	50
12 500	13 750	5	50	33 750	35 000	14	—
13 750	15 000	6	—	35 000	36 250	14	50
15 000	16 250	6	50	36 250	37 500	15	—
16 250	17 500	7	—	37 500	38 750	15	50
17 500	18 750	7	50	38 750	40 000	16	—
18 750	20 000	8	—	40 000	41 250	16	50
20 000	21 250	8	50	41 250	42 500	17	—
21 250	22 500	9	—	42 500	43 750	17	50

Werth des Reinnachlasses		Stempelbetrag		Werth des Reinnachlasses		Stempelbetrag	
M.	M.	M.	Pf.	M.	M.	M.	Pf.
über	bis			über	bis		
43 750	45 000	18	—	72 500	73 750	29	50
45 000	46 250	18	50	73 750	75 000	30	—
46 250	47 500	19	—	75 000	76 250	30	50
47 500	48 750	19	50	76 250	77 500	31	—
48 750	50 000	20	—	77 500	78 750	31	50
50 000	51 250	20	50	78 750	80 000	32	—
51 250	52 500	21	—	80 000	81 250	32	50
52 500	53 750	21	50	81 250	82 500	33	—
53 750	55 000	22	—	82 500	83 750	33	50
55 000	56 250	22	50	83 750	85 000	34	—
56 250	57 500	23	—	85 000	86 250	34	50
57 500	58 750	23	50	86 250	87 500	35	—
58 750	60 000	24	—	87 500	88 750	35	50
60 000	61 250	24	50	88 750	90 000	36	—
61 250	62 500	25	—	90 000	91 250	36	50
62 500	63 750	25	50	91 250	92 500	37	—
63 750	65 000	26	—	92 500	93 750	37	50
65 000	66 250	26	50	93 750	95 000	38	—
66 250	67 500	27	—	95 000	96 250	38	50
67 500	68 750	27	50	96 250	97 500	39	—
68 750	70 000	28	—	97 500	98 750	39	50
70 000	71 250	28	50	98 750	100 000	40	—
71 250	72 500	29	—	u. s. w. von jeden angefangenen 1250 Mk. 50 Pf. mehr.			

Tabelle IVa.

Stempelabgabe zu 1/20 vom Hundert:

Für Lebens- und Rentenversicherungen einschließlich der Versicherungen auf den Lebensfall (Altersversorgung, Aussteuer, Militärdienst u. dergl.) Tarif-Nr. 70a.

Betrag der versicherten Summe		Stempelabgabe		Betrag der versicherten Summe		Stempelabgabe	
M.	M.	M.	Pf.	M.	M.	M.	Pf.
über	bis			über	bis		
	3 000	—	—	6 000	6 200	3	10
3 000	3 200	1	60	6 200	6 400	3	20
3 200	3 400	1	70	6 400	6 600	3	30
3 400	3 600	1	80	6 600	6 800	3	40
3 600	3 800	1	90	6 800	7 000	3	50
3 800	4 000	2	—	7 000	7 200	3	60
4 000	4 200	2	10	7 200	7 400	3	70
4 200	4 400	2	20	7 400	7 600	3	80
4 400	4 600	2	30	7 600	7 800	3	90
4 600	4 800	2	40	7 800	8 000	4	—
4 800	5 000	2	50	8 000	8 200	4	10
5 000	5 200	2	60	8 200	8 400	4	20
5 200	5 400	2	70	8 400	8 600	4	30
5 400	5 600	2	80	8 600	8 800	4	40
5 600	5 800	2	90	8 800	9 000	4	50
5 800	6 000	3	—	9 000	9 200	4	60

Betrag der versicherten Summe		Stempelabgabe		Betrag der versicherten Summe		Stempelabgabe	
M.	M.	M.	Pf.	M.	M.	M.	Pf.
über	bis			über	bis		
9 200	9 400	4	70	13 800	14 000	7	—
9 400	9 600	4	80	14 000	14 200	7	10
9 600	9 800	4	90	14 200	14 400	7	20
9 800	10 000	5	—	14 400	14 600	7	30
10 000	10 200	5	10	14 600	14 800	7	40
10 200	10 400	5	20	14 800	15 000	7	50
10 400	10 600	5	30	15 000	15 200	7	60
10 600	10 800	5	40	15 200	15 400	7	70
10 800	11 000	5	50	15 400	15 600	7	80
11 000	11 200	5	60	15 600	15 800	7	90
11 200	11 400	5	70	15 800	16 000	8	—
11 400	11 600	5	80	16 000	16 200	8	10
11 600	11 800	5	90	16 200	16 400	8	20
11 800	12 000	6	—	16 400	16 600	8	30
12 000	12 200	6	10	16 600	16 800	8	40
12 200	12 400	6	20	16 800	17 000	8	50
12 400	12 600	6	30	17 000	17 200	8	60
12 600	12 800	6	40	17 200	17 400	8	70
12 800	13 000	6	50	17 400	17 600	8	80
13 000	13 200	6	60	17 600	17 800	8	90
13 200	13 400	6	70	17 800	18 000	9	—
13 400	13 600	6	80	18 000	18 200	9	10
13 600	13 800	6	90	18 200	18 400	9	20

Betrag der versicherten Summe		Stempelabgabe		Betrag der versicherten Summe		Stempelabgabe	
M.	M.	M.	Pf.	M.	M.	M.	Pf.
über	bis			über	bis		
18 400	18 600	9	30	23 000	23 200	11	60
18 600	18 800	9	40	23 200	23 400	11	70
18 800	19 000	9	50	23 400	23 600	11	80
19 000	19 200	9	60	23 600	23 800	11	90
19 200	19 400	9	70	23 800	24 000	12	—
19 400	19 600	9	80	24 000	24 200	12	10
19 600	19 800	9	90	24 200	24 400	12	20
19 800	20 000	10	—	24 400	24 600	12	30
20 000	20 200	10	10	24 600	24 800	12	40
20 200	20 400	10	20	24 800	25 000	12	50
20 400	20 600	10	30	25 000	25 200	12	60
20 600	20 800	10	40	25 200	25 400	12	70
20 800	21 000	10	50	25 400	25 600	12	80
21 000	21 200	10	60	25 600	25 800	12	90
21 200	21 400	10	70	25 800	26 000	13	—
21 400	21 600	10	80	26 000	26 200	13	10
21 600	21 800	10	90	26 200	26 400	13	20
21 800	22 000	11	—	26 400	26 600	13	30
22 000	22 200	11	10	26 600	26 800	13	40
22 200	22 400	11	20	26 800	27 000	13	50
22 400	22 600	11	30	27 000	27 200	13	60
22 600	22 800	11	40	27 200	27 400	13	70
22 800	23 000	11	50	27 400	27 600	13	80

Betrag der versicherten Summe		Stempelabgabe		Betrag der versicherten Summe		Stempelabgabe	
M.	M.	M.	Pf.	M.	M.	M.	Pf.
über	bis			über	bis		
27 600	27 800	13	90	32 200	32 400	16	20
27 800	28 000	14	—	32 400	32 600	16	30
28 000	28 200	14	10	32 600	32 800	16	40
28 200	28 400	14	20	32 800	33 000	16	50
28 400	28 600	14	30	33 000	33 200	16	60
28 600	28 800	14	40	33 200	33 400	16	70
28 800	29 000	14	50	33 400	33 600	16	80
29 000	29 200	14	60	33 600	33 800	16	90
29 200	29 400	14	70	33 800	34 000	17	—
29 400	29 600	14	80	34 000	34 200	17	10
29 600	29 800	14	90	34 200	34 400	17	20
29 800	30 000	15	—	34 400	34 600	17	30
30 000	30 200	15	10	34 600	34 800	17	40
30 200	30 400	15	20	34 800	35 000	17	50
30 400	30 600	15	30	35 000	35 200	17	60
30 600	30 800	15	40	35 200	35 400	17	70
30 800	31 000	15	50	35 400	35 600	17	80
31 000	31 200	15	60	35 600	35 800	17	90
31 200	31 400	15	70	35 800	36 000	18	—
31 400	31 600	15	80	36 000	36 200	18	10
31 600	31 800	15	90	36 200	36 400	18	20
31 800	32 000	16	—	36 400	36 600	18	30
32 000	32 200	16	10	36 600	36 800	18	40

Betrag der versicherten Summe		Stempelabgabe		Betrag der versicherten Summe		Stempelabgabe	
M.	M.	M.	Pf.	M.	M.	M.	Pf.
über	bis			über	bis		
36 800	37 000	18	50	41 400	41 600	20	80
37 000	37 200	18	60	41 600	41 800	20	90
37 200	37 400	18	70	41 800	42 000	21	—
37 400	37 600	18	80	42 000	42 200	21	10
37 600	37 800	18	90	42 200	42 400	21	20
37 800	38 000	19	—	42 400	42 600	21	30
38 000	38 200	19	10	42 600	42 800	21	40
38 200	38 400	19	20	42 800	43 000	21	50
38 400	38 600	19	30	43 000	43 200	21	60
38 600	38 800	19	40	43 200	43 400	21	70
38 800	39 000	19	50	43 400	43 600	21	80
39 000	39 200	19	60	43 600	43 800	21	90
39 200	39 400	19	70	43 800	44 000	22	—
39 400	39 600	19	80	44 000	44 200	22	10
39 600	39 800	19	90	44 200	44 400	22	20
39 800	40 000	20	—	44 400	44 600	22	30
40 000	40 200	20	10	44 600	44 800	22	40
40 200	40 400	20	20	44 800	45 000	22	50
40 400	40 600	20	30	45 000	45 200	22	60
40 600	40 800	20	40	45 200	45 400	22	70
40 800	41 000	20	50	45 400	45 600	22	80
41 000	41 200	20	60	45 600	45 800	22	90
41 200	41 400	20	70	45 800	46 000	23	—

Betrag der versicherten Summe		Stempelabgabe		Betrag der versicherten Summe		Stempelabgabe	
M.	M	M.	Pf.	M.	M.	M.	Pf.
über	bis			über	bis		
46 000	46 200	23	10	48 400	48 600	24	30
46 200	46 400	23	20	48 600	48 800	24	40
46 400	46 600	23	30	48 800	49 000	24	50
46 600	46 800	23	40	49 000	49 200	24	60
46 800	47 000	23	50	49 200	49 400	24	70
47 000	47 200	23	60	49 400	49 600	24	80
47 200	47 400	23	70	49 600	49 800	24	90
47 400	47 600	23	80	49 800	50 000	25	—
47 600	47 800	23	90				
47 800	48 000	24	—				
48 000	48 200	24	10				
48 200	48 400	24	20				

u. s. w. von jeden angefangenen 200 Mk. 10 Pf. mehr.

Tabelle IVb.

Stempelabgabe zu $^{1}/_{20}$ vom Hundert:

Im Fall der Ermäßigung des Werthstempels zu Verträgen, welche die Aufhebung oder Beseitigung eines früheren stempelpflichtigen Vertrages bezwecken — Tarif-Nummer 71 I Abs. 3.

Werth des Gegenstandes		Stempelabgabe		Werth des Gegenstandes		Stempelabgabe	
M.	M.	M.	Pf.	M.	M.	M.	Pf.
über	bis			über	bis		
	150	—	–	15 000	16 000	8	—
150	1 000	—	50	16 000	17 000	8	50
1 000	2 000	1	—	17 000	18 000	9	—
2 000	3 000	1	50	18 000	19 000	9	50
3 000	4 000	2	—	19 000	20 000	10	—
4 000	5 000	2	50	20 000	21 000	10	50
5 000	6 000	3	—	21 000	22 000	11	—
6 000	7 000	3	50	22 000	23 000	11	50
7 000	8 000	4	—	23 000	24 000	12	—
8 000	9 000	4	50	24 000	25 000	12	50
9 000	10 000	5	—	25 000	26 000	13	—
10 000	11 000	5	50	26 000	27 000	13	50
11 000	12 000	6	—	27 000	28 000	14	—
12 000	13 000	6	50	28 000	29 000	14	50
13 000	14 000	7	—	29 000	30 000	15	—
14 000	15 000	7	50	30 000	31 000	15	50

Werth des Gegenstandes M.	M.	Stempelabgabe M.	Pf.	Werth des Gegenstandes M.	M.	Stempelabgabe M.	Pf.
über	bis			über	bis		
31 000	32 000	16	—	47 000	48 000	24	—
32 000	33 000	16	50	48 000	49 000	24	50
33 000	34 000	17	—	49 000	50 000	25	—
34 000	35 000	17	50	50 000	51 000	25	50
35 000	36 000	18	—	51 000	52 000	26	—
36 000	37 000	18	50	52 000	53 000	26	50
37 000	38 000	19	—	53 000	54 000	27	—
38 000	39 000	19	50	54 000	55 000	27	50
39 000	40 000	20	—	55 000	56 000	28	—
40 000	41 000	20	50	56 000	57 000	28	50
41 000	42 000	21	—	57 000	58 000	29	—
42 000	43 000	21	50	58 000	59 000	29	50
43 000	44 000	22	—	59 000	60 000	30	—
44 000	45 000	22	50	u. s. w. von jeden angefangenen 1000 M. 50 Pf. mehr.			
45 000	46 000	23	—				
46 000	47 000	23	50				

Tabelle V.

Stempelabgabe zu 1/12 vom Hundert:

a. für Schuldverschreibungen, hypothekarische und persönliche aller Art, insoweit es sich nicht um der Reichsstempelabgabe unterworfene Werthpapiere handelt — Tarif-Nr. 58 I —, sowie für Beurkundungen der Verlängerung der Rückzahlungsfrist bei Darlehen, welche innerhalb Jahresfrist oder in einem kürzeren Zeitraum zurückzuzahlen sind — Tarif-Nr. 58 I: Ermäßigungen unter b Abs. 3 und Abs. 4;

b. für den Antrag auf Eintragung einer Hypothek oder Grundschuld oder einer wiederkehrenden Geldleistung im Grundbuche oder in einem für solche Eintragungen bestimmten öffentlichen Buche, sowie für den Antrag auf Eintragung der Verpfändung einer Hypothek oder Grundschuld oder einer wiederkehrenden Geldleistung durch den eingetragenen Gläubiger in Büchern der bezeichneten Art — Tarif-Nr. 58 III.

Werth des Gegenstandes		Stempelabgabe		Werth des Gegenstandes		Stempelabgabe	
M.	M.	M.	Pf.	M.	M.	M.	Pf.
über	bis			über	bis		
	150	—	—	1 800	2 400	2	—
150	600	—	50	2 400	3 000	2	50
600	1 200	1	—	3 000	3 600	3	—
1 200	1 800	1	50	3 600	4 200	3	50

Werth des Gegenstandes		Stempelabgabe		Werth des Gegenstandes		Stempelabgabe	
M.	M.	M.	Pf.	M.	M.	M.	Pf.
über	bis			über	bis		
4 200	4 8000	4	—	18 000	18 600	15	50
4 800	5 4000	4	50	18 600	19 200	16	—
5 400	6 0000	5	—	19 200	19 800	16	50
6 000	6 6000	5	50	19 800	20 400	17	—
6 600	7 2000	6	—	20 400	21 000	17	50
7 200	7 8000	6	50	21 000	21 600	18	—
7 800	8 4000	7	—	21 600	22 200	18	50
8 400	9 0000	7	50	22 200	22 800	19	—
9 000	9 6000	8	—	22 800	23 400	19	50
9 600	10 2000	8	50	23 400	24 000	20	—
10 200	10 8000	9	—	24 000	24 600	20	50
10 800	11 4000	9	50	24 600	25 200	21	—
11 400	12 0000	10	—	25 200	25 800	21	50
12 000	12 6000	10	50	25 800	26 400	22	—
12 600	13 2000	11	—	26 400	27 000	22	50
13 200	13 8000	11	50	27 000	27 600	23	—
13 800	14 4000	12	—	27 600	28 200	23	50
14 400	15 0000	12	50	28 200	28 800	24	—
15 000	15 6000	13	—	28 800	29 400	24	50
15 600	16 2000	13	50	29 400	30 000	25	—
16 200	16 8000	14	—	30 000	30 600	25	50
16 800	17 4000	14	50	30 600	31 200	26	—
17 400	18 0000	15	—	31 200	31 800	26	50

Werth des Gegenstandes M.	M.	Stempelabgabe M.	Pf.	Werth des Gegenstandes M.	M.	Stempelabgabe M.	Pf.
über	bis			über	bis		
31 800	32 400	27	—	45 600	46 200	38	50
32 400	33 000	27	50	46 200	46 800	39	—
33 000	33 600	28	—	46 800	47 400	39	50
33 600	34 200	28	50	47 400	48 000	40	—
34 200	34 800	29	—	48 000	48 600	40	50
34 800	35 400	29	50	48 600	49 200	41	—
35 400	36 000	30	—	49 200	49 800	41	50
36 000	36 600	30	50	49 800	50 400	42	—
36 600	37 200	31	—	50 400	51 000	42	50
37 200	37 800	31	50	51 000	51 600	43	—
37 800	38 400	32	—	51 600	52 200	43	50
38 400	39 000	32	50	52 200	52 800	44	—
39 000	39 600	33	—	52 800	53 400	44	50
39 600	40 200	33	50	53 400	54 000	45	—
40 200	40 800	34	—	54 000	54 600	45	50
40 800	41 400	34	50	54 600	55 200	46	—
41 400	42 000	35	—	55 200	55 800	46	50
42 000	42 600	35	50	55 800	56 400	47	—
42 600	43 200	36	—	56 400	57 000	47	50
43 200	43 800	36	50	57 000	57 600	48	—
43 800	44 400	37	—	57 600	58 200	48	50
44 400	45 000	37	50	58 200	58 800	49	—
45 000	45 600	38	—	58 800	59 400	49	50

Werth des Gegenstandes		Stempelabgabe		Werth des Gegenstandes		Stempelabgabe	
M.	M.	M.	Pf.	M.	M.	M.	Pf.
über	bis			über	bis		
59 400	60 000	50	—	68 400	69 000	57	50
60 000	60 600	50	50	69 000	69 600	58	—
60 600	61 200	51	—	69 600	70 200	58	50
61 200	61 800	51	50	70 200	70 800	59	—
61 800	62 400	52	—	70 800	71 400	59	50
62 400	63 000	52	50	71 400	72 000	60	—
63 000	63 600	53	—	72 000	72 600	60	50
63 600	64 200	53	50	72 600	73 200	61	—
64 200	64 800	54	—	73 200	73 800	61	50
64 800	65 400	54	50	73 800	74 400	62	—
65 400	66 000	55	—	74 400	75 000	62	50
66 000	66 600	55	50				
66 600	67 200	56	—				
67 200	67 800	56	50				
67 800	68 400	57	—				

u. s. w. von jeden angefangenen 600 M. 50 Pf. mehr.

Tabelle VI.

Stempelabgabe zu $^1/_{10}$ vom Hundert:

a. für Gesellschaftsverträge, betreffend die Errichtung von Gesellschaften mit beschränkter Haftung, falls das Stammkapital mehr als 100 000 M., aber nicht mehr als 300 000 M. beträgt — Tarif-Nr. 25a Abs. 1 Nr. 2;

b. für Gesellschaftsverträge, betreffend die Erhöhung des Stammkapitals von Gesellschaften mit beschränkter Haftung, falls dasselbe nach der Erhöhung mehr als 100 000 M., aber nicht mehr als 300 000 M. beträgt — Tarif-Nr. 25a Abs. 2 Nr. 2;

c. für Schriftstücke über Uebertragungen von Kuxen — Tarif-Nr. 34 Abs. 2;

d. für Pacht- und Afterpachtverträge (Mieth- und Aftermiethverträge sowie antichretische Verträge) über unbewegliche Sachen, sofern der verabredete, nach der Dauer eines Jahres zu berechnende Pachtzins u. s. w. mehr als 300 M. beträgt, und über bewegliche Sachen — Tarif-Nr. 48a und 48b;

e. für Schiedssprüche (Mindestbetrag 2 Mk., Höchstbetrag 100 M.) — Tarif-Nr. 57.

Werth des Gegenstandes M. über	Werth des Gegenstandes M. bis	Stempelabgabe M.	Stempelabgabe Pf.	Werth des Gegenstandes M. über	Werth des Gegenstandes M. bis	Stempelabgabe M.	Stempelabgabe Pf.
	150	—	—	11 000	11 500	11	50
150	500	—	50	11 500	12 000	12	—
500	1 000	1	—	12 000	12 500	12	50
1 000	1 500	1	50	12 500	13 000	13	—
1 500	2 000	2	—	13 000	13 500	13	50
2 000	2 500	2	50	13 500	14 000	14	—
2 500	3 000	3	—	14 000	14 500	14	50
3 000	3 500	3	50	14 500	15 000	15	—
3 500	4 000	4	—	15 000	15 500	15	50
4 000	4 500	4	50	15 500	16 000	16	—
4 500	5 000	5	—	16 000	16 500	16	50
5 000	5 500	5	50	16 500	17 000	17	—
5 500	6 000	6	—	17 000	17 500	17	50
6 000	6 500	6	50	17 500	18 000	18	—
6 500	7 000	7	—	18 000	18 500	18	50
7 000	7 500	7	50	18 500	19 000	19	—
7 500	8 000	8	—	19 000	19 500	19	50
8 000	8 500	8	50	19 500	20 000	20	—
8 500	9 000	9	—	20 000	20 500	20	50
9 000	9 500	9	50	20 500	21 000	21	—
9 500	10 000	10	—	u. s. w. von jeden angefangenen 500 M. 50 Pf. mehr.			
10 000	10 500	10	50				
10 500	11 000	11	—				

Tabelle VII.

Stempelabgabe zu $^1/_3$ vom Hundert:

a. für Auktionen — Tarif-Nr. 9;

b. für Gesellschaftsverträge, betreffend das Einbringen von nicht in Geld bestehendem Vermögen in eine Aktiengesellschaft, Kommanditgesellschaft auf Aktien oder Gesellschaft mit beschränkter Haftung bei Errichtung derselben oder in eine bereits bestehende Gesellschaft dieser Art, insoweit das eingebrachte Vermögen aus beweglichen Vermögensgegenständen besteht — Tarif-Nr. 25c Abs. 3;

c. für Gesellschaftsverträge, betreffend die Ueberlassung von Sachen und Rechten seitens der Gesellschaft zum Sondereigenthum an einen Gesellschafter oder dessen Erben, insoweit das überlassene Gesellschaftsvermögen aus beweglichen Vermögensgegenständen besteht — Tarif-Nr. 25d Abs. 5;

d. für Kauf- und Tauschverträge und andere lästige Veräußerungsgeschäfte enthaltende Verträge über Gegenstände aller Art — ausgenommen Immobilien — (auch Lieferungsverträge), falls die Verträge nicht auf Grund der Tarifnummer 4 des Reichsstempelgesetzes vom 27. April 1894 der Reichsstempelabgabe unterliegen oder von dieser befreit sind — Tarif-Nr. 32c.

Werth des Gegenstandes		Stempelabgabe		Werth des Gegenstandes		Stempelabgabe	
M.	M.	M.	Pf.	M.	M.	M.	Pf.
über	bis			über	bis		
	150	—	—	3 450	3 600	12	—
150	300	1	—	3 600	3 750	12	50
300	450	1	50	3 750	3 900	13	—
450	600	2	—	3 900	4 050	13	50
600	750	2	50	4 050	4 200	14	—
750	900	3	—	4 200	4 350	14	50
900	1 050	3	50	4 350	4 500	15	—
1 050	1 200	4	—	4 500	4 650	15	50
1 200	1 350	4	50	4 650	4 800	16	—
1 350	1 500	5	—	4 800	4 950	16	50
1 500	1 650	5	50	4 950	5 100	17	—
1 650	1 800	6	—	5 100	5 250	17	50
1 800	1 950	6	50	5 250	5 400	18	—
1 950	2 100	7	—	5 400	5 550	18	50
2 100	2 250	7	50	5 550	5 700	19	—
2 250	2 400	8	—	5 700	5 850	19	50
2 400	2 550	8	50	5 850	6 000	20	—
2 550	2 700	9	—	6 000	6 150	20	50
2 700	2 850	9	50	6 150	6 300	21	—
2 850	3 000	10	—	6 300	6 450	21	50
3 000	3 150	10	50	6 450	6 600	22	—
3 150	3 300	11	—	6 600	6 750	22	50
3 300	3 450	11	50	6 750	6 900	23	—

Werth des Gegenstandes M.	Werth des Gegenstandes M.	Stempelabgabe M.	Stempelabgabe Pf.	Werth des Gegenstandes M.	Werth des Gegenstandes M.	Stempelabgabe M.	Stempelabgabe Pf.
über	bis			über	bis		
6 900	7 050	23	50	10 350	10 500	35	—
7 050	7 200	24	—	10 500	10 650	35	50
7 200	7 350	24	50	10 650	10 800	36	—
7 350	7 500	25	—	10 800	10 950	36	50
7 500	7 650	25	50	10 950	11 100	37	—
7 650	7 800	26	—	11 100	11 250	37	50
7 800	7 950	26	50	11 250	11 400	38	—
7 950	8 100	27	—	11 400	11 550	38	50
8 100	8 250	27	50	11 550	11 700	39	—
8 250	8 400	28	—	11 700	11 850	39	50
8 400	8 550	28	50	11 850	12 000	40	—
8 550	8 700	29	—	12 000	12 150	40	50
8 700	8 850	29	50	12 150	12 300	41	—
8 850	9 000	30	—	12 300	12 450	41	50
9 000	9 150	30	50	12 450	12 600	42	—
9 150	9 300	31	—	12 600	12 750	42	50
9 300	9 450	31	50	12 750	12 900	43	—
9 450	9 600	32	—	12 900	13 050	43	50
9 600	9 750	32	50	13 050	13 200	44	—
9 750	9 900	33	—	13 200	13 350	44	50
9 900	10 050	33	50	13 350	13 500	45	—
10 050	10 200	34	—	13 500	13 650	45	50
10 200	10 350	34	50	13 650	13 800	46	—

Werth des Gegenstandes		Stempelabgabe		Werth des Gegenstandes		Stempelabgabe	
M.	M.	M.	Pf.	M.	M.	M.	Pf.
über	bis			über	bis		
13 800	13 950	46	50	16 200	16 350	54	50
13 950	14 100	47	—	16 350	16 500	55	—
14 100	14 250	47	50	16 500	16 650	55	50
14 250	14 400	48	—	16 650	16 800	56	—
14 400	14 550	48	50	16 800	16 950	56	50
14 550	14 700	49	—	16 950	17 100	57	—
14 700	14 850	49	50	17 100	17 250	57	50
14 850	15 000	50	—	17 250	17 400	58	—
15 000	15 150	50	50	17 400	17 550	58	50
15 150	15 300	51	—	17 550	17 700	59	—
15 300	15 450	51	50	17 700	17 850	59	50
15 450	15 600	52	—	17 850	18 000	60	—
15 600	15 750	52	50				
15 750	15 900	53	—				
15 900	16 050	53	50				
16 050	16 200	54	—				

u. s. w. von jeden angefangenen 150 M. 50 Pf. mehr.

Tabelle VIIIa.

Stempelabgabe zu 1/2 vom Hundert:

a. für die Konzession zum Betriebe einer Apotheke, wenn die Konzession vererblich und veräußerlich ist — Mindestbetrag 50 M. — Tarif-Nr. 22a;

b. für Gesellschaftsverträge, betreffend die Errichtung von Gesellschaften mit beschränkter Haftung, falls das Stammkapital mehr als 300 000 M., aber nicht mehr als 500 000 M. beträgt — Tarif-Nr. 25a Abs. 1 Nr. 3;

c. für Gesellschaftsverträge, betreffend die Erhöhung des Stammkapitals von Gesellschaften mit beschränkter Haftung, falls dasselbe nach der Erhöhung mehr als 300 000 M., aber nicht mehr als 500 000 M. beträgt — Tarif-Nr. 25a Absatz 2 Nr. 3.

Werth des Gegenstandes		Stempelabgabe		Werth des Gegenstandes		Stempelabgabe	
M.	M.	M.	Pf.	M.	M.	M.	Pf.
über	bis			über	bis		
	150	—	—	600	700	3	50
150	200	1	—	700	800	4	—
200	300	1	50	800	900	4	50
300	400	2	—	900	1 000	5	—
400	500	2	50	1 000	1 100	5	50
500	600	3	—	1 100	1 200	6	—

Werth des Gegenstandes		Stempelabgabe		Werth des Gegenstandes		Stempelabgabe	
M.	M.	M.	Pf.	M.	M.	M.	Pf.
über	bis			über	bis		
1 200	1 300	6	50	3 500	3 600	18	—
1 300	1 400	7	—	3 600	3 700	18	50
1 400	1 500	7	50	3 700	3 800	19	—
1 500	1 600	8	—	3 800	3 900	19	50
1 600	1 700	8	50	3 900	4 000	20	—
1 700	1 800	9	—	4 000	4 100	20	50
1 800	1 900	9	50	4 100	4 200	21	—
1 900	2 000	10	—	4 200	4 300	21	50
2 000	2 100	10	50	4 300	4 400	22	—
2 100	2 200	11	—	4 400	4 500	22	50
2 200	2 300	11	50	4 500	4 600	23	—
2 300	2 400	12	—	4 600	4 700	23	50
2 400	2 500	12	50	4 700	4 800	24	—
2 500	2 600	13	—	4 800	4 900	24	50
2 600	2 700	13	50	4 900	5 000	25	—
2 700	2 800	14	—	5 000	5 100	25	50
2 800	2 900	14	50	5 100	5 200	26	—
2 900	3 000	15	—	5 200	5 300	26	50
3 000	3 100	15	50	5 300	5 400	27	—
3 100	3 200	16	—	5 400	5 500	27	50
3 200	3 300	16	50	5 500	5 600	28	—
3 300	3 400	17	—	5 600	5 700	28	50
3 400	3 500	17	50	5 700	5 800	29	—

Werth des Gegenstandes		Stempelabgabe		Werth des Gegenstandes		Stempelabgabe	
M.	M.	M.	Pf.	M.	M.	M.	Pf.
über	bis			über	bis		
5 800	5 900	29	50	8 100	8 200	41	—
5 900	6 000	30	—	8 200	8 300	41	50
6 000	6 100	30	50	8 300	8 400	42	—
6 100	6 200	31	—	8 400	8 500	42	50
6 200	6 300	31	50	8 500	8 600	43	—
6 300	6 400	32	—	8 600	8 700	43	50
6 400	6 500	32	50	8 700	8 800	44	—
6 500	6 600	33	—	8 800	8 900	44	50
6 600	6 700	33	50	8 900	9 000	45	—
6 700	6 800	34	—	9 000	9 100	45	50
6 800	6 900	34	50	9 100	9 200	46	—
6 900	7 000	35	—	9 200	9 300	46	50
7 000	7 100	35	50	9 300	9 400	47	—
7 100	7 200	36	—	9 400	9 500	47	50
7 200	7 300	36	50	9 500	9 600	48	—
7 300	7 400	37	—	9 600	9 700	48	50
7 400	7 500	37	50	9 700	9 800	49	—
7 500	7 600	38	—	9 800	9 900	49	50
7 600	7 700	38	50	9 900	10 000	50	—
7 700	7 800	39	—				
7 800	7 900	39	50				
7 900	8 000	40	—				
8 000	8 100	40	50				

u. s. w. von jeden angefangenen 100 Mk. 50 Pf. mehr.

Tabelle VIII b.

Stempelabgabe zu ½ vom Hundert

(des Gesammtbetrages der verabredeten Prämien in Abstufungen von 10 Pf. für je 20 Mk. oder einen Bruchtheil dieses Betrages):

für Unfall- und Haftversicherungen — Tarif-Nr. 70 b.

Befreit sind Versicherungen, bei denen die verabredeten Jahresprämien den Betrag von 40 Mk. nicht übersteigen.

Werth des Gegenstandes		Stempelabgabe		Werth des Gegenstandes		Stempelabgabe	
M.	M.	M.	Pf.	M.	M.	M.	Pf.
über	bis			über	bis		
	40	—	—	280	300	1	50
40	60	—	30	300	320	1	60
60	80	—	40	320	340	1	70
80	100	—	50	340	360	1	80
100	120	—	60	360	380	1	90
120	140	—	70	380	400	2	—
140	160	—	80	400	420	2	10
160	180	—	90	420	440	2	20
180	200	1	—	440	460	2	30
200	220	1	10	460	480	2	40
220	240	1	20	480	500	2	50
240	260	1	30	500	520	2	60
260	280	1	40	520	540	2	70

Werth des Gegenstandes		Stempelabgabe		Werth des Gegenstandes		Stempelabgabe	
M.	M.	M.	Pf.	M.	M.	M.	Pf.
über	bis			über	bis		
540	560	2	80	1 000	1 020	5	10
560	580	2	90	1 020	1 040	5	20
580	600	3	—	1 040	1 060	5	30
600	620	3	10	1 060	1 080	5	40
620	640	3	20	1 080	1 100	5	50
640	660	3	30	1 100	1 120	5	60
660	680	3	40	1 120	1 140	5	70
680	700	3	50	1 140	1 160	5	80
700	720	3	60	1 160	1 180	5	90
720	740	3	70	1 180	1 200	6	—
740	760	3	80	1 200	1 220	6	10
760	780	3	90	1 220	1 240	6	20
780	800	4	—	1 240	1 260	6	30
800	820	4	10	1 260	1 280	6	40
820	840	4	20	1 280	1 300	6	50
840	860	4	30	1 300	1 320	6	60
860	880	4	40	1 320	1 340	6	70
880	900	4	50	1 340	1 360	6	80
900	920	4	60	1 360	1 380	6	90
920	940	4	70	1 380	1 400	7	—
940	960	4	80	1 400	1 420	7	10
960	980	4	90	1 420	1 440	7	20
980	1 000	5	—	1 440	1 460	7	30

Werth des Gegenstandes		Stempelabgabe		Werth des Gegenstandes		Stempelabgabe	
M.	M.	M.	Pf.	M.	M.	M.	Pf.
über	bis			über	bis		
1 460	1 480	7	40	1 920	1 940	9	70
1 480	1 500	7	50	1 940	1 960	9	80
1 500	1 520	7	60	1 960	1 980	9	90
1 520	1 540	7	70	1 980	2 000	10	—
1 540	1 560	7	80	2 000	2 020	10	10
1 560	1 580	7	90	2 020	2 040	10	20
1 580	1 600	8	—	2 040	2 060	10	30
1 600	1 620	8	10	2 060	2 080	10	40
1 620	1 640	8	20	2 080	2 100	10	50
1 640	1 660	8	30	2 100	2 120	10	60
1 660	1 680	8	40	2 120	2 140	10	70
1 680	1 700	8	50	2 140	2 160	10	80
1 700	1 720	8	60	2 160	2 180	10	90
1 720	1 740	8	70	2 180	2 200	11	—
1 740	1 760	8	80	2 200	2 220	11	10
1 760	1 780	8	90	2 220	2 240	11	20
1 780	1 800	9	—	2 240	2 260	11	30
1 800	1 820	9	10	2 260	2 280	11	40
1 820	1 840	9	20	2 280	2 300	11	50
1 840	1 860	9	30	2 300	2 320	11	60
1 860	1 880	9	40	2 320	2 340	11	70
1 880	1 900	9	50	2 340	2 360	11	80
1 900	1 920	9	60	2 360	2 380	11	90

Werth des Gegenstandes		Stempelabgabe		Werth des Gegenstandes		Stempelabgabe	
M.	M.	M.	Pf.	M.	M.	M.	Pf.
über	bis			über	bis		
2 380	2 400	12	—	2 840	2 860	14	30
2 400	2 420	12	10	2 860	2 880	14	40
2 420	2 440	12	20	2 880	2 900	14	50
2 440	2 460	12	30	2 900	2 920	14	60
2 460	2 480	12	40	2 920	2 940	14	70
2 480	2 500	12	50	2 940	2 960	14	80
2 500	2 520	12	60	2 960	2 980	14	90
2 520	2 540	12	70	2 980	3 000	15	—
2 540	2 560	12	80	3 000	3 020	15	10
2 560	2 580	12	90	3 020	3 040	15	20
2 580	2 600	13	—	3 040	3 060	15	30
2 600	2 620	13	10	3 060	3 080	15	40
2 620	2 640	13	20	3 080	3 100	15	50
2 640	2 660	13	30	3 100	3 120	15	60
2 660	2 680	13	40	3 120	3 140	15	70
2 680	2 700	13	50	3 140	3 160	15	80
2 700	2 720	13	60	3 160	3 180	15	90
2 720	2 740	13	70	3 180	3 200	16	—
2 740	2 760	13	80	3 200	3 220	16	10
2 760	2 780	13	90	3 220	3 240	16	20
2 780	2 800	14	—	3 240	3 260	16	30
2 800	2 820	14	10	3 260	3 280	16	40
2 820	2 840	14	20	3 280	3 300	16	50

Werth des Gegenstandes M.	Werth des Gegenstandes M.	Stempelabgabe M.	Stempelabgabe Pf.	Werth des Gegenstandes M.	Werth des Gegenstandes M.	Stempelabgabe M.	Stempelabgabe Pf.
über	bis			über	bis		
3 300	3 320	16	60	3 760	3 780	18	90
3 320	3 340	16	70	3 780	3 800	19	—
3 340	3 360	16	80	3 800	3 820	19	10
3 360	3 380	16	90	3 820	3 840	19	20
3 380	3 400	17	—	3 840	3 860	19	30
3 400	3 420	17	10	3 860	3 880	19	40
3 420	3 440	17	20	3 880	3 900	19	50
3 440	3 460	17	30	3 900	3 920	19	60
3 460	3 480	17	40	3 920	3 940	19	70
3 480	3 500	17	50	3 940	3 960	19	80
3 500	3 520	17	60	3 960	3 980	19	90
3 520	3 540	17	70	3 980	4 000	20	—
3 540	3 560	17	80	4 000	4 020	20	10
3 560	3 580	17	90	4 020	4 040	20	20
3 580	3 600	18	—	4 040	4 060	20	30
3 600	3 620	18	10	4 060	4 080	20	40
3 620	3 640	18	20	4 080	4 100	20	50
3 640	3 660	18	30	4 100	4 120	20	60
3 660	3 680	18	40	4 120	4 140	20	70
3 680	3 700	18	50	4 140	4 160	20	80
3 700	3 720	18	60	4 160	4 180	20	90
3 720	3 740	18	70	4 180	4 200	21	—
3 740	3 760	18	80	4 200	4 220	21	10

Werth des Gegenstandes		Stempelabgabe		Werth des Gegenstandes		Stempelabgabe	
M.	M.	M.	Pf.	M.	M.	M.	Pf.
über	bis			über	bis		
4 220	4 240	21	20	4 640	4 660	23	30
4 240	4 260	21	30	4 660	4 680	23	40
4 260	4 280	21	40	4 680	4 700	23	50
4 280	4 300	21	50	4 700	4 720	23	60
4 300	4 320	21	60	4 720	4 740	23	70
4 320	4 340	21	70	4 740	4 760	23	80
4 340	4 360	21	80	4 760	4 780	23	90
4 360	4 380	21	90	4 780	4 800	24	—
4 380	4 400	22	—	4 800	4 820	24	10
4 400	4 420	22	10	4 820	4 840	24	20
4 420	4 440	22	20	4 840	4 860	24	30
4 440	4 460	22	30	4 860	4 880	24	40
4 460	4 480	22	40	4 880	4 900	24	50
4 480	4 500	22	50	4 900	4 920	24	60
4 500	4 520	22	60	4 920	4 940	24	70
4 520	4 540	22	70	4 940	4 960	24	80
4 540	4 560	22	80	4 960	4 980	24	90
4 560	4 580	22	90	4 980	5 000	25	—
4 580	4 600	23	—	u. s. w. von jeden angefangenen 20 M. 10 Pf. mehr.			
4 600	4 620	23	10				
4 620	4 640	23	20				

Tabelle IX.

Stempelabgabe zu 1 vom Hundert:

a. für Auflassungen — Tarif=Nr. 8;

b. für Gesellschaftsverträge, betreffend die Errichtung von Gesellschaften mit beschränkter Haftung, falls das Stammkapital mehr als 500 000 M. beträgt — Tarif=Nr. 25a Abs. 1 Nr. 4;

c. für Gesellschaftsverträge, betreffend die Erhöhung des Stammkapitals von Gesellschaften mit beschränkter Haftung, falls dasselbe nach der Erhöhung mehr als 500 000 M. beträgt — Tarif=Nr. 25a Abs. 2 Nr. 4;

d. für Gesellschaftsverträge, betreffend das Einbringen von nicht in Geld bestehendem Vermögen in eine Aktiengesellschaft, Kommanditgesellschaft auf Aktien oder Gesellschaft mit beschränkter Haftung bei Errichtung derselben oder in eine bereits bestehende Gesellschaft dieser Art, insoweit zu dem eingebrachten Vermögen unbewegliche im Inlande belegene Sachen oder diesen gleichgeachtete Rechte gehören — Tarif=Nr. 25c;

e. für Gesellschaftsverträge, betreffend die Ueberlassung von Sachen oder Rechten seitens der Gesellschaft zum Sondereigenthum an einen Gesellschafter oder dessen Erben, insoweit zu dem überlassenen Gesellschaftsvermögen unbewegliche im Inlande belegene Sachen oder diesen gleichgeachtete Rechte gehören — Tarif=Nr. 25d Abs. 3;

f. für Kauf- und Tauschverträge und andere lästige Veräußerungsgeschäfte enthaltende Verträge einschließlich der gerichtlichen Zwangsversteigerungen, wenn sie im Inlande befindliche unbewegliche Sachen oder diesen gleichgeachtete Rechte betreffen — Tarif-Nr. 32a;

g. für Leibrenten- und Rentenverträge — Tarif-Nr. 36.

Werth des Gegenstandes		Stempelabgabe		Werth des Gegenstandes		Stempelabgabe	
M.	M.	M.	Pf.	M.	M.	M.	Pf.
über	bis			über	bis		
	150	—	—	850	900	9	—
150	200	2	—	900	950	9	50
200	250	2	50	950	1 000	10	—
250	300	3	—	1 000	1 050	10	50
300	350	3	50	1 050	1 100	11	—
350	400	4	—	1 100	1 150	11	50
400	450	4	50	1 150	1 200	12	—
450	500	5	—	1 200	1 250	12	50
500	550	5	50	1 250	1 300	13	—
550	600	6	—	1 300	1 350	13	50
600	650	6	50	1 350	1 400	14	—
650	700	7	—	1 400	1 450	14	50
700	750	7	50	1 450	1 500	15	—
750	800	8	—	1 500	1 550	15	50
800	850	8	50	1 550	1 600	16	—

Werth des Gegenstandes		Stempelabgabe		Werth des Gegenstandes		Stempelabgabe	
M.	M.	M.	Pf.	M.	M.	M.	Pf.
über	bis			über	bis		
1 600	1 650	16	50	2 750	2 800	28	—
1 650	1 700	17	—	2 800	2 850	28	50
1 700	1 750	17	50	2 850	2 900	29	—
1 750	1 800	18	—	2 900	2 950	29	50
1 800	1 850	18	50	2 950	3 000	30	—
1 850	1 900	19	—	3 000	3 050	30	50
1 900	1 950	19	50	3 050	3 100	31	—
1 950	2 000	20	—	3 100	3 150	31	50
2 000	2 050	20	50	3 150	3 200	32	—
2 050	2 100	21	—	3 200	3 250	32	50
2 100	2 150	21	50	3 250	3 300	33	—
2 150	2 200	22	—	3 300	3 350	33	50
2 200	2 250	22	50	3 350	3 400	34	—
2 250	2 300	23	—	3 400	3 450	34	50
2 300	2 350	23	50	3 450	3 500	35	—
2 350	2 400	24	—	3 500	3 550	35	50
2 400	2 450	24	50	3 550	3 600	36	—
2 450	2 500	25	—	3 600	3 650	36	50
2 500	2 550	25	50	3 650	3 700	37	—
2 550	2 600	26	—	3 700	3 750	37	50
2 600	2 650	26	50	3 750	3 800	38	—
2 650	2 700	27	—	3 800	3 850	38	50
2 700	2 750	27	50	3 850	3 900	39	—

Werth des Gegenstandes		Stempelabgabe		Werth des Gegenstandes		Stempelabgabe	
M.	M.	M.	Pf.	M.	M.	M.	Pf.
über	bis			über	bis		
3 900	3 950	39	50	5 050	5 100	51	—
3 950	4 000	40	—	5 100	5 150	51	50
4 000	4 050	40	50	5 150	5 200	52	—
4 050	4 100	41	—	5 200	5 250	52	50
4 100	4 150	41	50	5 250	5 300	53	—
4 150	4 200	42	—	5 300	5 350	53	50
4 200	4 250	42	50	5 350	5 400	54	—
4 250	4 300	43	—	5 400	5 450	54	50
4 300	4 350	43	50	5 450	5 500	55	—
4 350	4 400	44	—	5 500	5 550	55	50
4 400	4 450	44	50	5 550	5 600	56	—
4 450	4 500	45	—	5 600	5 650	56	50
4 500	4 550	45	50	5 650	5 700	57	—
4 550	4 600	46	—	5 700	5 750	57	50
4 600	4 650	46	50	5 750	5 800	58	—
4 650	4 700	47	—	5 800	5 850	58	50
4 700	4 750	47	50	5 850	5 900	59	—
4 750	4 800	48	—	5 900	5 950	59	50
4 800	4 850	48	50	5 950	6 000	60	—
4 850	4 900	49	—	u. s. w. von jeden angefangenen 50 M. 50 Pf. mehr.			
4 900	4 950	49	50				
4 950	5 000	50	—				
5 000	5 050	50	50				

Tabelle X.

Stempelabgabe zu 3 vom Hundert: für Familien- und Fideikommißstiftungen.

Tarif-Nr. 24.

Werth des Gegenstandes		Stempelabgabe		Werth des Gegenstandes		Stempelabgabe	
M.	M.	M.	Pf.	M.	M.	M.	Pf.
über	bis			über	bis		
	150	—	—	450	466²/₃	14	—
150	166²/₃	5	—	466²/₃	483¹/₃	14	50
166²/₃	183¹/₃	5	50	483¹/₃	500	15	—
183¹/₃	200	6	—	500	516²/₃	15	50
200	216²/₃	6	50	516²/₃	533¹/₃	16	—
216²/₃	233¹/₃	7	—	533¹/₃	550	16	50
233¹/₃	250	7	50	550	566²/₃	17	—
250	266²/₃	8	—	566²/₃	583¹/₃	17	50
266²/₃	283¹/₃	8	50	583¹/₃	600	18	—
283¹/₃	300	9	—	600	616²/₃	18	50
300	316²/₃	9	50	616²/₃	633¹/₃	19	—
316²/₃	333¹/₃	10	—	633¹/₃	650	19	50
333¹/₃	350	10	50	650	666²/₃	20	—
350	366²/₃	11	—	666²/₃	683¹/₃	20	50
366²/₃	383¹/₃	11	50	683¹/₃	700	21	—
383¹/₃	400	12	—	700	716²/₃	21	50
400	416²/₃	12	50	716²/₃	733¹/₃	22	—
416²/₃	433¹/₃	13	—	733¹/₃	750	22	50
433¹/₃	450	13	50	750	766²/₃	23	—

Werth des Gegenstandes		Stempelabgabe		Werth des Gegenstandes	Stempelabgabe	
M.	M.	M.	Pf.	M.	M.	Pf.
über	bis			bis		
$766\frac{2}{3}$	$783\frac{1}{3}$	23	50	9 000	270	—
$783\frac{1}{3}$	800	24	—	10 000	300	—
800	$816\frac{2}{3}$	24	50	20 000	600	—
$816\frac{2}{3}$	$833\frac{1}{3}$	25	—	30 000	900	—
$833\frac{1}{3}$	850	25	50	40 000	1 200	—
850	$866\frac{2}{3}$	26	—	50 000	1 500	—
$866\frac{2}{3}$	$883\frac{1}{3}$	26	50	60 000	1 800	—
$883\frac{1}{3}$	900	27	—	70 000	2 100	—
900	$916\frac{2}{3}$	27	50	80 000	2 400	—
$916\frac{2}{3}$	$933\frac{1}{3}$	28	—	90 000	2 700	—
$933\frac{1}{3}$	950	28	50	100 000	3 000	—
950	$966\frac{2}{3}$	29	—	200 000	6 000	—
$966\frac{2}{3}$	$983\frac{1}{3}$	29	50	300 000	9 000	—
$983\frac{1}{3}$	1 000	30	—	400 000	12 000	—
u. s. w. bei Objekten bis				500 000	15 000	—
	2 000	60	—	600 000	18 000	—
	3 000	90	–	700 000	21 000	—
	4 000	120	–	800 000	24 000	—
	5 000	150	—	900 000	27 000	—
	6 000	180	—	1 000 000	30 000	—
	7 000	210	—	u. s. w.		
	8 000	240	—			

Sachregister.

(Die Zahlen bedeuten die Seiten.)

A.

B.

C.

F.

G.

T.

W.

Z.

Druck von Otto Walter, Berlin S.

FSC
www.fsc.org
MIX
Papier | Fördert
gute Waldnutzung
FSC® C083411

Kolibri 360 GmbH
Ferdinand-Jühlke-Straße 7
99095 Erfurt, Deutschland
produktsicherheit@kolibri360.de